国家社科重大招标项目"多语和涉华国际案例数据库建设研究"
《项目批准号:14ZDB162》
国家社科一般项目"中国媒体全球观及其影响研究"
《项目批准号:14BXW021》

GLOBAL DISCOURSE
& MEDIA STUDIES
全球话语与媒介研究

WORLD IMAGES IN CHINA MEDIA
AND GLOBAL PERCEPTIONS OF THE PUBLIC

中国媒体的
世界图像及民众全球观

郭可 著

上海交通大学出版社
SHANGHAI JIAO TONG UNIVERSITY PRESS

内容提要

本书主要探讨了我国媒体国际新闻报道所呈现的世界图像以及对我国民众全球观的影响。本书梳理了70年来中国媒体国际新闻报道的三种范式,即革命型报道范式(1949—1976年)、发展型报道范式(1977—2013年)、文明型报道范式(2014—2020年)。本书还用内容分析法讨论了《环球时报》和《人民日报》的国际新闻,归纳了中国媒体国际新闻选择和处理的特征以及如何塑造中国民众的全球观。另外,本书以中美贸易争端为案例讨论了我国国际新闻报道的新趋势和特点。

图书在版编目(CIP)数据

中国媒体的世界图像及民众全球观 / 郭可著. —上海:
上海交通大学出版社,2020

ISBN 978-7-313-24181-8

Ⅰ.①中… Ⅱ.①郭… Ⅲ.①媒体(新闻)-新闻工作-
研究-中国 Ⅳ.①G219.2

中国版本图书馆 CIP 数据核字(2020)第 234589 号

中国媒体的世界图像及民众全球观
ZHONGGUO MEITI DE SHIJIE TUXIANG JI MINZHONG QUANQIUGUAN

....

著　　者:郭　可			
出版发行:上海交通大学出版社		地　　址:上海市番禺路 951 号
邮政编码:200030		电　　话:021-64071208
印　　刷:常熟市文化印刷有限公司		经　　销:全国新华书店
开　　本:710mm×1000mm　1/16		印　　张:14.25
字　　数:208 千字		
版　　次:2020 年 12 月第 1 版		印　　次:2020 年 12 月第 1 次印刷
书　　号:ISBN 978-7-313-24181-8		
定　　价:69.00 元		

前　言

改革开放 40 多年来,中国已成为世界第二大经济体,综合实力不断增强,正在走向世界舞台的中心。尤其在 2020 年,中国迅速取得抗击新冠疫情的阶段性胜利,彰显出强有力的社会治理能力,同时中国与世界的关系也呈现出一种前所未有的局面,中美关系跌入建交以来的低谷,世界格局正面临重大变革。

在这一过程中,世界在重新解读中国,对中国的解读有正确部分,但也有不少误读和偏见。根据 2020 年 10 月 6 日皮尤中心发布的报告,多数国家认可中国为全球领先的经济大国,但这些国家对中国的负面评价也升到了十余年来的新高。

如此局面当然与各国对中国的不了解、甚至误解有关,但同时也可能与中国媒体的国际新闻报道以及中国如何看待世界的全球观有关联。换言之,为了更好地让世界了解中国,更好地向世界说明中国,有必要先搞清楚中国媒体是如何解读世界、如何看待世界的(即全球观),这对我们真正融入世界,实现中华民族伟大复兴的梦想很有帮助。

国际新闻报道一直是中国媒体重要的组成部分,我国有诸如《环球时报》这样专门报道国际新闻的媒体,我国受众对国际新闻也是情有独钟。近年来,国际新闻实际上已成为国内报道在国际层面的延伸,因为一个国家的媒体记者在报道国际新闻时,都脱不开其所在国家的政治、文化、意识形态的语境。从某种程度讲,中国媒体报道的不仅仅是国际新闻,还涉及以下三个层面的问题:一是中国媒体如何选择和发布国际新闻;二是中国受众如何解读国际新闻;三是中国社会如何通过国际新闻理解世界(即全球观)。

国际新闻报道经常被解读为一种国际话语,因为国际新闻不仅通过文本本身表达内涵关联,同时还与其表达的非文本性内涵有关,包括情感、态度等,以及由此产生的总体世界图像。任何国家、任何媒体的国际新闻报道都是有目的、有意识的选择和处理过程,媒体会自觉或不自觉地将自身价值观通过国际新闻的报道形式传递给受众。所以,中国媒体对某一国际新闻事实的报道方式和报道量的大小,会影响到我国受众对这一新闻事实重要性的认知,进而影响整个社会舆论。

虽然中国没有参加20世纪70—80年代在联合国教科文组织开展的"世界信息和传播新秩序"论战,但40多年的改革开放使我们认识到国际新闻报道作为一种国际话语的重要性和敏感性,也意识到国际新闻报道不仅是一个新闻报道业务问题,更是一个与中国国家利益和外交政策密切相关的话题。因此,研究中国媒体的国际新闻报道及其全球观是研究中国全球话语的重要组成部分,迫切需要从媒介和社会互动的视角来分析全球不同国别和地区的涉华话语体系和本质。这一话题不仅具有中国意义,也拥有世界价值,有利于增进当下国际传播格局下国家间的对话和理解。本书是《全球话语与媒介研究》系列丛书的第一本著作,希望能不断推出新的研究成果,不仅深化中国全球话语研究的理论内涵,也能促进研究成果在我国国际传播"走出去"战略中的应用和实施。

本书是笔者负责的国家社科重大招标项目"多语种涉华国际案例数据库建设研究"(项目批准号:14ZDB162)和国家一般项目"中国媒体全球观及其影响研究"(批准号:14BXW021)的部分成果。本书借助历史文献梳理了中国国际新闻报道的发展历程,用内容分析和调查数据探讨了国际新闻报道的选择和处理过程及其对中国受众的影响,将中美贸易争端作为案例进行分析,总结其趋势和特征。希望本书不仅能为我国媒体国际新闻研究提供理论视角,也能反映出当下该话题的现实意义。

本书的完成要感谢我的学生们。姜绳参与了所有数据的处理和分析并参与撰写了第四章和第五章;杨湄坪参与撰写了第三章和第六章;梁文慧参与撰写了第二章和第三章,魏文聪参与撰写了第四章、编译了第七章。

在此还要特别鸣谢哈筱盈、陈沛芹、吕楠三位老师,同意将她们关于中美贸易争端的两项尚未正式刊发的英文研究成果(原文题为"How the Chinese News Media Present the U.S.-China Trade Dispute"和"How Weibo Influencers and Ordinary Posters Responded to the Trade Dispute in China")作为本书的案例分析。

郭 可

2020 年 9 月 于上海

目　录

第一章 导论：国际新闻报道和全球观

关于新闻的理解，我国新闻传播学界一直有不同的视角和不完全相同的定义。一般而言，新闻是民众通过大众媒体对具有社会认知价值的最新事实所开展的传播活动。这里新闻突出的重点是报道，即新闻报道是通过媒体来实现的，媒体是新闻的第二要素。①

国际新闻是新闻的一种，本书所指国际新闻主要为中国媒体的国际新闻报道。学界对国际新闻报道的理解多种多样，有学者认为国际新闻主要看事实、媒体以及受众三个要素是否有一项超越了民族国家界限，并据此提出了三种国际新闻形式：第一种是国际新闻报道，包括境外事实、本国媒体和本国受众；第二种是对外新闻传播，包括国内事实、本国对外媒体和境外受众；第三种是全球新闻传播，包括全球性事实、国际化媒体和国际受众。②

本书研究和分析的国际新闻主要是指国际新闻报道，即对本国之外发生的新闻事件的报道，以及我国媒体对国际上的重大事件和突发性事件、重大政治经济和文化活动、重大科学技术领域等，具有国际影响和国际兴趣的事件、活动和现象的报道。③ 简单而言，国际新闻报道就是通过不同媒体传播所在国以外的不同类型的信息，使受众接收到预先未知的新闻，且国际新闻报道针对的主要是国内受众。④

---

① 刘笑盈.国际新闻学：本体、方法和功能[M].北京：中国广播电视出版社，2010：7-8.
② 刘笑盈.国际新闻学：本体、方法和功能[M].北京：中国广播电视出版社，2010：13-14.
③ 王纬.国际新闻采编初探[M].北京：新华出版社，1985：154.
④ 马胜荣.通讯社国际新闻报道的发展趋势[M]//马胜荣.走向世界的新华社国际新闻报道70年(1931—2001).北京：新华出版社，2001：45.

第一节　国际新闻报道在中国

尽管我国学界对国际新闻报道的理解和定义多元化,但这并不妨碍中国媒体开展有效的国际新闻报道活动。事实上,国际新闻报道一直是中国媒体重要的组成部分。虽然我们较难界定国际新闻报道在中国媒体和受众中形成的"国际新闻热",但从中国媒体对国际新闻报道的偏爱和中国受众对国际新闻报道的偏好来看,可以肯定国际新闻报道在中国媒体和受众中占据着重要地位。这也是本书之所以研究中国媒体进行国际新闻报道的缘由。

一、中国媒体对国际新闻报道的偏爱

20世纪90年代以来,国际新闻报道在西方媒体中遭受冷遇,美国1 500份主流报纸中多数报纸的国际新闻报道几乎已经消失。据统计,美国三大新闻杂志(《时代》《新闻周刊》《美国新闻和世界报道》)的国际新闻版面比例从1985年的22%降到了1996年的14%。三大电视网(ABC、NBC、CBS)的国际新闻报道则从1987年的40%降低到了1996年的12%。[①] 1996年以后,随着美国媒体的不断分众化,国际新闻报道的萎缩趋势进一步加剧,西方媒体驻外记者的数量不断减少。

虽然国际新闻在西方媒体遭到冷遇,但中国媒体对国际新闻报道却情有独钟,甚至表现出偏爱。20世纪80年代以来,中国媒体对国际新闻报道的热情尤为突出,主要体现为两个方面:

(1)除新华社主办的《参考消息》(以翻译外媒国际报道为主),20世纪末21世纪初,中国出现了一批专门致力于报道国际新闻的报纸,例如《环球时报》《世界新闻报》和《国际先驱导报》。

《环球时报》由人民日报社主办,1993年1月创刊,原名《环球文萃》,1997年1月改名为《环球时报》。在创刊头五年,《环球时报》以年均7万份的速度迅速崛起,订户大部分是自费订阅。2006年《环球时报》改为日报,其最高发行量达到300万份。《环球时报》在世界75个国家和地区驻有300多位特派、特约记

---

① 李良荣.当代西方新闻媒体[M].上海:复旦大学出版社.2003:36.

者。刊发的文章受到党和国家领导人的高度重视，引起国内外媒体广泛关注，经常被美联社、路透社、法新社、共同社编发通稿，并多次被世界知名报纸转载。[①]调查显示《环球时报》的读者以中青年为主，公务员、公司中高层管理人员、白领人群和专业人士占读者总数的 89%，呈现出高学历、高收入、高消费能力的特征。[②]

《世界新闻报》创刊于 20 世纪 90 年代初，是中国最早面向市场的国际新闻报纸之一，由当时的国家广播电影电视总局主管、中国国际广播电台主办，是中国广电集团报刊音像出版集团的龙头报纸，每周一、周四出版，提供世界政治、经济、科技、体育和文化等领域的热点报道。作为国际新闻报道领域的权威媒体，《世界新闻报》受到了政府高层、商界名家、学术权威和广大读者的关注，培养了一大批读者群，拥有广泛的社会知名度和影响力。该报发挥中国国际广播电台在全球 60 多个国家和地区派有常驻记者和特约记者的优势，及时从前方发回最新和最权威的国际新闻报道。[③]

《国际先驱导报》创办于 2002 年 6 月，是一张国际新闻周报，隶属于新华社属下的《参考消息》报社。该报依托新华社遍及全球的新闻采集网络，率先提出"大国际"的传播理念，树立了"新闻性、人文性与思想性并重"的新风格，贯穿"以中国的视角看世界，以世界的视角看中国，以世界的视角看世界"的编辑理念，即用世界的眼光、世界的思维、世界的标准，观察、解读、记录中国复兴的进程，重点关注于国际时政、经济、文化的重大题材并进行深度报道。该报一直秉持"用权威影响权威"的思路，瞄准中国的政治权威、商界权威和文化权威人群，他们一部分是处于各领域的高端人士，更多的则是隐身于社会大众中的意见领袖。

《参考消息》1956 年改版，为中国大陆能直接刊载外电的报纸，以翻译转载世界各地的国际新闻为主，每日精选世界各地的最新消息、评论，全方位、多视角报道国际新闻，为读者开启了看世界的窗口，开阔了视野，目前仍是中国最具权

① 《环球时报》简介［EB/OL］. http://media.people.com.cn/GB/22114/50007/50011/3505604. html，2005.

② 《环球时报》简介：中国发行量最大的报纸［EB/OL］. http://auto.huanqiu.com/paper/2010－09/1072121.html? agt＝15438，2010－09－03.

③ 《世界新闻报》百度百科［EB/OL］. https://baike.baidu.com/item/世界新闻报/13866? fr＝aladdin.

威性的国际新闻报纸之一,发行量最高时达 700 万份,是大陆发行量最大的日刊。①

新华社原副社长、曾兼任《参考消息》总编的周树春(现为中国日报社总编辑)认为中国这类国际新闻报道专业媒体在世界上是独一无二的。他认为国际新闻报道的专业媒体还正处在黄金时期,至少会出现两个"黄金阶段":一是在 2020 年前,国际新闻媒体处于一个历史发展时期。在中国全面实现小康的整个过程中,中国社会比以往任何时候都需要培育国际意识和世界观念,中国公众将比以往任何时候都会更加关注世界的变化,也会在意世界如何看待中国的崛起。二是 2050 年前,在中国成为中等发达国家之前,由国际新闻媒体折射出来的中国与世界的基本关系格局不会发生根本变化。中国受众对这类国际新闻报道的专业媒体的兴趣会持续高涨。②

(2)过去 40 多年中,随着中国改革开放,无论是中国国家媒体还是地方媒体,无论通讯社、印刷媒体或是电子媒体,不仅关注国际新闻报道,而且还不断加强对国际新闻报道的重视程度。

新华社一直是我国国际新闻报道的主力军。自 1948 年新华社在布拉格建立第一个国外分社以来,相继在 100 多个国家和地区建立了 7 个驻外总分社,覆盖亚太、欧亚、北美、拉美、欧洲、中东和非洲地区,下辖分社 108 个,驻外内派人员约 600 人,采编人员约 470 人,各类雇员约 1000 人,24 小时不间断地以文字、图片、视频、音频等多媒体手段及时准确向全球发布新闻信息,覆盖全球的新闻信息采集网络,形成了多语种、多媒体、多渠道、多层次、多功能的新闻发布体系,集通讯社供稿业务、报刊业务、电视业务、经济信息业务、互联网和新媒体业务等为一体。③

中央广播电视总台创建于 2018 年 3 月,由原中央电视台、中央人民广播电台和中国国际广播电台合并而成,目前开办了六个语种的七个国际电视频道,即中央电视台中文国际频道(CCTV-4)、中国国际电视台新闻频道(CGTN)、中国

---

① 《国际先驱导报》百度百科[EB/OL]. https://baike.baidu.com/item/国际先驱导报/2092137? fr=aladdin.

② 周树春:中国媒体的世界观[EB/OL]. http://chinese.mediachina.net/index_news_view.jsp? id=63580,2003-08-05.

③ 新华社简介[EB/OL]. http://203.192.6.89/xhs/static/e11272/11272.htm.

国际电视台纪录频道、中国国际电视台西班牙语频道、中国国际电视台法语频道、中国国际电视台阿拉伯语频道、中国国际电视台俄语频道;旗下的中国国际广播电台(CRI)以 44 种语言面向全球传播,建立了完整的全球新闻报道网。2019 年,总台成立了国际交流局整体协调对外交流合作、国际传播能力建设和国家媒体品牌形象塑造;华语环球节目中心则是母语国际传播的全媒体平台。[①]

中文电视媒体也在不断增加国际新闻报道所占比重。以中央电视台《新闻联播》节目为例,自 2012 年起,《新闻联播》开始改版,其中一项主要策略就是增加国际新闻比重,并以国际新闻专题报道和国际联播快讯两种形式呈现。总体上,以短消息汇编形式出现的国际联播快讯可以迅速和高效地为电视观众勾画出中国主流电视新闻叙事所需要的"世界图景",并潜移默化地影响观众对"国家"与"世界"之间逻辑关系的理解。[②] 中央电视台的国际新闻报道模式迅速在地方电视台中得到普及,如上海电视台还开设了像《国际瞭望》等杂志型国际新闻栏目。

报纸媒体方面,我国一些省市大报(如《解放日报》)都开辟了国际新闻专版,有些还占了大报新闻版的 20% 左右。全球重大国际新闻报道都会出现在这些大报的头版。有些县市一级的报纸也会报道国际新闻。

近年来,新媒体国际新闻报道也同样活跃并迅猛发展。与传统媒体相比,新媒体国际新闻报道拥有诸多独特性,如时效性、数字化、互动性、内容多样性、个性化、传播空间大等。[③] 网络媒体可以利用其优势开辟国际新闻报道专栏,如新浪新闻网站就专门开设了国际新闻栏。诞生于 2014 年的"澎湃新闻"是一个以原创新闻为主的全媒体新闻资讯平台,拥有互联网新闻信息服务一类资质,致力于打造成为中国的全媒体内容生产平台、全媒体产品创新平台和全媒体服务运营平台。"澎湃新闻"结合互联网技术创新与新闻基本价值,每天生产超过 300 条原创新闻报道,已迅速成长为中国媒体融合发展的领跑者之一,影响力在中国新闻网站中位居前列,国际新闻报道也是其重要的组成部分。"澎湃新闻"下设

----

① 李宇.浅析中央广播电视总台国际传播的融合发展模式与创新升级路径[J].视听界,2020(1):25 - 29.

② 常江,杨奇光.国家叙事中的世界图景[J].新闻记者,2015(3):48 - 54.

③ 刘子靖.新媒体时代国际新闻报道的受众特点初探——基于百度指数数据的案例分析[J].中国出版,2015,6(11):56 - 57.

《澎湃国际》栏目,滚动更新全球各地新闻资讯,旨在在碎片化信息中发现世界趋势。①

二、中国受众对于国际新闻报道的偏好

中国媒体对国际新闻报道的偏爱有着广泛的受众基础。改革开放之前,国际新闻对多数中国受众来说,没有顺畅的获取渠道,甚至是一种与行政等级挂钩的新闻奢侈品。40多年的改革开放使中国与世界融为一体,国际新闻报道和国际传播格局也发生巨大变化。过去跟中国看似毫不相干的事情,而今对中国都能产生较大影响,因此过去不关心国际新闻的受众今天变成了国际新闻的忠实受众。②

在报刊界,国际新闻在居民关注的各类新闻中也一直名列前茅,国际新闻的读者群在社会团体中处于上升位置,甚至占据社会主流地位。③ 多项调查也显示,国际新闻报道一直是我国受众最为欢迎和偏好的新闻内容之一。④ 国家统计局在1999年初调查了12个大中城市居民对媒体内容的意见,结果发现国内新闻、国际新闻等时事新闻的阅读率名列首位,达到62.9%,大大高于本地新闻及副刊版。⑤

2002年的一项调查则显示,63.2%的居民最喜爱阅读国际新闻。调查还显示,80.3%的居民通过电视了解国际新闻,45.9%通过报纸了解国际新闻。国际新闻的读者构成主要为25至39岁的年轻成熟男性,大专以上学历,一般为白领。这说明国际新闻报道专业报纸的读者群在社会团体中处于上升位置,占据社会主流地位,也显示出国际新闻巨大的广告价值。⑥ 2003年,《新闻记者》的刘鹏和陈红梅在上海9所高校中做了一项关于"上海大学生的信息需求和日报选择"的调查。这项调查发现,国际新闻报道也是大学生最为关心的信息。在调查列出的27类新闻信息中,国际新闻报道的选择率位居第一,高达65.9%,超出国

① 澎湃新闻官网简介[EB/OL]. https://www.thepaper.cn/about_paper.jsp.
② 吴杰,吴乐珺.国际新闻报纸仍有发展空间——《环球时报》副总编辑吴杰访谈录[J].新闻记者,2007(02):18－20.
③ 李锐.新闻期刊与精英文化国际观的建构:以《中国新闻周刊》为例[J].青年记者,2007(10):57.
④ 吕怡然,周岩.国际新闻的贴近性[J].中国记者,2003(11):52－53.
⑤ 郑敏.时事报道工作存在的问题探析[J].新闻传播,2001(3):9.
⑥ 李希光.谁在为中国媒体国际新闻报道设置框架[J].中国记者,2002(09):14－16.

内新闻近 20 个百分点。该调查在解释上海大学生对国际新闻报道的偏好时,认为是世界经济全球化浪潮以及复杂多变的国际环境使大学生更加关注国际新闻报道,而国际新闻报道所具有的较强新闻本位,进一步强化了他们的这种选择意向。该调查由此得出结论:上海大学生的信息需求主线为国际性、娱乐性、实用性、可读性。①

2014 至 2015 年,河南师范大学政治与公共管理学院对当代大学生对国际时事的关注度进行了调查,显示 58% 的男生和 42% 的女生会主动了解一件国际时事的发生始末,半数以上的大学生认为关注国际时事很有必要性,且大多数大学生会对国际时事进行深入思考。该调查认为大学生是中国受众中较为典型的群体,从长远来讲他们的新闻选择趋向代表着中国受众的主流趋势,因此他们对国际新闻的偏爱突显了国际新闻报道在中国受众中的受欢迎程度。②

在广播电视界,以 2014 年收听数据为例,在收听率最高的 30 个对内广播栏目中,以国际新闻为主体的环球资讯广播栏目占到 17 个。环球资讯广播针对的主要受众人群是社会的中坚力量,他们关心政治、经济、文化,并对该类信息有较大需求。如今国际广播的受众层次侧重精英群体,这样的群体具有较高的社会地位,不但在各自的领域具有影响力和决策力,在舆论引导方面也具有较强的可信度和传播能力,因此,国际广播也可以通过精英群体影响到广泛的受众。③

三、“国际新闻热”的背景及成因分析

(一)中国的国际影响力不断增强

截至 2019 年 12 月,与中国建交的国家达到 180 个④,在我国政府承认的国家中,目前只有 26 个国家还没有与中国建立外交关系。

21 世纪以来,随着我国“走出去”战略的提出和实施,以中国加入世界贸易

---

① 刘鹏,陈红梅.上海大学生的信息需求与日报选择——上海大学生与大众传媒调查(一)[J].新闻记者,2003(02):12 - 14.

② 包燕玲.对当代大学生国际时事关注度的社会性别分析——以河南省高校为例[J].商,2016(28):77.

③ 中国国际广播电台研究报告[EB/OL]. http://www.doc88.com/p - 9873582777887.html,2017 - 01 - 02.

④ 中华人民共和国外交部.中华人民共和国与各国建立外交关系日期简表[EB/OL]. https://www.fmprc.gov.cn/web/ziliao_674904/2193_674977/,2019 - 12 - 30.

组织(WTO)和成功申办北京奥运会为起点,中国进入了全面融入世界的时期。2010年,中国国内生产总值(GDP)超过日本,成为世界第二大经济体。作为世界经济的主要发动机,中国已是世界上120多个国家的最大贸易伙伴和世界上最大的货物贸易出口国,也正在成为世界上最大的消费市场。①

伴随着中国经济的增长,中国的国际话语权也在日益增强,在国际问题上的议程设置能力、引领动员能力以及斡旋运筹能力不断提高,并逐渐成为亚太地区乃至全球合作的倡导者和引领者。作为联合国安理会常任理事国,中国在维护世界和平、促进共同发展方面发挥着不可或缺的作用。如今,中国不再是置身于国际体系之外的旁观者或疏离者,也不再是国际秩序被动的接受者,而是积极的参与者、建设者甚至是引领者。正如德国外交政策组织研究所所长艾波哈德·桑施耐德所说:"中国在国际事务上扮演着十分重要的角色。"②

在科技方面,中国科技的整体实力明显提高。美国国家科学基金会发布的《2018年科学与工程指标》报告显示,从资金、论文、人才等多方面看,中国科技实力正迅速提升。③ 一大批如高性能计算机、载人航天、探月工程、移动通信、量子通讯、北斗导航、载人深潜、高速铁路等科技成果都在世界上享有盛誉,为中国成为一个有世界影响力的大国奠定了重要基础。④ 曾任中国科技部部长的万钢表示,中国科技创新能力显著提高,科技创新水平加速迈入国际第一方阵,进入"三跑并存"、领跑并跑日益增多的历史性新阶段,主要创新指标进入世界前列,已成为具有全球影响力的科技大国。⑤

在军事上,中国走和平发展道路,奉行防御性的国防政策。作为核大国,中国是世界上唯一声明不首先使用、不对无核国家使用核武器的国家。⑥ 坚持朝鲜半岛无核化,反对使用武力,主张通过对话以谈判方式和平解决朝核问题,维持地区局势的和平与稳定,是中国在朝核问题上的一贯立场。中国坚持无核

---

① 刘笑盈.中国对外传播:从报道中国到报道世界[J].对外传播,2018(11):4-7.
② 许峰.如何科学界定当代中国的国际地位[J].新视野,2015(06):101-105.
③ 美报告称中国科技实力迅速提升[EB/OL]. http://world.people.com.cn/n1/2018/0124/c1002-29784998.html,2018-01-24.
④ 许峰.如何科学界定当代中国的国际地位[J].新视野,2015(06):101-105.
⑤ 新华网.我国科技创新水平加速迈向国际第一方阵[EB/OL]. http://www.most.gov.cn/ztzl/lhzt/lhzt2018/mtbdlhzt2018/201803/t20180306_138429.htm,2018-03-06.
⑥ 许峰.如何科学界定当代中国的国际地位[J].新视野,2015(06):101-105.

才能和平,对话才是出路,合作才能共赢。① 中国军事力量增强意味着捍卫和平力量的增强,这种军事影响力的正义性与一些国家把军力当成干涉别国内政、破坏地区和平与稳定的"大棒"有着本质不同。②

在文化方面,中国已与 160 多个国家和地区保持着良好的文化交流关系,与149 个国家签订了政府间文化合作协定,与 97 个国家签订了 800 多个年度文化交流执行计划,并在海外 82 个国家设有 96 个使领馆文化处。中国在全球 105个国家和地区(覆盖了全世界的 86% 人口)建立了 350 多所孔子学院。"中华文化热"在世界各地持续升温,在世界上许多国家,学习汉语,阅读中国书籍,观看中国影视剧、听中国故事、品尝中国美食、练习中国功夫蔚然成风。③

伴随着新兴国家的发展和世界话语体系的重构,中国在世界传播体系中也开始扮演重要角色。在传播全球化时代,互联网的"新十亿"概念表明世界的新增网民主要在发展中国家,现在世界 40 亿网民中的三分之二在发展中国家。这些网民大多是年轻人,而中国的网络普及率超过了世界平均水平,中国正从网络大国迈向网络强国,由此可见,我国的信息传播基础得到了进一步夯实。④在新媒体时代,基于国际新闻事件本身的重大性,受众对信息索取的主动性空前增强,受众对国际新闻报道时效性的要求也表现出很强持续性。⑤

(二)中国受众需要更多的外部信息

明清时期,由于统治者实行封疆政策,闭关自守,中国处于一种与世隔绝的状态。这种长期的封闭状态使中国与外部世界的信息交流几乎完全中止,因此在近代历史上无法与世界飞速发展保持同步。于是,当清朝中晚期国门被迫打开时,国人突然发现中华民族已经落后。为了能摆脱这种局面,近代 200 年来,中华民族一直在不断追求外部信息(主要是来自西方的信息),以求洋为中用。

这也许是国际新闻报道在中国起源的最原始动力,从某种程度上也可以解

---

① 王毅:中国坚持朝鲜半岛无核化立场绝不动摇[EB/OL].中国网(2016 - 03 - 08). http://www.china.com.cn/lianghui/news/2016 - 03/08/content_37966134.htm.

② 许峰.如何科学界定当代中国的国际地位[J].新视野,2015(06):101 - 105.

③ 许峰.如何科学界定当代中国的国际地位[J].新视野,2015(06):101 - 105.

④ 刘笑盈.中国对外传播:从报道中国到报道世界[J].对外传播,2018(11):4 - 7.

⑤ 刘子靖.新媒体时代国际新闻报道的受众特点初探——基于百度指数数据的案例分析[J].中国出版,2015,6(11):57 - 61.

释为什么我国境内最早出现的一批中文报刊(如 1833 年创办的《东西洋考每月统记传》)中多数内容以国际内容为主。尽管中国近代政治风云变幻无常,但国际新闻报道在中国媒体中的这种主导地位却一直保留至今,只是其表现形式在各个历史发展时期有所不同而已。①

本书认为目前中华民族对外部信息的追求和对国际新闻报道的这种历史情结已经逐步演变为一种中华民族文化的自觉行为,表现出了强烈的民族国际性。1949 年中华人民共和国成立以后,尽管中国社会经历了不同发展时代,但这种对外部信息需求的国际性没有削弱,反而不断增强,且与当时中国社会发展有效联动,因此进一步激发了中国受众对外部信息的需求。

改革开放以来,我国对外开放程度不断加深,国际间人员、资金流动日益频繁,我国的社会环境发生很大变化。冷战的结束和全球化的加剧,各种外部信息不断涌入,对中国社会的各种方面,包括政治、经济和文化领域都构成了直接冲击。在与外部世界交汇与碰撞同时,中国社会重新获得了同世界对话的机会,中国人的视野越来越国际化。经济的飞速发展在提高人们物质生活水平的同时,也带动了精神文化的需求,尤其是中国正在崛起的中产阶层,他们更渴望了解外部世界变化,寻找自身在世界坐标中的位置。②

我国加入 WTO 以来,中国经济越来越融入世界经济的大循环之中。我国的各界人士,尤其是经济界人士需要了解世界经济形势的变化,包括金融、证券、期货、汇率、主要商品价格的变化,以形成合理的经济决策。在经济全球化大背景下,受众已不满足于局部的报道视角,更希望了解某一经济信息与大趋势之间的关系。③"中国经济生活与全球经济相关性日益提高,无论是席卷全球的并购狂潮,还是欧洲经济一体化,这些在遥远国度里发生的新闻也同样成为国内的关注焦点。如果说原先关注国际经济发展动向只与政府部门有关系的话,现在越来越多金融机构、企事业单位、专家学者甚至是个人,都在密切地关注国际金融和资本市场的走势,全社会的财经敏感度普遍提升。"④

①　白润生.中国新闻通史纲要[M].北京:新华出版社,1998:27.
②　杨欢,刘笑盈.从世界新闻报的实践看我国国际新闻类报纸的生态环境[M]//蔡帼芬,刘笑盈.事实与建构:国际新闻的理论与实践.北京:中国传媒大学出版社,2008.
③　唐宋.财经新闻报道的"国际化"和"本土化"[J].国际新闻界,2003(06):24-27.
④　唐宋.财经新闻报道的"国际化"和"本土化"[J].国际新闻界,2003(06):24-27.

随着中国不断融入全球化，原本看起来与中国完全无关的国际新闻也越来越与我国利益密切相关。比如2011年美国和北约联军滥用联合国安理会禁飞区的决议，对利比亚实行狂轰滥炸，达到了政权更替的目的。这起初被认为是一个纯粹的国际新闻。直到中国成功从当地撤出逾3.5万名中国工人时，很多民众才第一次了解有如此多中国人在当地工作，才知道利比亚局势实际上也与中国密切相关。此外，2018年美国共发生94起校园枪击事件，创了纪录。这类国际新闻现在也会引起中国民众的关心，因为他们的子女或亲朋好友可能就在新闻发生地读书或旅游。①

目前中国是世界上120多个国家的最大贸易伙伴，世界大多数国家的政治、经济和社会重大变化都可能对中国产生影响，如美国总统选举、英国"脱欧"和非洲国家政局都会与中国利益相关，都会对双边及多边关系产生影响。因此我国受众也会更加关注外部国际信息。②

（三）扩大国际话语权和引导国际舆论的需要

在国际传播研究中，话语权是出现频率甚高的词。传播学者郑保卫指出，话语权就是公民运用媒体对其关心的国家事务与社会事务，及各种社会现象提出建议和发表意见的权利。③ 话语权就是谁能通过话语形成对他人控制的影响力，它由表达权、知情权、平等权、参与权和监督权构成，其核心是谁拥有表达权，就是谁有权说话，谁的声音能被传达。④

媒体国际话语权是指媒体在国际舆论中的传播能力、主导能力、控制能力及影响力，包括对国际议程的设置能力、政治操控能力以及理念价值观贡献能力等。媒体国际话语权的实质是国家在国际社会权力结构中所处的地位和具备的影响力。提升国际话语权对于塑造良好国家形象、维护国家利益、增强国家软实力具有重要意义。⑤

---

① 甄翔.2018年美国共发生94起校园枪击事件破纪录[EB/OL]. http://news.sina.com.cn/sf/news/hqfx/2019-02-01/doc-ihqfskcp2308194.shtml,2017-01-02.
② 陈卫华.国际新闻报道的机遇与挑战[J].对外传播,2018(11):17-19.
③ 胡百精.危机传播管理[M].北京:中国传媒大学出版社,2005.
④ 但昭彬.话语权与教育宗旨之共变[D].武汉:华中师范大学,2005.
⑤ 敖阳利.关于提升我国媒体国际话语权的思考[J].新闻世界,2016(03):94-96.

在日益全球化的今天,民族国家都争着发出自己声音,但传播实力的差距导致弱势国家的声音常常被淹没,不仅丧失话语权,甚至民族国家安全也备受威胁。由此可见,国际舆论对国际关系、重大国际事务、国家对外政策发挥着不可忽视的影响作用。[①]

通过 70 年的努力,我国的对外话语权已有较大提升,尤其是我国国家媒体对世界各地的重大事件,已逐步形成"以我为主"的国际新闻对内宣传新气象。中国记者前往现场,并深入研究当地问题,做出了越来越有力的独立新闻作品,使中国国际新闻的公信力和影响力增强,不仅避免了跟着西方走、被外国误导的风险,而且主动设置选题、主动发声,在舆论战线上与外国势力针锋相对、中国媒体也在国际竞争的浪潮中不断成长、成熟起来。[②]

当然,由于历史原因和社会制度的差异,与美国和西方国家相比,我国的对外话语权仍处于弱势,中国主流媒体话语权仍显单薄。不断强化我国国际新闻报道也是我国扩大国际话语权、引领国际舆论场的有效手段。

第二节　国际新闻报道与世界图像

国际新闻报道之所以能够作为一种国际话语权,首先与文本本身所表达的内涵有关,同时还与国际新闻报道文本中所表达的非文本性内涵有关,包括情感、态度等以及由此产生的总体世界图像。

事实上,通过文本分析研究媒体图像一直是学术界研究的热点之一,并涌现出不少理论,如 20 世纪 70 年代初社会学家欧文·戈夫曼(Evring Goffman)提出了框架理论。虽然媒体框架理论也研究媒体信息的制作过程(即特定框架的产生过程)以及媒体文本和受众之间的复杂互动关系,但文本框架分析一直是媒体框架理论的重要组成部分,并涌现出了大量研究成果。

媒体框架理论确认了媒体文本内容对一个情境、一个事件的图像塑造能力,并认为能够通过新闻报道的文本来研究媒体如何建构新闻事件(包括被报道的对象)、如何创建新闻框架、如何表达新闻框架的内涵及其所揭示的媒体图像等。

---

① 龚婉祺,李喜根.做有国际影响的国际舆论研究[J].对外传播,2018(04):29 - 32.
② 焦翔.主动发声,防止国际新闻被误导[J].青年记者,2016(24):11 - 13.

本书讨论的世界图像主要是指中国媒体通过国际新闻报道对于外部世界和各国总体形象的再现。与其他媒体图像一样，这一世界媒体图像当然也是对真实世界图像的一种反映，或者说是以真实世界图像为基础的，但是这一世界媒体图像又不只是简单地反映真实世界图像。中国媒体在报道世界及各个国家的同时，也会自觉或不自觉地用自己的框架来塑造世界图像。由于媒体中的世界图像不可能和真实的世界图像完全相同，因此中国媒体国际新闻报道中如何塑造这一世界图像已成为一个重要研究问题。本书的研究主要涉及中国媒体国际新闻报道的文本分析以及这些文本所建构的总体世界图像及其相关问题。

一、国际新闻报道的特点

国际新闻报道是相对国内新闻报道而言的。作为新闻报道的一种形式，国际新闻报道具备新闻报道所有的特性，如时效性、公开性、客观性和真实性等。

国际新闻报道的特点显而易见，即国际性。这决定了其与国内新闻报道不同的采集方式和语言要求。为了采集国际新闻，新闻媒体都要派记者到世界各地。目前，不仅我国中央级媒体派记者出国采访，地方性媒体也派记者采集国际新闻。当发生国际性重大事件时，我国媒体驻外记者人数会剧增。当然，近年来随着我国国际地位的不断提升，发生在中国的国际性新闻事件越来越多，因此近年来中国媒体中涉及中国本身的国际新闻报道也逐渐增多。

由于国际新闻报道都发生在国际环境中，国际新闻的采集不仅要求记者具有过硬的新闻业务能力和较好的外语基础，同时还需要具备较高的政治敏感性，要通晓国际政治、国际关系、跨国文化传播和国际经济等领域的知识。因此，从这一意义上讲，国际新闻报道实际上是国内报道在国际层面的延伸，因为任何国家媒体的记者在从事国际新闻报道时，都脱离不了其国家安全、国内政治、文化、意识形态的语境。从某种程度讲，国际新闻报道已经不仅仅是新闻报道了。

二、国际新闻报道的影响力

新闻报道的影响力主要指媒体通过其对于信息的选择、处理及整合分析等在传播信息时给受众所产生的作用。在传媒资讯日益发达、各类媒体相互渗透的今天,媒体在物质技术属性方面的差距显然在缩小,而且物质技术属性所产生的影响通常因为技术的固定性而基本不变。相反,传媒的社会能动属性却受社会环境变化和媒体自身变化的影响,甚至因为对某一新闻事件的报道而突然转变,所以媒体的社会能动属性成为体现媒体竞争力和影响力的主要因素。

从传媒经营管理角度来讲,喻国明认为传播影响力的发生和建构主要依赖三个环节的资源配置和运作模式:①接触环节:要吸引受众注意并接触传媒,传媒必须要使内容有特色,且能形成一定的发展规模。②保持环节:即通过不断的接触,构建受众对传媒的行为忠诚度(接触的频率和稳定性等)和情感忠诚度(人们对传媒的心理依赖程度、满意和满足程度、传媒在受众心目中的分量等)。③影响力的提升环节:选择最具社会行为能力的人群,占据最重要的市场制高点,按照社会实践的"问题单"的优先顺序制订自己的产品。①

也有学者指出,新闻媒体的影响力不仅包括新闻报道的影响力,即社会影响力,同时也应该包括它的经济实力,即市场影响力。市场影响力大的媒体往往具有良好的社会效益和经济效益,媒体在市场上的竞争力就越强,也能更好参与国际媒体市场的竞争。当然,社会影响力与市场影响力二者会相互渗透,相互影响,对媒体来讲,必须二者兼顾,不可偏废,过分追求市场影响力会削弱媒体的社会影响力。②

第三节　关于国际新闻报道研究

国际新闻报道不仅是新闻业务的重要组成部分,还具有重要的超文本内涵。因此,关于国际新闻报道的研究一直是国内外学术界的研究热点,已成为国际新闻传播领域的一个重要内容。

一、国外对国际新闻报道研究

虽然国际新闻报道在西方媒体中遭受冷遇,但关于国际新闻报道的研究却

---

① 喻国明.影响力经济[M].广州:南方日报出版社,2003:7-12.
② 赵彦华.社会影响力与市场影响力的关系[N].中华新闻报,2003-09-08(1).

并没有因此降温，西方国际新闻学术界对国际新闻报道的研究热情一如既往，还出现了不少关于国际新闻报道或与国际新闻报道有关的研究成果，主要呈现出以下两个特点：

（1）国外关于国际新闻报道的研究最大特点是以实证研究为主，而且研究视野比较宽广，不仅涉及国际新闻报道业务，而且还能从国际政治、文化、历史和人文的角度对国际新闻报道进行全方位探讨。过去，这种实证研究多以英语国家（尤其是美国）的媒体为中心，突出探讨了这些国家英语媒体如何报道世界。

这些实证研究得出的结论基本一致：西方媒体都非常突出对世界各国的灾难和动乱的国际新闻报道，因此在西方媒体中的世界图像总是负面的形象。在国际新闻传播过程中，西方国家媒体往往占有绝对优势，处于核心和主导地位，因而成为国际传播中英语强势在国际新闻报道研究中的反映。这些理论从国际新闻报道的业务角度解释了20世纪80年代关于"世界信息和传播新秩序"大论战的国际背景。也正因如此，国际新闻报道及有关传播和处理方式的研究成为这场论战中最突出、也最具争议性的话题。不过，经过那场"世界信息和传播新秩序"的论战之后，国际新闻报道研究中这种以西方媒体占主导的局面正在不断得到改观。来自非西方国家的国际新闻报道实证研究也在不断增多，逐渐走向真正意义上的国际化研究。

（2）西方关于国际新闻报道的研究不仅注重实证研究，还使用新闻传播学理论来阐释国际新闻报道的特征和趋势，包括国际新闻制作过程、国际新闻的文本内涵以及与受众之间的互动关系。

这些理论对国际新闻报道的论述角度各不相同。议题设置理论侧重议程角度，而媒体框架理论则突出框架视角。虽然总体上讲议程设置理论偏重定量研究，媒体框架理论偏向定性研究，但它们在具体方法上却经常相互引用，如在文本分析中，议程设置的研究可以引用框架研究中所用的语言学、符号学等方法，从而加深议程设置的研究深度，有助于对媒体议程的层次分析。媒体框架理论研究在具体研究上则适当采用量化方法。塔奇曼（Tuchman）是一个框架研究学者，但他也非常重视新闻传播效果，认为在整个新闻过程中最重要的部分是如何让受众接受新闻框架，受众像记者和编辑一样对新闻框架可以接纳和排斥，也可以参与新闻的产生过程,对于框架的形成发挥着反制作用。美国传播学者乔治·格伯纳(George Gerbner)1960年代后期提出的"培养分析"理论虽然主要突出电视暴力对人们的影响,但这一理论也常被用于国际新闻报道的效果分析,尤其适用于国际新闻文本分析和受众对文本解读的比较研究。

二、国内国际新闻报道研究

关于国际新闻报道的研究,我国与西方学术界不尽相同,但对国际新闻报道的理解是有共识的。我国新闻学界一般都认为国际新闻不同于国际新闻报道,因为国际新闻报道属于社会意识范畴,同样的国际新闻可以有不同的国际新闻报道形式。此外,国际新闻报道可以有真假之分,会带有报道者的主观感情色彩并渗透着报道者的主观自我意识。

中国媒体较重视国际新闻报道,但学界对国际新闻报道研究的重视程度还有待提升。整体而言,与国外新闻学界相比,我国关于国际新闻报道的研究还存在差距和问题,主要表现为两方面:

(1)对国际新闻报道的研究视角相对较为单一。过去,我国的国际新闻报道活动仅限于中央级的媒体,如《人民日报》、新华社、中央电视台、中国国际广播台和外文出版局等,因此以前我国关于国际新闻报道的研究基本也是由这些中央级媒体分别来开展,他们都拥有新闻研究所和研究类刊物,一般都以各自的国际新闻报道活动和经验为基础开展国际新闻报道研究,重点突出国际新闻报道业务研究或对各自媒体国际报道活动的总结性研究。

这些关于国际新闻报道的业务探讨和研究针对各个媒体的具体国际新闻报道,对我国中央级媒体来讲很有必要性,也具有较强的针对性。但应该承认,这类研究对我国国际新闻报道的总体发展情况少了一些理性思考,缺乏理论深度。由于这类研究只定位于各自媒体,其研究成果带有一定局限性,较难阐释国际新闻报道的普遍规律和趋势。

(2)对国际新闻报道的研究重"外"轻"内"。随着我国国际新闻报道活动的不断开放,我国对国际新闻报道的关注程度也不断提高,基本把外国媒体对中国的国际新闻报道和中国对世界的国际新闻报道两个概念交叉使用,出现了重"外"轻"内"的现象:即较注重外国媒体对中国的国际新闻报道,而相对忽视中国媒体对世界的国际新闻报道，或者至少重视程度有待提升。

当然，我国对国际新闻报道研究重"外"轻"内"的现象可能与我国没有能够参与 20 世纪 80 至 90 年代那场"世界信息和传播新秩序"的国际大讨论有关。由于我国新闻学术界基本游离于这场大讨论之外，因此在某种程度上失去了向国际学术界同行学习和交流的机会，一定程度上影响了我国国际新闻报道研究水平的提升。

第四节　我国受众的全球观与国际新闻

世界上的大部分人不会直接获得来自其环境之外的直接经验。在中国这个人口大国中，绝大多数中国人对于世界的认知都是通过媒体的国际新闻报道来实现的。

国际新闻报道的出现和发展对于人们对世界的认知即全球观的形成，无疑起着重要作用。2013 年 8 月 21 日，习近平总书记在全国宣传思想工作会议上的讲话中指出："在全面对外开放的条件下做宣传思想工作，一项重要任务是引导人们更加全面客观地认识当代中国、看待外部世界。"① 在过去传播技术还不完善之时，人们主要通过自身的直接经验来认知现实生活，新闻虽然为人们提供了认识世界的渠道，但并未成为人们感知"现实世界"的主要来源。然而，互联网的普及颠覆了人们认知世界的方法。通过自身体验来认知的世界只占据我们所认知的世界一个很小的部分，相反，我们对从未涉足的世界的认识却成了我们所形成的"世界观念"的主要部分，而我们对这部分世界的了解主要就是通过新闻媒体来认识的②，包括对当前世界格局和其他主权国家或组织团体在政治、经济、文化、科技、军事等领域的综合性的认知、感受和评价即民众的"世界观念"。③ 因此，我们的媒体如何报道世界事实上决定着我国民众"世界观念"的形成。④

---

① 习近平在全国宣传思想工作会议上讲话［OL］.http://www.xinhua.com/2018－08/23/c_129938245.htm.

② 郑若麟.从"世界观念"的形成看国际新闻报道［J］.对外传播,2015(12):21－22.

③ 中国公众的世界观念调查报告(2017～2018)［J］.人民论坛·学术前沿,2019(09):8－25.

④ 郑若麟.从"世界观念"的形成看国际新闻报道［J］.对外传播,2015(12):21－22.

　　李普曼认为,由于外在世界过于复杂,人们必须通过大众媒介来了解外在世界,因此,媒介成为扮演把外在世界塑造成个人"脑海中的图书"的角色,并同时替阅读者构建出社会环境。① 我们依靠媒体的表现来理解我们的生活和世界。它们塑造、告知和定位我们看待和判断世界、他人和我们自己的方式,以及我们如何想象真实和可能的生活。② 在我们的生活中几乎没有人可以跳脱出信息的一般载体所呈现的观点,并且也几乎没有人可以超越我们所生长的文化环境所呈现给我们的认知地图。个人所形成的对世界的观念和意识部分是无意识间持续地被各种影响所塑造的。媒体是有文化界限的,且是由文化形成的。也就是说,媒体反映了文化并加强了文化的作用,但同时也可以将其转变为新的角度。③

　　媒体制作新闻的方法、对外部新闻来源以及文献依赖都会使得记者们带意识形态去描绘这个世界。所有媒体都会有目的、有意识地去选择和处理新闻报道,包括国际新闻报道。在这个过程中,媒体会自觉和不自觉地隐现其自身的价值观和意识形态,并通过新闻报道的形式把这些价值观和意识形态传递给受众。因此,作为一种意识形态的话语,新闻报道必然会通过不同报道内容、报道方式、报道篇幅、报道频率、报道时间、甚至版面位置和报道字体等来表达和确认其制作者的社会和政治态度。④

　　国际新闻报道不仅为受众塑造了国家叙事的"世界图景",而且通过选择性的话题报道,指导着国民对国际政治现实以及本国在世界政治格局中的地位的总体印象和理解。⑤ 一项针对美国公众的全国性调查提供了一些证据,证明人们对国际新闻的关注度影响了他们对其他国家大体上的好感度,无论这个国家在什么地区或是意识形态取向如何。⑥ 大众媒介所构筑的信息拟态环境对国际

　　① 李普曼著.舆论学[M].林珊,译.北京:华夏出版社,1989.

　　② PETROF,SORIN. SHANI ORGAD. Media Representation and the Global Imagination[J]. Journal for Communication Studies,2013,6(1):297.

　　③ HANVEY,ROBERT G. An attainable global perspective[J]. Theory into Practice:Global Education,1982,21(3):162-167.

　　④ 托伊恩·迪克著.作为话语的新闻[M].曾庆香,译.北京:华夏出版社,2003:2.

　　⑤ 邵梓捷,戴遥遥,徐湘林.国际政治传播中的议程设置——基于2003—2015年《新闻联播》国际新闻文本分析[J].国家行政学院学报,2016(04):29-34.

　　⑥ JOHN T. MCNELLY,Fausto Izcaray. International news exposure and images of nations[J]. Journalism Quarterly,1986,63:546-553.

公众的影响是一个长期的、历史的过程，公众的媒介接触习惯和接触心理也常常处于一种较为稳定的状态。[①]

总　结

本章梳理了中国媒体的国际新闻和国际新闻报道概念，即我国媒体对我国之外发生的新闻事件的报道，对国际上的重大事件和突发性事件、具有国际影响和国际兴趣的事件、活动和现象的报道。

本章讨论了国际新闻报道对中国的重要性，以及中国媒体和中国受众对国际新闻报道的偏爱。除了新华社主办的《参考消息》（以翻译外媒国际报道为主），20世纪末21世纪初，我国出现了一批专门致力于报道国际新闻的报纸，如《环球时报》《世界新闻报》和《国际先驱导报》。随着中国不断改革开放，中国不仅关注国际新闻报道，还不断强化对国际新闻报道的重视程度。

多项研究表明中国受众（尤其年轻一代）一直对国际新闻报道情有独钟。本章分析了中国受众需要了解更多外部信息的三个理由：①中国的国际影响力不断增强，已成为第二大经济体，伴随着新兴国家的发展和世界话语体系的重构，中国在世界传播体系中也开始扮演重要角色；②世界格局变动剧烈，大多数国家的政治、经济和社会重大变化都可能对中国社会和民众产生影响；③为了提升我国国际话语权和引导国际舆论能力，包括对国际议程的设置能力、政治掌控能力以及价值观贡献能力。

本章讨论了国际新闻报道与世界图像，认为世界图像主要是指中国媒体通过其国际新闻报道对于外部世界和各国总体形象的再现，还讨论了国际新闻报道的特点和影响力，梳理了国外和国内关于国际新闻报道的研究趋势。

最后本章讨论了我国受众的全球观与国际新闻。绝大多数中国人对于世界的认知都是通过媒体的国际新闻报道来实现的。国际新闻报道的出现和发展对于人们对世界的认知即全球观的形成，无疑具有重要作用。所有媒体都会有目

---

① 夏忠敏，刘建新.中国公众的媒介接触对美国认知研究——基于《中美两国民众的世界观念》调查资料的分析[J].湖北民族学院学报（哲学社会科学版），2018，36(03)：132－135.

的、有意识地去选择和处理国际新闻报道,我国媒体也会自觉或不自觉地把自身价值观通过新闻报道形式传递给我国受众,由此影响到他们的全球观。因此,在数字化时代,我国主流媒体是如何通过国际新闻报道影响我国受众的全球观,是一个具有理论和现实意义的话题。

第二章 70 年来我国媒体国际新闻报道的三种范式及特征

70 年来，我国国际新闻报道从"种牛痘"效应开始，逐步实现功能转型并改进专业化程度，再到提升中国国际话语，在不同社会发展时期呈现出了革命型、发展型和文明型的报道范式和不同的特征。鉴于我国社会"自上而下"的治理体系和媒体管理遵循党性原则，我国媒体三种报道范式不仅顺应了三个时代的社会发展背景，直接受到了不同时期国家领导人世界观的影响，还服务于我国三个时期不同的社会发展需求。

学术界关于国际新闻的界定众说纷纭，没有统一标准。有学者从决定新闻的三个要素——事实、媒介和受众出发，提出"国际新闻是超越国家界限并具有跨文化性的新闻，或国际新闻是新闻在国际间的流动"。[①] 具体而言，有三种国际新闻模式，第一种是"向中国说明世界"的国际新闻报道，涉及境外事实、本国媒体和本国受众；第二种是"向世界说明中国"的对外新闻传播，涉及国内事实、本国对外媒体和境外受众；第三种是"向世界说明世界的"全球新闻传播，涉及全球型事实、国际化媒体和国际社会受众。[②] 本章所讨论的国际新闻报道主要指第一种模式。

---

① 蔡帼芬.国际新闻与跨文化传播[M].北京:北京广播学院出版社,2003:105－106.
② 刘笑盈.国际新闻学:本体、方法和功能[M].北京:中国广播电视出版社,2011:13.

第一节　国际新闻报道在中国

一、关于国际新闻报道研究

我国新闻传播学界关于国际新闻报道的研究可以分为以下四类：一是以国内某媒体为例，研究其国际新闻报道的特征、议题、框架等要素，如毕仁科通过考察《新闻联播》《新闻 30 分》等较高收视率的新闻资讯栏目，分析了中央电视台新闻频道国际新闻报道始终坚持维护国家利益的政治原则、追求专业化诉求等特征和地区关注有偏向、新闻来源不规范等不足[①]；二是有关国际新闻报道记者、人才的研究，如有学者研究了全球化时代，中国国际新闻传播人才培养模式的创新方式[②]；三是比较研究不同国家的国际新闻报道，最常见的就是基于像中美贸易争端等重大国际事件，分析诸如《纽约时报》和《人民日报》等不同国家和不同媒体的国际新闻报道方式。还有研究通过对比不同国家的国际新闻报道，探析媒体报道背后的国家意识形态、文化观念等差距；四是影响国际新闻报道的因素研究，如国际利益、政府利益、国家关系、地理方位等要素对国际新闻报道的影响；也有研究就国际传播学者常用的研究理论进行探讨，包括对媒体内容的等级影响理论、新闻架构理论、驯化理论和公正与平衡原则等。[③]

二、国际新闻报道范式与中国社会

范式的概念来自马斯·库恩对于科学范式的研究，是具有"公认性"的叙述模式。[④] 新闻范式是指导新闻媒体确认并诠释值得报道的"社会事实"的认知模式或世界观，具有统领新闻实践的规范性原则和从业知识，并将之整合成内部同一的意识形态体系的功能。[⑤] 潘忠党等人把国内已有的新闻范式归纳为三种路

---

① 毕仁科.中央电视台新闻频道国际新闻报道研究[D].长沙：湖南大学，2013：1.

② 戴佳，史安斌."国际新闻"与"全球新闻"概念之辨——兼论国际新闻传播人才培养模式创新[J].清华大学学报，2014（29）：42.

③ 李喜根，刘洋.国际新闻报道研究的理论框架与视角[J].新闻记者，2013（9）：30.

④ 陈康.新闻史书写范式研究的回顾与展望[J].传播力研究，2019（3）：90.

⑤ 白红义.新闻范式的危机与调适——基于纪许光微博反腐事件的讨论[J].现代传播，2015（37）：40.

径,其中之一就是考察社会转型期新闻体制以及受其制约的新闻实践如何变化,这些变化与权利结构和涉及媒体基本信念的变革等密切相连①。本书关于国际新闻报道范式的划分与这一路径有关联。

塔奇曼曾说过,"新闻是人们了解世界的窗口,其功能是告诉我们想知道、需要知道,以及应该知道的消息"。② 70年来,随着中国与世界距离的不断拉近,国际新闻具有越来越重要的新闻价值,我国社会对于国际新闻的需求不断增加。

国际新闻报道在满足人民群众的信息需求和塑造其"世界观念"上有重要作用。层出不穷的国际重大事件,东欧剧变、苏联解体、全球新冠疫情等,激发了民众对于国际社会的兴趣和获取国际信息的欲望。一般民众无法亲身体验到的世界上所发生事情,因此当他们接收国际新闻,自然会形成自己"世界观念",进而进行价值和道德判断。③ 此外,国际新闻报道能反映一个国家对于某个国际问题的态度和立场。国际社会,尤其美西国家,特别关注我国对于国际重大事件的报道,并以此同我国政府态度关联。④ 所以,为更好地传播中国话语,我们有必要先了解各国情况和国际社会对中国的看法,这样才能阐述好中国立场和态度。⑤

由于国际新闻报道的重要性,我国一代代核心领导人审时度势,根据中国不同发展时期,制定系统完整的对外宣传和国际传播政策,以领导人对外宣传思想为中心来指导国际新闻报道的理论和实践。毛泽东主要回答了在一个东方大国如何建立社会主义制度、开启现代化建设的问题。邓小平主要回答了如何在第二次世界大战之后全球资本主义体系盛行的国际格局中,实现社会主义国家的生存、发展和壮大的问题。以习近平同志为核心的中国共产党人回答了如何在国内外资源、市场环境的大变局下,更广泛体现社会主义制度的优越性问题,以充分满足人民对美好生活的需要,实现两个一百年目标,建成社会主义现代化

① 潘忠党,陈韬文.从媒体范例评价看中国大陆新闻改革中的范式转变[J].新闻学研究,2004(78):5.

② 盖伊·塔奇曼.做新闻[M].麻争旗,刘笑盈,徐杨,译.北京:华夏出版社,2008.

③ 郑若麟.从"世界观念"的形成看国际新闻报道[J].对外传播,2015(12):21-22.

④ 施鲁佳.把好国际新闻报道的导向——在《钱江晚报》国际新闻报道研讨会上的发言(摘要)[J].新闻实践,2001(04):34.

⑤ 颜匀,吕剑魁.大国崛起背景下的中国国际新闻报道与传播[J].新闻研究导刊,2019-10(09):1-2+17.

强国。①

　　尽管我国不同历史时期有不同历史任务,但我国社会治理体系始终保持"自上而下"的特色,媒体管理体系也始终遵循党性原则,赋予了党对媒体的领导权。这种传媒管理体制是党管意识形态的根本保证,决定着我国媒体的政治方向和舆论导向。② 自中国共产党创立和领导自己的报刊开始,党性原则一直作为党纲内容,党的核心领导层始终把宣传思想放在重要位置,保证了我国不同时期社会舆论生态的稳定性,也使得媒体新闻报道(尤其国际新闻报道)能与党核心领导层的价值观和世界观保持一致。为了更加有效地讨论我国媒体国际新闻报道的范式特征和我国社会的关联,笔者把我国 70 年来的国际新闻报道发展划分为三种范式:即革命型报道范式(1949—1976 年)、发展型报道范式(1977—2013年)、文明型报道范式(2014 年至今),这样既能有效描绘出中华人民共和国成立以来不同社会发展时期我国国际新闻报道的时代特征,也能结合我国社会发展轨迹,讨论我国国际新闻报道范式的趋势变化与不同时代核心领导人世界观的关联度。

第二节　革命型报道范式及"种牛痘"效应

　　1949 年后,新中国已完成民族独立和人民解放的历史任务,但如何恢复和发展国民经济,巩固人民政权,实现由新民主主义转向社会主义,成为更加艰巨的政治任务。③ 经济上,此时中国一穷二白,1952 年国内生产总值仅 679.1 亿元,而美国已高达 5 000 多亿元人民币。④ 文化教育方面,全国 5.4 亿的人口中,文盲率高达 80%,国家财政性教育经费仅占 GDP 的 1.32%。⑤ 国内百废待兴,国外敌对势力亡我之心不死,抗美援朝、中印边境自卫反击战、中苏珍宝岛战斗等战事,进一步消耗了国家发展资源。站在新的起点,以毛泽东为代表的第一代

　　① 江宇.习近平新时代中国特色社会主义思想的大历史逻辑[J].东岳论丛,2018,39(02):13 - 18.
　　② 葛玮.中国特色传媒体制:历史沿革与发展完善[J].中国行政管理,2011(06):11 - 19.
　　③ 杜红燕.新中国成立初期毛泽东思想发展的条件及特点[J].党史文苑,2015(12):55 - 57.
　　④ 1952 年国内生产总值[EB/OL].国家统计局网,http://data.stats.gov.cn/search.htm.
　　⑤ 坚持以人民为中心的发展思想——让我们的制度更加成熟更加定型[N].人民日报,2019 - 11 -
20.

领导核心，既面临着严重的经济建设任务、文化教育复兴责任，又要时刻警惕国家政权遭到帝国主义国家的敌对行动。受到这些时代背景的影响，这一时期的国际新闻报道呈现出了"种牛痘""见世面"的革命型报道范式。

《参考消息》是中国传媒体系内一个十分重要和特殊的媒体形态，毛泽东称其为"天下独一无二的报纸"。① 战争时期，这份全部内容均来自外电编译的铅字印刷内参刊物，为党内外高级干部了解敌情、判断形势、作出决策，提供了重要参考资料。② 到 20 世纪 50 年代末，在批判斯大林和破除僵化思想的背景下，它才真正以报纸形式，逐渐公开出现在公众面前，肩负起了为这个年轻国家打开"通向世界的窗口"的新使命。当时，国际共产主义运动的内部矛盾不断攀升，社会主义阵营国家内相继爆发了波兰和匈牙利事件，毛泽东逐渐认识到中国必须根据实际情况走自己道路，不能完全照搬或者依附于苏联。为打破"苏联社会主义模式"，避免"片面性和思想僵化现象"，毛泽东提出"有必要使我们的干部及时地知道我们敌人的情况和敌人的观点"。③ 1956 年 11 月，在中共中央八届二中全会上，他发出了关于扩大《参考消息》订阅范围的通知，决定从 1957 年 3 月 1 日起，把《参考消息》发行范围由"高级的党内外领导干部"扩大到"县委委员以上或相当级别的党内外干部"，发行数量也由原来 2 000 份，增加到 30 至 40 万份。④

对于党中央改报扩大发行《参考消息》举措，有人担心会使反动气焰嚣张，造成难以预料的负面影响。为了统一认识，1957 年春天，毛泽东接连发表了三次讲话，精辟阐述了办《参考消息》报的理由和办报的指导思想与基本方针——"种牛痘""见世面""做反面教材"。⑤ 毛泽东指出，"为什么要这样做呢？目的就是把毒草，把非马克思主义和反马克思主义的东西，摆在我们同志面前，摆在人民群众和民主人士面前，让他们受到锻炼……发行《参考消息》以及出版其他反面教材，就是'种牛痘'，增强干部和群众在政治上的免疫力"。

① 常江,王晓培,杨奇光.新闻编译的专业化与政治化:《参考消息》1966—1976 年间主题报道策略研究[J].新闻界,2015(17):22-28.
② 方汉奇.中国新闻传播史[M].第三版.北京:中国人民大学出版社,2014.
③ 常江,王晓培,杨奇光.新闻编译的专业化与政治化:《参考消息》1966—1976 年间主题报道策略研究[J].新闻界,2015(17):22-28.
④ 方汉奇.中国新闻传播史[M].第三版.北京:中国人民大学出版社,2014.
⑤ 卫广益.《参考消息》创办的前前后后[J].纵横,2000(4):46-49.

1958 年 12 月,经中共中央批准,《参考消息》的读者范围进一步扩大到机关团体、企事业干部和高等院校的学生。除了原本的政治、军事、外交等硬性新闻,还增加了经济、教育、科技等新闻内容,从以前单纯地反映国际舆论转变到同时传播信息、增长知识、扩大视野,唯一不变的就是原封不动的翻译外电,不加评论。[1]

在这一时期,以毛泽东为代表的中国共产党人,把马列新闻思想与中国革命和建设具体实践相结合,形成和发展了以"政治家办报"为核心的新闻思想。在毛泽东思想指导下,这一阶段的国际新闻报道以直接刊载外电为主,忠实于原文事实和风格,追求"原汁原味"地反映原作者观点,要达到"种牛痘效应",呈现出"要做反面教材"的革命型报道范式。《参考消息》作为该时期我国读者了解世界的唯一"窗口",体现了其特殊的"参考"意义,成为我国"种牛痘效应"的国际新闻平台。

第三节　发展型报道范式与功能专业化

十一届三中全会后,中国开始实行改革开放政策。经济上,我国开设经济特区、开放沿岸港口城市、加入 WTO,建成了社会主义市场经济体系;政治上,香港、澳门陆续回归;文化科技上,中国成功举办 2008 年北京奥运会、载人飞船成功返回地面;外交上,中国同美国、日本建交,我国作为大国的格局基本确立。

这一时期的传媒环境也发生了巨大变化,媒介技术自 80 年代以来进入了一个前所未有的快速发展通道,政府对媒体的管控不断放松,媒介跨国公司迅速崛起,真正意义上的全球媒体开始出现,媒介商业化和全球化成了这一时期的主流。[2] 中国国际新闻报道也紧紧围绕"发展",取得新进展,国际新闻报道功能开始转型,专业化程度得到提高。具体表现为以下四个特征:

一、国际新闻报道紧密围绕国家经济发展的中心工作

十一届三中全会后,中国共产党抛弃了"以阶级斗争为纲"的左倾错误方针,

①　方汉奇.中国新闻传播史［M］.第三版.北京:中国人民大学出版社,2014.
②　蔡帼芬.国际新闻与跨文化传播［M］.北京:北京广播学院出版社,2003:105－106.

把党和国家的工作重心转移到了"以经济建设为中心"的社会主义现代化建设上来。与新时期党的工作重心转变和调整相一致,新闻传播的主基调也转变成以经济建设为中心,以服务于党和国家新时期的工作重点。在市场经济体制的影响下,中国新闻传播事业的规模有了更大的发展,国内新闻界同海外新闻界的交往也日益频繁。在报道内容上,国际新闻工作也从过去以宣传政治运动为主,转变为报道经济建设为主,报道功能发生了较大变化。[①]

邓小平表示,"社会主义要赢得与资本主义相比较的优势,就必须大胆吸收和借鉴人类社会创造的一切文明成果,吸收和借鉴当今世界包括资本主义发达国家的一切反映现代社会化生产规律的先进经营方式、管理方法"。[②] 因此,在这一时期,国际新闻报道介绍了大量国外成功的发展经验,为中国社会发展提供了参照。

二、国际报道媒体增多,传播视角和渠道更多元

《环球时报》副总编辑吴杰曾表示,如果十几年前,中国人把国际新闻看成阳春白雪,看成只供少数人享用的奢侈品,那现在情况已发生了根本变化,改革开放已把中国与世界融为一体,过去跟中国毫不相关的事情,今天会对我们产生实质影响;过去毫不关心国际新闻的读者,今天已成为国际新闻的典型读者。[③] 自1982年9月中共中央批准中央电视台《新闻联播》首播国际重大事件起,国际新闻开始融入老百姓日常生活中,日渐成为中国媒体报道重点。[④]

相比于革命型范式,发展型范式阶段的国际报道媒体数量大幅度增多。从国际新闻报道的架构来看,该阶段的国际新闻报道主要分为三种类型:一是中央级的主流媒体和部分地方大型媒体,这些媒体在国际新闻报道上具有权威性,在多国、多个地区都设有自己的记者站,以自采自撰和编译的稿件为主,其他媒体的报道多是对其转载,如《人民日报》、中央电视台和新华社。[⑤] 二是重点省市地

①　童之侠.中国国际新闻传播史[M].北京:中国传媒大学出版社,2006.

②　邓小平.邓小平文选:第三卷[M].北京:人民出版社,1993.

③　吴杰,吴乐珺.国际新闻报纸仍有发展空间——环球时报副总编辑吴杰访谈录[J].新闻记者,2007(02):18-20.

④　丁智擘.擦亮中国的眼睛——央视新闻频道国际新闻节目现状研究[J].声屏世界,2004(12):22-24.

⑤　周庆安.中国国际新闻报道的趋势与转型[J].新闻与写作,2011(03):21-24.

方媒体,其在采用中央级媒体国际报道自采稿件同时,也根据新闻接近性或趣味性派出少数记者进行特定采访。如上海电视台国际新闻节目《国际瞭望》,以"大千世界""万花筒"等小栏目,集时事、知识和趣味性于一体,既反映国际风云和我国的外交实践,又介绍社会生活,还融入了世界各地珍闻趣事,搭建一个了解世界的窗口。① 三是出现专门的国际新闻报纸,如《环球时报》《国际先驱导报》《青年参考》《参考消息》等,在这些媒体的共同作用下,国际新闻报道事业和渠道变得更加广阔和多元。

三、驻外记者增多,专业化程度提高

"在现场"才能真实地记录和获取独家新闻,国际新闻记者要做到"在现场"就必须驻外。只有这样才有可能成为国际重大新闻事件的第一见证人,掌握第一手资料。随着中国改革开放不断深入,越来越多的中国记者被派遣到世界各国,不少媒体机构甚至直接在国外招兵买马。新华社驻外分社和总分社有180个,采编人员有四百余人之多,这些资源极大提升了新华社在国际新闻报道中的原创稿件数,成为新华社搞好国际报道的重要基础。② 中国国际广播电台在"驻在一国、兼管一片、人无我有、人快我新、人新我深"等工作方针的指导下也积极外派记者,其驻外记者站数量有30多个。③

为了加强国际新闻记者的培养,提高国际新闻报道的专业性,国际新闻教育作为一项"应急措施"出现。20世纪80年代,一些高等院校在本科阶段设立了"国际新闻方向",北京广播学院(现中国传媒大学)、厦门大学等高校率先开设五年制的国际新闻专业,开启了我国国际新闻教育。1983年起,中宣部、教育部(当时的国家教委)、新华社和广播电影电视部(当时的广播电视部)联合,在复旦大学、上海外国语学院、中国新闻学院等院校开设了双学士学位的国际新闻和国际文化交流等专业,旨在培养全球化时代国家急需的国际新闻传播人才。④

①　杨靖."国内化"的国际新闻——从上海电视台的国际新闻制作看新闻传播的国际化[J].国际新闻界,2000(05):29-33.

②　童之侠.中国国际新闻传播史[M].北京:中国传媒大学出版社,2006.

③　孙伶俐.中国国际广播电台驻外记者事业发展与思考[J].青年记者,2015(13):52-54.

④　郭可.国际新闻教育谈[J].新闻大学,1994(02):62-63.

四、以西方"游戏规则"为准则,国际新闻评论缺失

虽然这一时期报道国际新闻的媒体不断增多,但是报道体裁仍以消息为主,鲜见有分量、有深度的中国化报道和国际新闻评论,普遍存在重单一事件报道、轻分析评论的现象。[①] 因此,国际媒体话语权一直被美联社、路透社、法新社、BBC等美西媒体主导,它们对中国和发展中国家状况了解不全面,无知、偏见和误解常常使他们不能客观公正地展开报道。[②] 而国内媒体大量转载外媒的国际新闻报道,把外国专家的言论直接原封不动编译出来,不加辨析、不加评论,表现出较为强烈的"外媒依赖症"。此外,在新闻事实选择上,西方新闻的"游戏规则"无处不在,这一时期国内媒体对"中国视角"的把握表现出了较为强烈的"摇摆性",要么过于亢奋,要么完全失语,很多国际新闻的报道没有跳出美西国家的媒体宏观语境。[③] 有些国际新闻报道既没有中国元素,也没有中国视角,同中国、中国读者的关联性相对较弱。即使有少数国际新闻评论,影响力也较小,更多是一种面向受众的单向传播。[④]

第四节 文明型范式与中国话语

改革开放带来的成就催生了新时代。习近平总书记在十九大报告中明确提出:"经过长期努力,中国特色社会主义进入了新时代。"[⑤]经济上,2010年我国GDP超过日本,成为世界第二大经济体,2019年我国GDP总量再创历史新高,超过了99万亿人民币[⑥];政治上,我国社会主要矛盾已经转化为人民日益增长的美好生活和不平衡、不充分的发展的矛盾,全面建成小康社会和实现中华民族的伟大复兴中国梦成为当下重要的历史任务[⑦];外交上,习近平总书记着眼于人

① 徐蓉.国际新闻评论应加大力度[J].青年记者,1999(01):24.

② 陈卫华.国际新闻报道的机遇与挑战[J].对外传播,2018(11):17-19.

③ 文建说.从新闻集团拆分看国际新闻的中国视角[J].中国记者,2012(11):114-115.

④ 赵瑞琦.国际新闻评论:为何、如何与何为[J].对外传播,2015(05):33-35.

⑤ 习近平.决胜全面建成小康社会 夺取新时代中国特色社会主义伟大胜利——在中国共产党第十九次全国代表大会上的报告[M].北京:人民出版社,2017:10.

⑥ 国家统计局网,http://data.stats.gov.cn/search.htm.

⑦ 习近平.决胜全面建成小康社会 夺取新时代中国特色社会主义伟大胜利——在中国共产党第十九次全国代表大会上的报告[M].北京:人民出版社,2017:11.

类未来发展,提出了构建"人类命运共同体"和"一带一路"倡议等破解世界性的难题,为全球治理体系变革注入了"合作共赢"的理念。① 但是在中国快速发展的同时,也面临着一些前所未有的国际挑战和压力,此起彼伏的中美贸易争端和正在全球蔓延的新冠疫情已经完全改变了世界格局。身处这样百年未遇的大变局,我国媒体国际新闻报道呈现出了"文明型"范式,更加注重通过对话来呈现中国的国际话语,具体表现为以下三个特征:

一、全方位多维度报道世界,注重讲好中国故事

2013 年 8 月,习近平总书记在全国宣传思想工作会议上指出:在全面对外开放条件下做宣传思想工作,一项重要任务是引导人民更加全面客观地认识当代中国、看待外部问题。为了顺应时代潮流,满足更多国内受众的需求,在报道对象上,国际新闻报道不再局限于美西国家,增加了发展中国家的报道比重,体现了我国国际新闻报道全球化的趋势。② 在报道倾向上,既没有完全无视国际社会对中国的意见和批评,也没有像以前一样被外国媒体牵着鼻子走,更不再拘泥于美西媒体的"规则",而是开始注重讲好中国故事。如南海仲裁案的新闻,当美西媒体准备对南海仲裁案最终仲裁大做文章的时候,新华社抢先在第一时间,领先路透社,成为全球首发的消息源,还凭借《真相与谎言——南海仲裁案闹剧出炉始末》等报道,抢占了国际舆论的高地,获得了美联社、路透社、法新社等众多海内外媒体的转引。③ 伴随着中国媒体报道国际事务能力的提升,国内媒体在很多国际事件中都以中国立场和视角来呈现第一手资料,以往原封不动翻译或搬运国外媒体新闻稿件的数量有所下降。④ 如斯里兰卡爆炸事件中,新华社不仅及时准确地向国内报道了事件,还准确传送了"4 名中国公民在爆炸中受伤,已送往当地医院救治,均无生命危险"的讯息,从中国视角回应了国内受众所关心的问题。

---

① 蔡文举,范明水.新时代:从历史的新起点到新的历史起点[J].海南大学学报(人文社会科学版),2018,36(03):50－56.

② 李浅屿.新华网国际新闻报道研究[J].传播力研究,2019,3(18):31.

③ 颜匀,吕剑魁.大国崛起背景下的中国国际新闻报道与传播[J].新闻研究导刊,2019,10(09):1－2＋17.

④ 冷爽.微博平台国际新闻编译的现状分析——以"微天下""参考消息""中新网国际"的官微为例[J].东南传播,2015(10):4－8.

二、传播中国声音，发表国际评论，争夺国际话语权

"横看成岭侧成峰。"评论报道作为主动设置议程的重要手段，提升了国际传播效果。[①] 在过去很长一段时间里，美西媒体凭借强大话语权优势，经常打压、抹黑对自己构成威胁的国家，如中国、俄罗斯、伊朗等。[②] 2014年以来，受到习近平总书记人类命运共同体和传播中国声音的世界观影响，中国国际新闻不仅开始全方位、多维度地报道世界，而且开始注重发表国际评论。

《环球时报》社评较早从中国视角发表国际新闻评论，评论议题有时经常触碰到"敏感话题"。在文明型范式时期，《环球时报》社评继续紧紧围绕中国相关的国际问题，发表国际评论，传播中国声音，对中美俄等强国在内的世界重要双边关系、中国与周边国家关系等议题发出了具有中国视角的声音。[③] 它还针对中美贸易争端多次展开评论，如2018年4月20日，其在一篇题为《中美贸易战，中国为何决不能退让》的评论中就中国对中美贸易争端的态度和立场进行了剖析[④]。对于敏感话题和热点话题，《环球时报》社评坚持直言不讳。面对美国愈发严重的新冠疫情，该报发表题为《美国拖累了抗疫，也黯淡了世界前景》的评论恰到好处。

同时，电视媒体也增加了国际新闻评论的节目板块，如中央电视台新闻频道的《国际锐评》《环球视线》，中文国际频道的《今日关注》等。《国际锐评》作为中美贸易争端期间迅速兴起的国家级主流媒体的国际时事评论代表之一，打破了以往中国电视媒体在国际重大主题事件上"多报道少评论"的格局，成为对美舆论斗争中的亮点。[⑤] 其关于中美贸易评论中诸如"令人喷饭""怨妇心态"和"搅屎棍"等平民化、轻松话的表达，引得了国人的肯定。

此外，与国外主播约辩也成为传播中国声音的一个重要渠道。最为人知的

①　王雪梅.打造国际报道精准传播范式——以新华社金砖国家领导人厦门会晤报道为例[J].对外传播,2017(10):22-23.

②　颜匀,吕剑魁.大国崛起背景下的中国国际新闻报道与传播[J].新闻研究导刊,2019,10(09):1-2+17.

③　迟昕,丁磊.浅析环球时报社评的特点[J].新闻研究导刊,2016,7(13):313.

④　社评:中美贸易战,中国为何决不能退让[N].环球时报,2018-4-20.

⑤　张富丽.中国国际时评的兴起及其实践经验——以《国际锐评》为例[J].国际传播,2009(04):68-75.

就是 2019 年 CGTN 主播刘欣就中美贸易争端约辩 FOX 主播翠西·里根。这次"跨洋对话"不仅展现了主播刘欣的沉稳睿智,更显示了中国自信和中国态度。当然,除了传统媒体,互联网、新媒体也积极展开国际新闻报道工作,如新华网多次约请国际问题专家学者撰写国际时评,以加强其报道的深度和特色。

三、驻外记者转向"全媒体",移动媒体报道成"香饽饽"

互联网的普及无论是对日常生活,还是对于国际传播来说,都是一场重大变革。We Are Social 和 Hootsuite 联合发布的 2019 年数字报告显示:全球人口数 76.76 亿人,其中手机用户 51.1 亿人,网民 43.9 亿人,有 34.8 亿人活跃在社交媒体上。[①] 在国内,截至 2020 年 3 月,网民规模高达 9.04 亿,互联网的普及达到了 64.5%,这意味着我国一半以上的人都在使用互联网。[②] 手机的普及也为手机媒体的移动终端发展提供了重要的基础。

网络技术和自媒体平台的快速发展改变了国际信息流动的生态环境,媒介融合、全媒体报道成为当前媒体发展的必然趋势。移动互联网技术的发展提升了国际新闻报道的时效性。移动传播平台的便携性成为大部分人获取新闻资讯的首选途径,再加上其全媒体化、内容简洁化、评价自由化等天然优势,吸引了众多目光。如央视主播康辉在 2020 年初,曾在社交媒体上以 vlog 的形式分享了国外采访的经历,有台前,也有幕后,有巴西的"水晶宫",也有希腊的总统府,获得网友们好评。

信息时代到来,人人都有麦克风,大大降低了国际新闻传播的门槛,改变了过去只有中央级媒体和较大的地方媒体才能独立撰写国际新闻的局面,国际新闻传播的队伍逐渐壮大,甚至国外旅行、留学的网民都可以提供国际新闻报道第一手资料。这将进一步加大国际新闻报道的平民化趋势。

---

① 最新全球网民数量公布:中国增长规模排第二[EB/OL]. 环球网, https://baijiahao.baidu.com/s?id=1624171187312105193&wfr=spider&for=pc, 2019-01-31.

② 中国互联网络信息中心. 第 45 次《中国互联网发展状况统计报告》[EB/OL]. http://www.cac.gov.cn/2020-04/27/c_1589535470378587.htm, 2020-04-28.

总　结

通过回顾 70 年来我国媒体的国际新闻报道,可以发现无论是革命型范式、发展型范式,还是文明型范式,它们都体现了以下三个整体特征。

首先,三个时期国际新闻报道都顺应了三个时代的社会发展背景。任何新闻传播活动都是在一定社会条件下进行的,社会经济基础和政治制度对新闻传播活动有着直接影响。随着中国从"站起来"到"富起来",再到"强起来"的时代背景变化,我国媒体国际新闻报道也经历了从编译外电到培养自己驻外记者,再到发展全媒体、注重国际新闻评论,提升中国话语的阶段。中国国际话语不断提高的同时,国际新闻报道有了更多中国框架和中国思想,不再单纯地对外电进行原汁原味的搬运。

其次,基于传媒业的双重属性,我国媒体始终秉持党性原则,其中"党管媒体"的原则更是体现了党对于媒体的影响力和把控力。改革开放之前,国际新闻报道呈现出"种牛痘"效应和特征;改革开放后,国际新闻报道呈现出了"重视经济发展,以发展为中心"的特征;进入新时代,国际新闻报道呈现出了讲好中国故事,传播中国话语的新特征。

最后,三个时期国际新闻报道都服务于不同时期的社会需求。从解决国内困境,到改革开放走向世界,再到新时期以更包容、更快捷的速度迎接全球化。在"走出去"过程中,我国社会对于国际信息、国际形势、国际舆论的需求在不断扩大,从政治家、企业家到普通受众,社会需求的程度影响着不同时期的国际新闻报道形式、风格和内容,国际新闻报道的内涵在不断深化和丰富。

虽然每个时期的国际新闻报道呈现出不同的报道范式,但是它们都紧紧围绕着各个时期领导人的世界观、社会需求和时代背景来展开。世界在变化,时代在发展,中国正高速走向世界,我国媒体的国际新闻报道将会呈现出新的特征,传播出更响亮的中国声音。

第三章 "把关人"理论视野下中国媒体的国际新闻选择

全球化进程中,世界各地每天都在发生着千奇百怪的事情,新闻量也急剧膨胀。面对海量的国际信息,国际新闻报道不单单是世界状况的一面镜子,媒体在其中发挥着"把关人"的作用,对新闻素材进行取舍和加工,然后才将国际报道呈现在受众面前。因此,要探讨中国媒体的世界图像,首先需要了解我国媒体对国际新闻报道的"把关"和选择流程。本章将围绕三个选择指标,即国际新闻报道对象、报道主题和报道稿源,对我国媒体国际报道的新闻选择过程展开具体论述。

作为最早进入我国新闻学界的术语之一,"把关人"三字生动形象地说明了传播活动中的控制现象,在某种程度上与传播的"倾向性"和"阶级性"等特征契合。[①] 1947 年,德裔美籍社会心理学家、传播学四大奠基人之一的库尔特·莱温(Kurt Lewin)率先提出了"把关人"的概念。他认为,信息总是沿着包含有"门区"的某些渠道流动,这里,或根据公正无私的规定,或"把关人"个人意见,对信息和商品是否被允许进入渠道或继续在渠道里流动作出决定。[②] 在莱温的启发下,怀特(White,D.M.)于 1950 年将把关人理论引入新闻学领域中,明确提出了新闻筛选过程的"把关"(gate-keeping)模式,其研究被《新闻学季刊》(Journalism Quarterly)称为把关领域的第一项研究,从此"把关人"成为新闻传播领域的重要议题。[③]

怀特在"把关人"理论研究中,强调个人主观因素在"把关"中的作用,所以在

---

① 黄旦.“把关人”研究及其演变[J].国际新闻界,1996(04):27-31.
② 顾晓燕.试论海量新闻背景下的“守门人”[J].新闻记者,2003(01):38-39.
③ 罗昕.结构性缺失:网络时代把关理论的重新考察[J].新闻与传播研究,2011,18(03):68-76.

之后的很长一段时间中,把关研究的重点一直是主观新闻判断的程度。直到沃特·吉伯(Walter Gieber)、艾普斯坦(Epstein)和迪米克(Dimmick)等人将较广的社会背景引入"把关"研究中,提出把关不是由一个人独立作出决定的,还受到诸如媒体所有者的意识形态、媒体惯例,以及官方消息来源等其他因素的严重影响[1],这就意味着关于该理论的研究不再是单纯的心理学分析,而是把社会学、政治学也融合进来,至此"把关人"研究开始从个人控制模式向社会控制模式转化。1987 年,英国传播学家丹尼斯·麦奎尔(Denis McQuail)在《大众传播理论》一书中提出媒介组织和社会各体制相互制约的关系,认为在各种因素的合力作用下,媒介更加靠近一个社会的权力中心而不是受众。[2]

本书选取了《人民日报》和《环球时报》作为研究对象,二者为中央机关报和旗下子报,靠近国家权力中心,在进行国际新闻报道时会考虑到国家利益等多种因素,对新闻素材的选取有更严格和规范的"把关",从而更清晰地呈现出我国媒体中的世界图景。但值得注意的是,与《人民日报》不同,《环球时报》是市场化运作的报纸,在进行新闻选择时还会表现出市场化趋势,因此两家媒体既在很大程度上代表了国家意志,但又具有自己的个性。

"把关人"在新闻传播过程中发挥着至关重要的作用。作为新闻传播的源头,把关人直接决定了受众能接收到的新闻内容。虽然网络技术的不断发展使得人人都可以传播信息,但作为党的机关报,《人民日报》和旗下子报《环球时报》具有最高的权威和影响力。根据 2016 年媒体公信力调查显示,《人民日报》是最受公众信赖的报纸,《环球时报》紧随其后[3],因此,两家媒体所刊登的国际新闻报道在很大程度上会影响到我国受众对世界的认知,其新闻选择的"把关"框架也可以折射出中国报纸、甚至是中国媒体的整体国际新闻选择趋势和特征。

本章之所以选择从两报国际新闻的报道对象、报道主题和稿源选择三个指标展开分析,是基于以下三个原因:①媒体不可能全面地对世界各地进行无差别的报道,两家报纸抽样的国际新闻报道总量分布或报道的对象国家,将反映出他

---

① KIM, HUN SHIK. Gatekeeping international news: an attitudinal profile of U.S. television journalists [J]. Journal of Broadcasting & Electronic Media, 2002,46(3):431-452.

② 黄旦."把关人"研究及其演变[J].国际新闻界,1996(04):27-31.

③ 2016 媒体公信力调查:网络媒体人民网公信力排名第一[EB/OL].人民网, http://politics. people.com.cn/n1/2016/0802/c1001-28605575.html.

们的整体世界图像。②两报国际新闻报道主题分布将体现出两家报纸的国际新闻价值观。③两报国际新闻报道稿源的多样性将反映出其国际新闻报道的原创性。

第一节 研究对象及样本处理综述

一、研究对象的选定

为了分析我国媒体在国际新闻报道的"把关"和选择流程中的世界图像,本书选取了《人民日报》和《环球时报》中的国际新闻报道作为编码研究对象。之所以作出这样的选择,主要基于以下三个原因。

其一,两报皆为全国性大报,且在国际新闻报道上有较强的影响力。《人民日报》是中国共产党中央委员会机关报,是最具权威性和最有影响力的全国性报纸。一直以来党中央高度重视《人民日报》,在革命、建设和改革的各个时期都对《人民日报》工作给予了有力指导,从办报思想、办报方针、办报内容到内部建设都作出了明确指示,为《人民日报》的宣传报道和事业发展指明了方向。在改革开放新思潮即将到来之际,1977 年 10 月《人民日报》国际部正式创办了国际副刊,对国际新闻报道投入了更多的心力。作为中国第一大报,作为党和政府的喉舌,更作为中国了解世界的重要窗口之一,《人民日报》于 1992 年被联合国教科文组织评为世界十大报纸之一。① 而《环球时报》作为人民日报社旗下的国际新闻报刊,亦是一份面向全国发行的大报,日发量高达 200 多万份。其通过广布世界各地的驻外记者,以独特视角生动及时地报道着与中国相关的国际事件,拓宽了国人视野,为全球化背景下中国生存与发展提供了必要的资讯。②

其二,两报在国际新闻报道中,既相互补充,又各具特性。《环球时报》的国际新闻报道常作为《人民日报》的补偿和延伸,其依托母报优势,进行资源整合,与母报在内容上形成互补。面对国际重大新闻事件,《人民日报》常负责新闻信

---

① 人民日报社简介[EB/OL]. 人民网,http://www.people.com.cn/GB/50142/104580/index.html.
② 《环球时报》[EB/OL]. 百度百科,https://baike.baidu.com/item/环球时报/349768? fr = aladdin.

息的迅速报道,而《环球时报》则负责对新闻深度的挖掘,通过背景、细节和过程的把握,利用图片、文字形式对新闻做更立体的勾画。① 随着《环球时报》的发展,其独立性逐渐增强,并形成了自己的报道特色。不同于《人民日报》党报的性质,《环球时报》走的是市场化路线,通过发行和广告获取利润,正是这种受众为主的市场定位直接指导了报纸内容的通俗性和娱乐性,使其在报道中更具有自己的特性。在内容选择上,它比《人民日报》具有更强的灵活性,关注层面更加广泛,素材选择更加自主;在风格定位上,《环球时报》越发表现出大众化格调,区别于母报的指导性、理论性格局;在读者定位上,《环球时报》并没有走精英化路线,而是将目标瞄准不同层次的国际新闻读者。尽管《环球时报》在具体的国际新闻报道中存在自己的特性,但是作为《人民日报》的子报,在重大国际事件上,其立场坚定地与《人民日报》保持一致。正如该报编辑所言,《环球时报》是"在国家政策许可的范围内与读者最关注的新闻点之间寻找平衡,把读者最想看的国际新闻用最通俗语言报出来"。②

其三,在新媒体的影响和冲击下,虽然目标市场逐步分化,但传统主流媒体仍然具有较强的权威性和可信性。随着信息技术的发展,受技术赋权的影响,新闻发布渠道增加,信息量日益庞大,传统媒介原有的单一、线性传播形态被打破,信息把关工作也从依靠媒介组织转向普通大众,传统主流媒体的"把关人"角色正在消解,把关的工作也变得更加复杂。③ 但是相较于新媒体和一般大众门户网站,传统主流媒体的权威意识仍然存在,主流媒体的新闻采写对于指导大众思想和行为具有关键性作用。④ 此外,在互联网环境下,整个信息传播的渠道和环境发生了质的变化,以《人民日报》和《环球时报》作为研究对象,还可能总结出互联网时代纸媒的一些新的变化特征。

总之,选择《人民日报》和《环球时报》的国际新闻报道作为研究对象,既具有较强的时代意义,又兼具理论价值。

---

① 朱丽.《环球时报》国际新闻报道特色及其未来发展[D].太原:山西大学,2010.
② 朱丽.《环球时报》国际新闻报道特色及其未来发展[D].太原:山西大学,2010.
③ 王佳琪,余杨.浅谈新媒体环境下"把关人"角色面临的挑战[J].传播力研究,2019,3(36):66.
④ 严宇桥,郭坤玉.主流媒体"重大事件"新闻报道在网络传播中的把关人角色分析——以 2018 年 11 月–12 月"中美贸易战"为例[J].新闻传播,2019(12):121–124.

二、研究时段与抽样

随着党的十八大的召开,中国开始全面推进特色大国外交,形成全方位、多层次、立体化的外交布局。这一时代背景对我国国际新闻报道产生了重要影响,故以 2013 年至 2019 年作为研究时段,从两家媒体这一时段的每年报道中抽取两个建构周的报道作为研究对象,共得到 14 个建构周的报道。考虑到《环球时报》星期日和部分节假日不发刊的情况,研究所设定的每个建构周为 6 天,即星期一至星期六。综上,本章从两家媒体的新闻报道中共选取 168 天的报道量作为初步研究样本。

建构周的生成方法为:使用 Randomizer 网络生成器(网址为:https://www.randomizer.org/)先后生成了 14 组随机数,每组 6 个,数值范围为 1～53,以及 2 组共 33 个不重复数值作为备用组。对于前 14 组,每 2 组(共 12 个随机数)分别对应 2013—2019 这七年的每一年中抽取的第几个星期,组内数字不允许重复并随机排列。随后,将得到的随机数放在 Excel 表格内,通过建立矩阵获得建构周,根据上表对应的数字,使用 Excel 内置功能进行运算,得出建构周日期。另在使用备用组将《环球时报》不发刊的日期替换后,最终得到 14 个建构周,如表 3-1 所示。

表 3-1　建构周日期

年份	星期一	星期二	星期三	星期四	星期五	星期六
2013	2013/8/5	2013/6/4	2013/4/24	2013/6/27	2013/4/12	2013/11/9
	2013/12/23	2013/9/17	2013/12/18	2013/9/5	2013/7/12	2013/11/16
2014	2014/11/3	2014/7/22	2014/10/15	2014/12/18	2014/4/4	2014/3/15
	2014/5/5	2014/8/19	2014/1/22	2014/3/20	2014/10/31	2014/1/11
2015	2015/10/12	2015/1/20	2015/12/30	2015/2/26	2015/10/23	2015/4/11
	2015/11/2	2015/3/3	2015/5/6	2015/9/24	2015/11/20	2015/12/12
2016	2016/10/24	2016/3/8	2016/8/24	2016/2/18	2016/8/19	2016/1/23
	2016/5/23	2016/5/3	2016/6/22	2016/2/4	2016/7/29	2016/12/3
2017	2017/8/7	2017/6/20	2017/4/5	2017/3/23	2017/2/17	2017/1/14
	2017/7/24	2017/2/28	2017/10/25	2017/1/19	2017/6/9	2017/5/13

年份	星期一	星期二	星期三	星期四	星期五	星期六
2018	2018/6/25	2018/12/25	2018/11/14	2018/6/7	2018/9/14	2018/12/8
	2018/10/29	2018/2/13	2018/1/17	2018/4/12	2018/11/30	2018/4/28
2019	2019/1/7	2019/3/5	2019/4/3	2019/1/17	2019/1/25	2019/7/6
	2019/12/9	2019/5/28	2019/10/9	2019/1/3	2019/6/28	2019/7/27

在得到 84 个具体日期之后，从慧科新闻数据库中获得两家媒体在以上日期发布的 13 228 篇新闻报道，其中包括《人民日报》的 8 503 篇和《环球时报》的 4 725篇。因国际新闻可分为与中国相关的国际报道，和只涉及外国的报道，为缩小样本量，以及保证编码的准确度，本书决定采用只涉及外国的国际新闻报道作为研究样本，与中国相关的新闻报道均不算在样本范围内。为提高样本筛选效率，所采用的筛选原则如下：

（1）对于一般新闻报道，通过标题判断其为国际或涉外新闻。

（2）本章所指的国际新闻，主要是报道内容与中国无关的纯粹外国新闻。如果报道标题出现"中国"等明显涉华报道字样，则不符合条件。

（3）特殊情况：《环球时报》中存在标题仅为一个词语或短语的极短国际简讯，这些简讯需要浏览具体的内容，再判定是否为符合要求的样本。此外，部分新闻报道中虽涉及中国，但是主要内容是外国新闻，例如 2014 年 3 月 15 日，《人民日报》的一篇名为《联合国呼吁政治解决乌克兰危机》的报道。这样的报道因为主旨与中国无关，因此也算进本次对国际新闻的定义内。

根据上述标准剔除不符合要求的新闻后，获得最终样本，即 495 篇《人民日报》的国际新闻报道和 1 595 篇《环球时报》的国际新闻报道，合计 2 090 篇。

三、编码过程

2020 年 3 月 27 日至 4 月 10 日，本书编写课题组在上海外国语大学新闻传播学院招聘了 11 名新闻传播相关专业的硕士研究生作为编码员，为研究进行编码。为了提高编码的可靠性，课题组成员对全部编码人员进行了 2 次培训和若干次答疑，并聘请其中两位编码员在本身编码任务完成后，对再抽取的 200 个随机样本（约总体样本的 20%）进行再次编码，以确保最终编码信度。

本次研究以每条新闻作为分析单位,具体编码表包括报道日期、报道媒体、报道主题、主要报道国、报道稿源、报道的体裁、报道的倾向性和报道引用等类目。本章主要涉及其中的三个类目:报道对象、报道主题以及报道稿源,详细部分可参见本书附录。

第二节　我国报纸中的世界图像

本节所讨论的世界图像主要是指中国报纸在"把关"过程中,通过其国际新闻报道对象的选择,对世界各国和各地区总体形象的再现,具体主要包括四个维度指标:①两家媒体对世界各地区的报道总量分析。②两家媒体对世界各地区报道量的详细分析。③两家媒体报道总量最高的国家排名分析。④两家媒体各自报道量最高的国家排名分析。

一、两家报纸对世界各地区报道总量分析

本章所指的我国国际新闻报道对世界各地区的报道量主要是指我国媒体国际新闻对世界各地区报道的次数,即《人民日报》和《环球时报》国际新闻中涉及的世界各地区的新闻报道总数量。

图 3 - 1 为《人民日报》和《环球时报》两家纸媒从 2013 年到 2019 年对世界各地区和国家报道分布的总频率。从报道数量来看,两家纸媒对"中国邻国"的报道次数最多,共 657 篇,占七年国际新闻报道量的 31.4%,接近三分之一。其次是关于"西欧"的报道,共 496 篇,占样本总量的 23.7%。"北美"地区虽只包含美国和加拿大两个国家,但国际新闻报道量高达 459 篇,占样本总量的 22.0%。两家报纸对这三个地区的报道量极大,接近样本总量的八成。

两家纸媒对"中东"地区的国际新闻报道量位列第四,共 156 篇,比重为7.5%。对"拉美""非洲""亚洲"①"东欧"和"澳新"地区的国际新闻报道量相差不是很大,都在 100 篇以下,其中,相对较多的是关于"拉美"和"非洲"的报道,有关"拉美"的报道为 79 篇,占比 3.8%,有关"非洲"的报道为 72 篇,占比 3.4%。相对较少的是关于"亚洲""东欧"和"澳新"的报道。此外,对于"国际组织"的国际

---

①　本章"亚洲"国家指除"中东"和"中国邻国"以外的所有首都在亚洲的国家。

新闻报道量最少,两家纸媒七年抽样期内只有 5 篇,这主要是由于我们将大部分国际组织的相关报道归为关于各地区的报道所致。因另有 36 篇关键词为"全球""西方各国"或"发达国家"等无法判别地区的新闻报道,所以最后统计所得出的两家媒体对各地区的报道量总和为 2 054 篇。

通过对两家报纸各地区报道总量的统计,我们可以发现媒体对于中国邻国具有极高的关注度。这样的数据分布状况,与新闻价值中的接近性(又称临近性)原则相契合。出于接近性的原则,读者往往最先想要知道自己周围发生的事情,越是与自己接近,越有可能对其生活产生更为直接的影响。两报国际新闻报道的分布亦符合这样的原则。

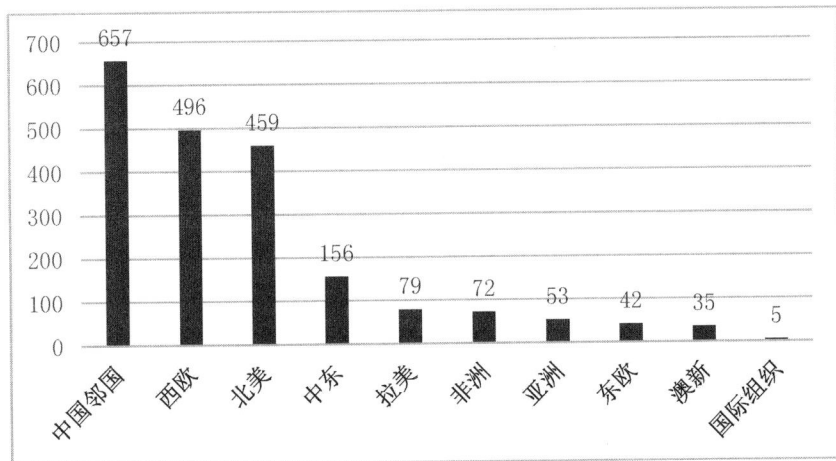

图 3-1 两家媒体对各地区的报道量

二、两家报纸对世界各地区的报道量的详细分析

图 3-2 和图 3-3 分别显示了《人民日报》和《环球时报》对世界各地区的报道数量分布。从图中可以看出,无论是《人民日报》还是《环球时报》其报道分布都与总体分布表现出诸多相似性。

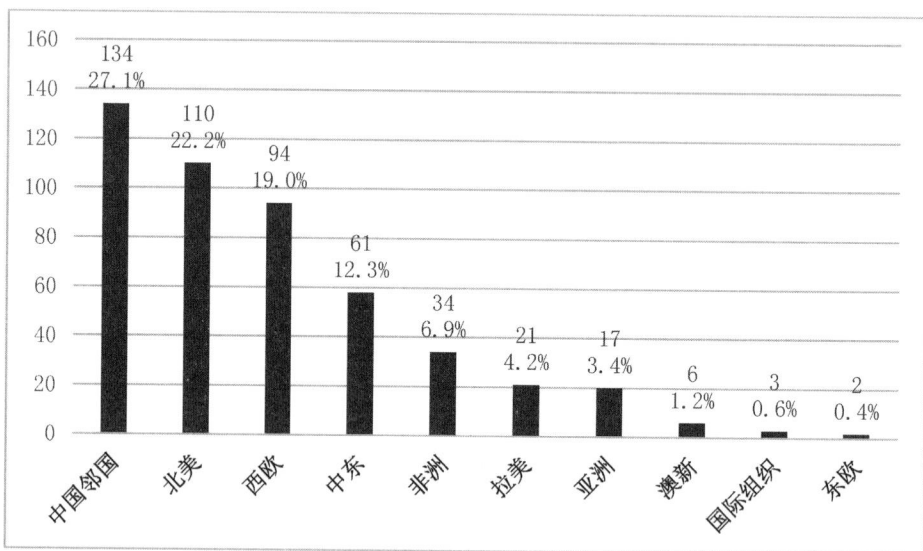

图 3-2　《人民日报》对各地区的报道量

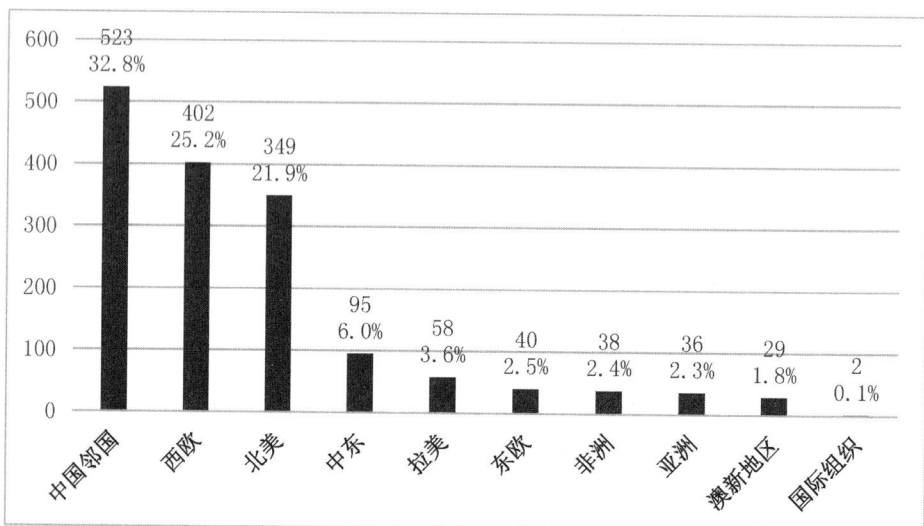

图 3-3　《环球时报》对各地区的报道量

首先,与样本总量报道最多的地区相同,《人民日报》和《环球时报》都最重视对"中国邻国"的报道。其中,《人民日报》共计 134 篇,占其样本量的 27.1%,这个比重较"中国邻国"报道在总体样本量中所占的比重(31.4%)稍小,但仍比排名第二的"北美"地区报道量占比高出约 5 个百分点。而"中国邻国"在《环球时报》中所占比重更高,达 32.8%,比《人民日报》对于"中国邻国"的报道比重多出 5.7 个百分点,这说明《环球时报》对于中国邻国国家新闻的重视程度甚至超过《人民日报》。

其次,两报报道的热门地区都是"中国邻国""北美""西欧"以及"中东"。这四个地区在《人民日报》样本中共占比 80.6%,在《环球时报》样本中共占比 85.9%。两报中对于这四个地区的报道量都超过了样本总量的五分之四,这庞大的数据总和显示了两报对于中国邻国、北美、西欧以及中东的关注度之高。

最后,两报对于世界各地区的报道量分布亦存在微小差异。首先,"北美"和"西欧"的报道量排名在两报中不同,"北美"地区在《人民日报》报道量排名中位于第二,占比 22.2%,而在《环球时报》却以 21.9%的占比,排名第三。尽管存在差距,但仔细对比两地区在两报中的占比差距,会发现其差别甚微,在《人民日报》中,两地区所占比仅相差 3.2%,《环球时报》也仅相差 3.3%。此外,数据显示,《人民日报》对中东的报道量占比要高出《环球时报》的近一倍,从这可以看出,《人民日报》对中东的关注度要明显高于《环球时报》。除了热门地区报道量的细微差别外,两报对于剩下的其他各地区的报道也有一些差异。在剩下的地区中,《人民日报》关注最多的是非洲,其次是拉美和亚洲,而《环球时报》对其报道量相对平均,除国际组织外,没有明显差距。

综合以上数据可以发现,中国邻国、北美、西欧、中东是报道的四个热点地区,尤其是中国邻国,在两报的各地区报道量中都位于首位。这样的结果与总样本的报道量具有相似特征,再一次证实了接近性(又称临近性)原则对于国际新闻选择的影响。

三、两家报纸报道总量最大的国家排名分析

由于各地区包含的国家数量可能会影响媒体各地区报道总量的分布,故本章对两家媒体中各国的报道次数进行了单独统计。

图 3-4 反映了《人民日报》和《环球时报》两家报纸自 2013 年到 2019 年报道总量最大的十个国家排名。其中,对美国的报道量高达 446 篇,占总报道量比重的 21.3%,比排名第二的日本高出一倍有余。这也说明,两家媒体对于"中国

邻国"和"北美"地区的关注,主要来自对日本和美国的关注。两家媒体关于日本的报道有 173 篇,占比 8.3%;关于英国的报道有 165 篇,占比 7.9%,与关于日本的报道量相差不大。报道量超过 100 篇的国家还有韩国和俄罗斯,分别是 135 和 113 篇报道,占比分别为 6.5% 和 5.4%。报道量位列第 6 位至 10 位的国家分别是德国、法国、印度、朝鲜和西班牙,其中位于"西欧"地区的德国、法国和西班牙的报道量分别为 86 篇、75 篇及 33 篇,占比为 4.1%、3.6% 和 1.6%,位于"中国邻国"印度和朝鲜的报道量分别为 62 篇和 55 篇,占比为 3.0% 和 2.6%。

通过图中数据,我们可以发现,美国在两报的国际新闻报道中最受关注。这样的结果,与新闻价值中的重要性原则相吻合。在过去的三十多年中,中美关系一直跌宕起伏,自 2010 年我国 GDP 超过日本,成为世界第二大经济体以后,中美联系更加紧密,双方的社会状况、政局变动、政治决策、经济信息、国际动向等,对对方都会产生重要影响,势必引起民众极大关注。因此,出于重要性的原则,两报的国际新闻选择中注重对美国的报道。此外,与新闻价值中的接近性原则相符,在两家媒体报道量前十位的国家中,除美国外,共有 5 个"中国邻国"和 4 个"西欧"地区的国家。

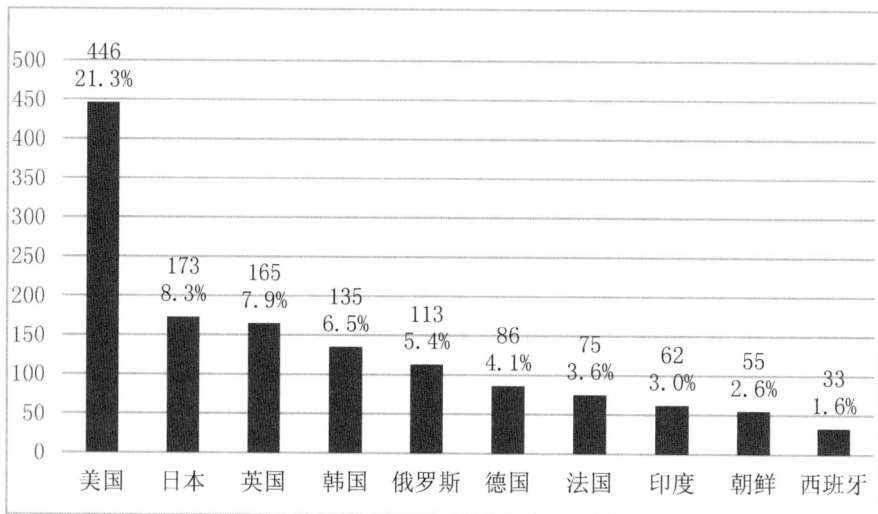

图 3-4　两家媒体报道量最大的十个国家

四、两家报纸各自报道量最高的国家排名分析

图3-5和图3-6分别是两家报纸各自报道量最高的十个国家。在数据的分布上，两家报纸具有以下特征。

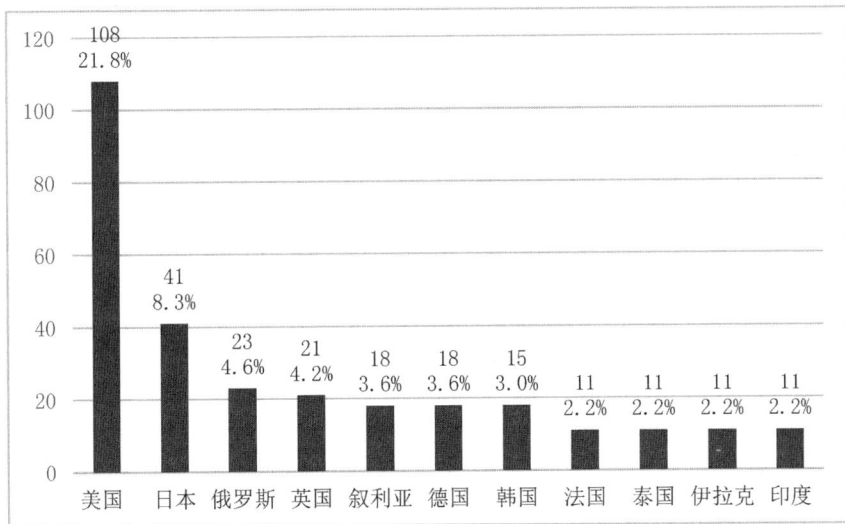

图3-5　《人民日报》报道量最大的十个国家

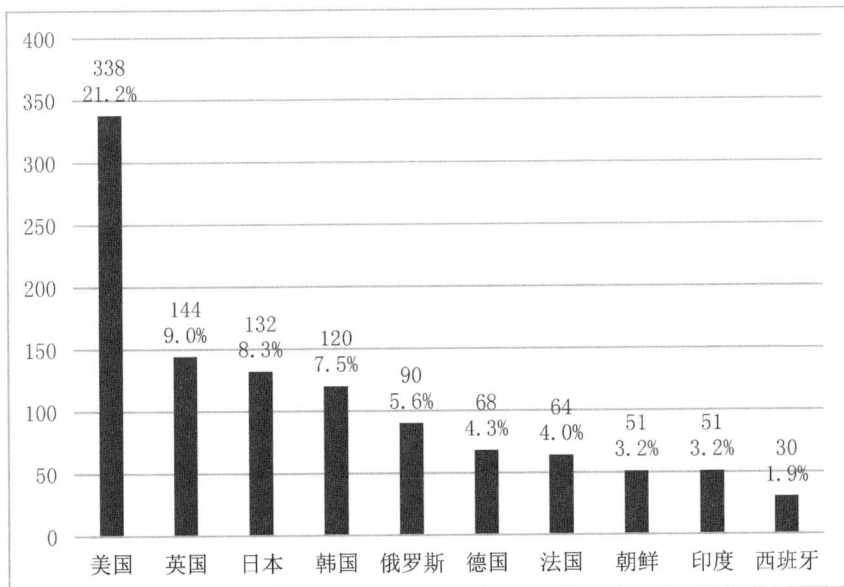

图3-6　《环球时报》报道量最大的十个国家

首先,与总样本量特征一致,基于新闻价值中的重要性原则,两报皆重视对于美国相关的国际新闻报道。《人民日报》对美国的报道量占《人民日报》样本总量的 21.8%,《环球时报》对美国的报道量占《环球时报》样本总量的 21.2%。两家媒体不仅都对美国展开了较多的报道,而且对美国报道量的占比也相似,均超过两家媒体总报道量的五分之一,可见中国媒体在国际新闻报道中对美国的重视程度。

其次,日本、英国和俄罗斯皆在两报对世界各国报道量排名的前五之中,但具体排序有些微差异。在《人民日报》样本中,报道量排名第二的国家为日本,共 41 篇报道,占比 8.3%。与《人民日报》侧重报道日本的情况不同,《环球时报》更加关注英国,报道量占比达 9.0%,排名第二位。而《人民日报》对于英国的报道量仅占该媒体样本量的 4.2%,排第四位。至于俄罗斯,《人民日报》中共 23 篇,占比 4.6%,排列第三;《环球时报》共 90 篇,占比 5.6%,排列第五。值得注意的是,在报道量最高的前五个国家中,除了上述的国家外,《人民日报》基于重要性的原则,还对叙利亚进行了较多的报道,而《环球时报》则是基于接近性的原则,侧重于对韩国的报道。

除此之外,"西欧"的部分国家也在两家报纸中排名较高,德国在《人民日报》中共有 18 篇报道,占比 3.6%;在《环球时报》中共有 68 篇报道,占比 4.3%。法国在《人民日报》中共有 11 篇报道,占比 2.2%;在《环球时报》中共有 64 篇报道,占比 4.0%。另一个"西欧"国家西班牙在《环球时报》中报道量位列第十,共 30 篇,占比 1.9%。

最后,从总体来看,《人民日报》报道量前十的国家共占《人民日报》样本量的 55.7%,《环球时报》报道量前十的国家共占《环球时报》样本量的 68.2%。这说明《环球时报》对特定国家的报道比《人民日报》更加集中,也就是说,《环球时报》在对报道对象进行"把关"时更加倾向于特定的对象。

五、小结

本节通过对《人民日报》和《环球时报》国际新闻报道中报道对象的数据统计,发现两报在选择上具有共性,这些特点在一定程度上与新闻价值的重要性和接近性相关。具体而言,我国媒体在国际新闻报道的总体图像呈现出了以下的

特点:

首先,受到新闻价值接近性(又称临近性)的影响,我国媒体国际新闻报道在地区上更倾向于对中国邻国展开报道。新闻价值的接近性主要包括两个方面,一是地理空间上的接近,二是心理距离上的接近程度。在《人民日报》和《环球时报》的国际新闻报道中对于世界各地区的报道总量分布,充分体现了前者。越是在地理位置上接近中国的国家,越有可能受到媒体的重视,特别是与中国接壤的邻国,更有可能被选择为国际新闻报道的主要对象。我国共有二十个邻国,且多样化明显,使得我国具有复杂的邻国关系。在我国邻国中,媒体对发达国家日本的报道数量最多,其在《人民日报》中报道数量位列第二,在《环球时报》中报道数量位列第三。韩国、俄罗斯、印度和朝鲜也是两家媒体频繁报道的国家。

其次,受到新闻价值重要性的影响,我国媒体的国际新闻报道在国家选择上,往往倾向于选择美国,日本、英国、俄罗斯等发达国家的报道也占比较高。越是与当前社会生活以及广大群众切身利益相关的新闻,其新闻价值的重要性就越高。随着全球化的发展,世界经济、政治、文化等方方面面往往"牵一发而动全身"。发达国家在国际上占有重要地位,其动态往往会对全球产生影响。因此,出于重要性的考量,我国媒体对美西等发达国家展开了较多的报道。

除了中国邻国和西方发达国家外,中东地区也是我国媒体重点关注的对象。作为第二次世界大战结束以后一直处于动乱的地区,长年的战乱使得中东成为世界的焦点。值得注意的是,样本量较小的《人民日报》对叙利亚有 18 篇报道,对伊拉克有 11 篇报道,这两个国家是《人民日报》报道量前十名的国家。而《环球时报》报道量最大的十个国家中并没有中东国家。这说明我国媒体对中东地区的报道并非集中于特定的国家。

当然,《人民日报》和《环球时报》这两家媒体由于定位和性质的不同,在对国际新闻报道对象进行"把关"时呈现出的特点也稍有不同。《人民日报》作为党媒,对世界各地区和国家的报道比《环球时报》更加均衡,且更加突出对中东地区的报道,表现出党媒在国际纷争中更加重视国际话语权,希望引导舆论的角色。

综上所述,由于新闻报道的篇幅和版面空间有限,我国媒体的国际新闻报道不可能全面地反映世界图像。我国媒体塑造的世界总体图像适当突出了当今世界上的部分地区和国家。在对报道对象的具体选择上,往往以新闻价值的重要性和接近性为衡量准则。

第三节　我国媒体的国际新闻价值观

如果说价值观是个人对客观事物的总体评价,那么新闻价值观就是媒体对新闻价值的总体看法。[1] 媒体对新闻的衡量和取舍受到新闻价值观的深刻影响,它对新闻传播所要达到的目标起到决定性作用。在对新闻主题进行选择,以及确定新闻价值客体的衡量过程中,新闻价值观念都是最为重要的标准之一,是媒体进行新闻选择的重要影响因素。[2]

新闻价值是新闻报道的灵魂和生命力所在,虽然与新闻价值观是两个不同的命题,但是二者之间又有着密不可分的关系。[3] 新闻价值观对新闻价值起到了主导作用,可以避免新闻偏离主题。[4] 在不同的新闻价值观的影响下,媒体会形成不同的新闻价值衡量标准。国际上较为通行的新闻价值衡量指标主要包括:及时性(timeliness)、重要性(importance)、异常性(deviance)、临近性(proximity)、冲突性(conflict)和新奇性(novelty)。我国学界认可度最高的是李良荣教授提出的新闻价值"五性",即时新性、重要性、接近性、显著性和趣味性。[5]

基于新闻价值观在新闻把关中的重要作用,本节拟通过两个方面对中国媒体的国际新闻价值观进行探讨,具体包括:①对我国媒体国际新闻报道主题的总体分析;②对两家抽样媒体国际新闻报道主题的详细分析。

一、两家报纸国际新闻报道主题的总体报道趋向

数据结果显示,我国媒体对国际新闻的报道主要集中于"政治外交""社会法律""经济贸易""体育娱乐""军事国防"五个主题,这五类报道主题共计 1 625篇,占比共78%,接近样本总量的八成。其中,以"政治外交"为主题的报道篇数

①　郭戈.新闻价值与新闻价值观[J].中国广播电视学刊,2017(01):116 - 117.
②　马加荣.新闻价值观念与新闻价值创造分析[J].电视指南,2018(01):205.
③　郭戈.新闻价值与新闻价值观[J].中国广播电视学刊,2017(01):116 - 117.
④　马加荣.新闻价值观念与新闻价值创造分析[J].电视指南,2018(01):205.
⑤　李良荣.新闻学概论[M].第五版.上海:复旦大学出版社,2013:343 - 345.

最多,共 584 篇,占比 28%。其次是以"社会法律"为主题的报道,共 396 篇,占比 19%。这两个主题的报道量达到 980 篇,占比共约 47%,接近样本总量的一半。两家媒体对"经济贸易""体育娱乐""军事国防"的报道量也都超过了 200 篇,并且数量差别不大。具体来看,"经济贸易"主题的报道共 231 篇,占比 11%;"体育娱乐"主题的报道共 209 篇,占比 10%;"军事国防"主题的报道共 205 篇,占比 10%。

除了这五类主题的报道外,文化教育、科技卫生和事故灾难的报道均超过了 100 篇,占比在 5%~6%。旅游风光的报道量最少,仅 63 篇,占样本总量的 3%。除去报道量占比较多的五大类主题外,剩余的"文化教育""科技卫生""事故灾难""旅游风光"和"其他"类主题的报道量合计也没有以"政治外交"为主题的报道量大。

综上所述,两家报纸对国际新闻报道的主题选择上,重视对于政治外交类新闻的报道。之所以呈现出这样的特征,主要是受到国际新闻价值观和新闻价值的影响。国际新闻不同于国内新闻,受到国际关系价值观的影响,其报道经常与政治外交活动相辅相成,政治外交新闻相较于其他新闻主题而言,具有最为重要的地位。此外,对经济贸易、体育娱乐、军事国防等新闻主题的关注,也与新闻价值的重要性相一致。

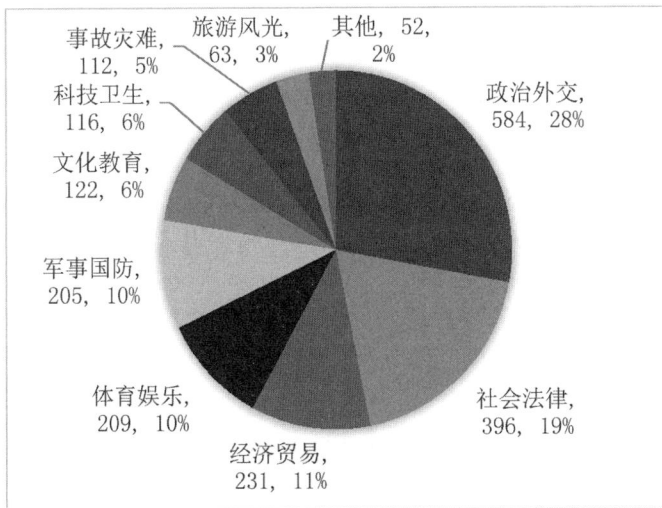

图 3-7　两报国际新闻报道主题占比

二、两家媒体国际新闻报道主题内容的详细分析

图3-8和图3-9分别为《人民日报》和《环球时报》的国际新闻报道主题分布。两家媒体的数据分布,既具有共性,又具有个性,具体如下。

首先,基于新闻价值的重要性和显著性原则,两家报纸都对"政治外交""经济贸易""社会法律"三个主题进行了大量报道,其中,《人民日报》为53%,《环球时报》为59%,占比皆超过各自样本量的一半。这一数据结果与总样本对国际新闻报道主题的统计结果保持了一致性。随着全球化的发展,各国政治、经济、社会的变动,都可能影响整个世界,因而"政治外交""经济贸易""社会法律"的新闻比其他新闻更受媒体青睐。

其次,受到国际新闻价值观和新闻价值重要性的影响,两家报纸都最为重视"政治外交"类报道。《人民日报》中共有111篇以政治外交为主题的报道,占总比的22%;而《环球时报》涉及该主题的共有473篇报道,占比30%,相比《人民日报》,高出了8个百分点。

其三,除"政治外交"外,《人民日报》与《环球时报》在国际新闻报道主题上,有不同侧重。《人民日报》更重视"事故灾难",报道量占该报总样本的13%,而《环球时报》则更重视"体育娱乐",其报道量占该报总样本的11%。这样的数据结果与两家报纸在国际新闻价值观上的差异相吻合。作为纯正党媒的《人民日报》在衡量国际新闻的价值上,更倾向于站在党和国家的立场,而《环球时报》作为市场化媒体,较重视从普通大众的角度对新闻价值进行判定。事故灾难类国际新闻除了具有重要性和显著性的新闻价值,更重要的是往往涉及国际救援等问题,这是党和政府机构需要密切关注的信息,所以《人民日报》才会更为重视这类新闻。而体育娱乐新闻具有趣味性,更能获得普通大众的青睐,所以受到《环球时报》的重视。

最后,从两报的占比饼图中,我们可以发现,较《环球时报》而言,《人民日报》对于"政治外交""经济贸易""社会法律""军事国防"四个重要主题的报道量的分布较为均匀,占比差距较小,对于报道量最多的"政治外交"和报道量最小的"军事国防"仅有10%的差距。而《环球时报》对于四个主题的最大占比与最小占比之间,相差21%,是前者的一倍。之所以会产生这样的数据结果,也是基于两报

不同的新闻价值观。《人民日报》作为国家级大报,需要给读者带来较为全面的信息,基于这样的新闻价值观,在进行国际新闻的选择中才会呈现出这样的特点。

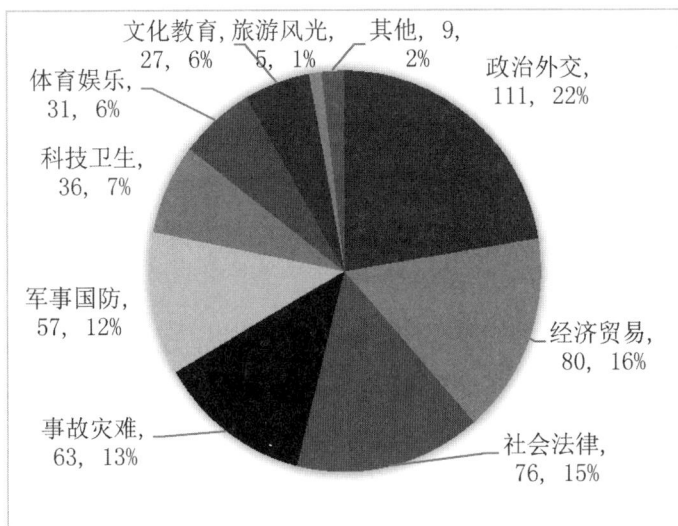

文化教育, 27, 6%　旅游风光, 5, 1%　其他, 9, 2%

体育娱乐, 31, 6%

科技卫生, 36, 7%

军事国防, 57, 12%

事故灾难, 63, 13%

政治外交, 111, 22%

经济贸易, 80, 16%

社会法律, 76, 15%

图 3 - 8　《人民日报》国际新闻报道主题内容分类占比

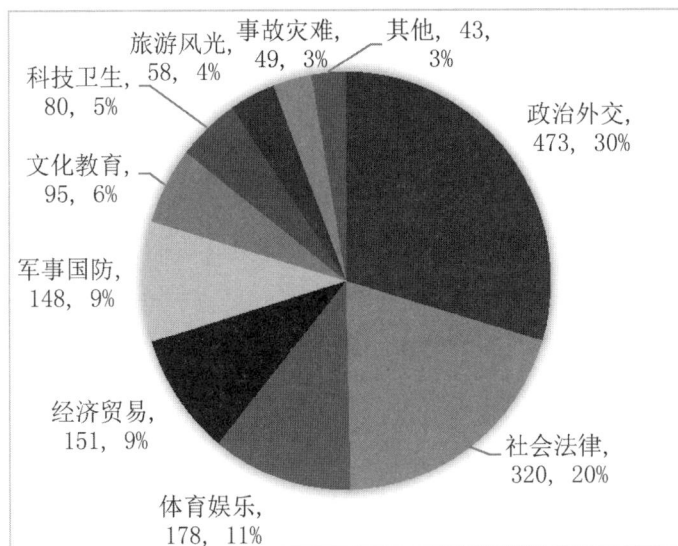

科技卫生, 80, 5%　旅游风光, 58, 4%　事故灾难, 49, 3%　其他, 43, 3%

文化教育, 95, 6%

军事国防, 148, 9%

政治外交, 473, 30%

经济贸易, 151, 9%

社会法律, 320, 20%

体育娱乐, 178, 11%

图 3 - 9　《环球时报》国际新闻报道主题内容分类占比

三、小结

通过对《人民日报》和《环球时报》两家报纸国际新闻报道主题的分析，可以发现我国国际新闻报道在主题的选择上，呈现出了重视"政治外交""社会法律""经济贸易"和"军事国防"类新闻的共性，这四类主题的报道在报道总量中共占比68%，在两家媒体的报道主题类别排名中，均处于前五的位置。

对"政治外交"和"军事国防"的关注体现出我国媒体的政治性。由于我国媒体及新闻报道一直属于上层建筑，具有很强的政治性，因此这种政治性必然会反映到我国媒体的国际新闻报道中来，因为国际新闻报道是我国国内报道的延伸。

对"经济贸易"和"社会法律"的关注体现了我国媒体的务实性，这是我国近40年来经济改革的结果。中国与国际社会的交往越来越频繁，这当中也包括大量的国际经济和国际贸易活动。于是我国媒体国际新闻报道中关于社会法律、经济贸易的信息自然成为人们关注的焦点，因此我国媒体在处理国际新闻报道时对于"社会法律"和"经济贸易"的关注符合了我国与国际社会联系日趋紧密的趋势和我国经贸市场的需求，体现了我国媒体现阶段的务实性。

此外，通过对比两家报纸国际新闻报道主题的占比，可以发现《人民日报》和《环球时报》在国际新闻报道的主题选择上各有偏好。它们在国际新闻报道中关于各主题的不同重视程度不是偶然或随意的，而是基于媒体的国际新闻价值观做出的选择。在实际的新闻报道中，新闻价值观对新闻价值具有一定引导作用，媒体在甄选新闻的过程中，立足于自己的新闻价值观，对新闻报道主题进行选择。《人民日报》作为党媒，除了重视事故灾难类新闻，对于其他主题的报道分配较为均衡；《环球时报》作为市场化媒体，更加偏爱"体育娱乐""旅游风光"类的报道，更多表现出娱乐属性以迎合大众喜好。正如曾任《环球时报》总编辑的何崇元先生所言，《环球时报》希望给读者提供一些有趣味的信息。①

由此可见，国际新闻价值观和新闻价值对国际新闻报道主题选择的重要性。

---

① 何崇元谈环球时报市场化之路［EB/OL］.人民网，http://www.people.com.cn/GB/14677/35928/36352/2756298.html,2004－09－01.

第四节 中国媒体国际新闻报道原创性分析

原创的本意是指最早的、初始的、首创的、独创的、非复制的,最早在音乐领域中使用。对应到新闻报道中,原创新闻是指新闻传播单位独家采访报道的新闻,或是重组新闻资源之后而获得的新闻事件。原创新闻具有极强的生命力与社会影响力,原创性越高,媒体越具有竞争优势。[1] 注重原创性是媒体用优秀作品打动读者、引导读者,增强自身核心竞争力和树立自身品牌形象的重要途径,也是解决新闻雷同化的有效办法。[2]

本节主要通过对《人民日报》和《环球时报》国际新闻报道的稿源分析来说明我国媒体对于国际新闻稿源的"把关"现象,具体包括两个维度:①对我国媒体国际新闻报道新闻稿源的总体分析;②对两家抽样媒体国际新闻报道稿源的详细分析。

一、两家媒体国际新闻报道的稿源分析

图 3-10 是《人民日报》和《环球时报》两家媒体的稿源分布情况。如图所示,本章抽样的两家媒体国际新闻报道中,新闻来源为"自发稿"的国际新闻报道数量以较大幅度多于"转发稿"的数量。在本章抽样的 2090 篇国际新闻报道中,原创稿件共 2 025 篇,约占样本总量的 97%。在原创稿件中,1 583 篇国际新闻注明了作者,442 篇新闻报道没有注明作者。两家媒体共转载了 65 篇报道,仅占样本总量的 3%。

从稿源的分布情况可以看出我国媒体对报道原创性的重视,也就是说我国媒体在进行国际新闻报道时多采用自家媒体采编人员所生产的新闻,这与我国广泛分布于世界各地的驻外记者团队和专业的新闻生产流程是分不开的。此外,原创稿件中注明作者的稿件占样本总量的 76%,是未注明作者稿件的三倍以上。这说明我国媒体在生产国际新闻报道时,不但注重原创性,也重视稿件的

① 李猛.大众传媒视野下国内新闻传媒产业发展现状及策略探究[J].新闻传播,2014(06):118+120.

② 赵德群.优秀新闻作品应当注重原创性[J].传媒观察,2011(03):20-21.

具体出处,表现出了强烈的版权意识。标明作者不但有利于将新闻采编的责任落实到具体个人,也有利于提高新闻工作者的生产积极性和责任感。

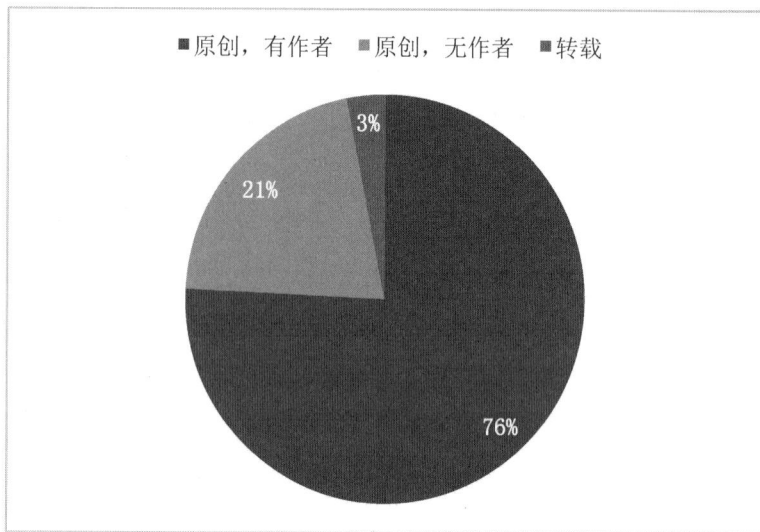

图 3-10　两家媒体的稿源分布

二、两家媒体国际新闻稿源报道的详细分析

图 3-11 显示了《人民日报》国际新闻报道稿源的分布情况。其中,原创稿件共 429 篇,约占样本总量的 90%。值得注意的是,仅有约 3% 的新闻报道没有注明作者,这比两报总体样本中 21.1% 的未注明作者量低了不少,体现出了《人民日报》作为党报的严谨性。《人民日报》共转载了 52 篇报道,约占样本总量的 10%,与两报总体样本相比,其转载稿件占比更大。

图 3-12 为《人民日报》历年稿源变化趋势,其注明作者的原创稿和未注明作者的原创稿占比均呈下降趋势。七年间,注明作者的原创稿占比逐渐从96.6%下降到 66.7%,而未注明作者的原创稿本就占比极小,在 2015 年、2017 年和 2018 年甚至没有出现未注明作者的原创稿件,2019 年也仅有 1 篇未注明作者的原创稿件。与占比呈下降趋势的原创报道形成对比的是占比呈上升趋势的转载报道,转载报道在《人民日报》中的占比从 2013 年的 1.4% 逐渐上升到 2019 年的 28.6%。

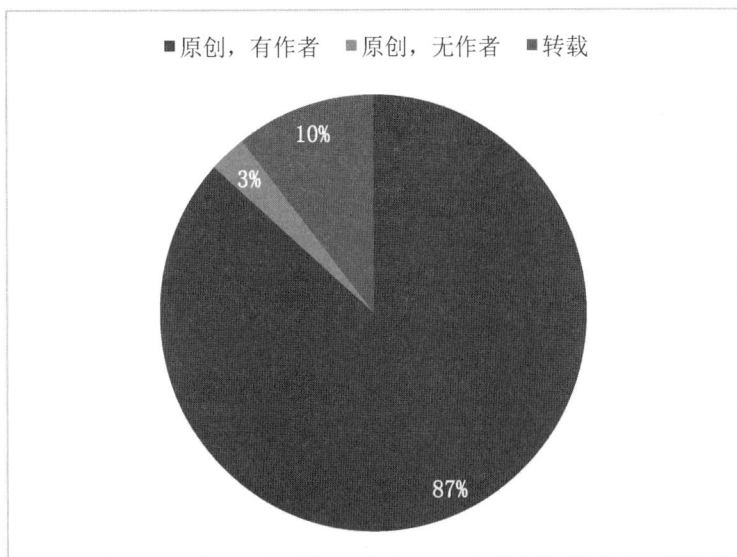

图 3‑11 《人民日报》的稿源分布

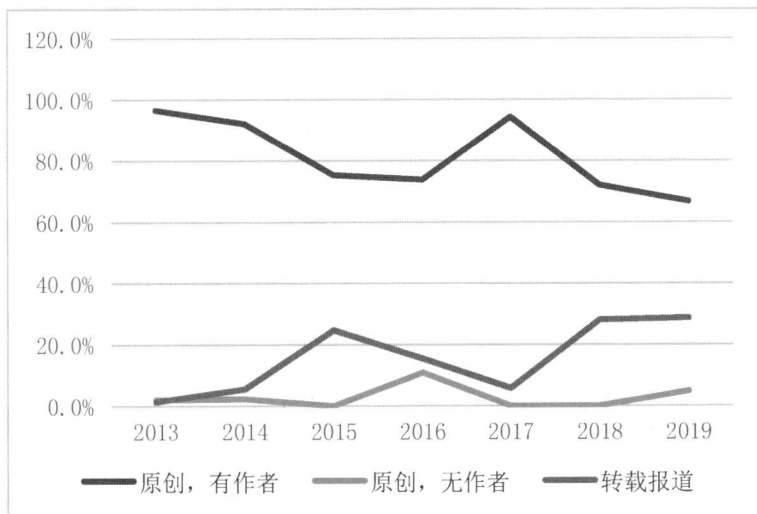

图 3‑12 《人民日报》稿源变化趋势

　　为了解《人民日报》所载稿源的具体出处,我们对其进行了统计。如图 3‑13 所示,《人民日报》的 52 篇转载报道绝大部分转自新华社,共有 44 篇,约占转载稿件数量的 84%,由此可见新华社作为国家通讯社的影响力。除了对新华社报道的转载,《人民日报》样本中也有 5 篇转载了其子报《环球时报》的报道,1 篇转载自《光明日报》和新华网,另有 1 篇转自英国杂志《经济学人》,1 篇出处不详。

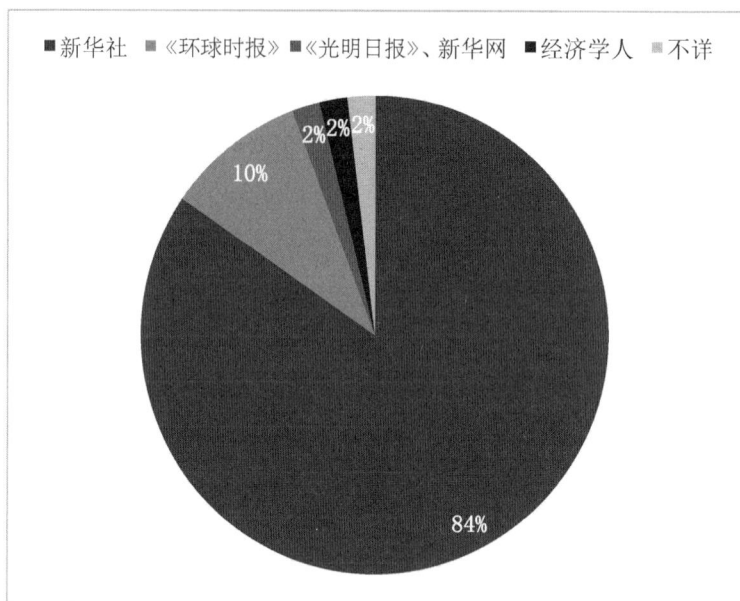

图 3 - 13　《人民日报》转载报道出处

　　图 3 - 14 显示了《环球时报》国际新闻报道稿源的分布情况。其中,原创稿件共 1 582 篇,约占样本总量的 99%,比《人民日报》的原创报道占比高出近 10 个百分点。在原创报道中,有 1 154 篇报道注明了作者,占比 72%;有 428 篇报道没有注明作者,占比 27%。与《人民日报》相比,《环球时报》未注明作者的原创报道比重很大,接近《人民日报》的 10 倍。此外,《环球时报》的转载报道很少,仅有 13 篇,约占样本总量的 1%。

　　《环球时报》历年稿源变化趋势可见图 3 - 15。七年间,《环球时报》注明作者和未注明作者的原创稿源占比呈现出较大的波动,2013 年至 2016 年,注明作者的稿源占比不断提高,与此相对地,未注明作者的稿源占比逐渐减少。2016 年时,《环球时报》注明作者的原创稿件占比达到 91.8%,是七年来的最高状态。然而,2016—2018 年又出现了相反趋势,2018 年未注明作者的稿源占比超过了

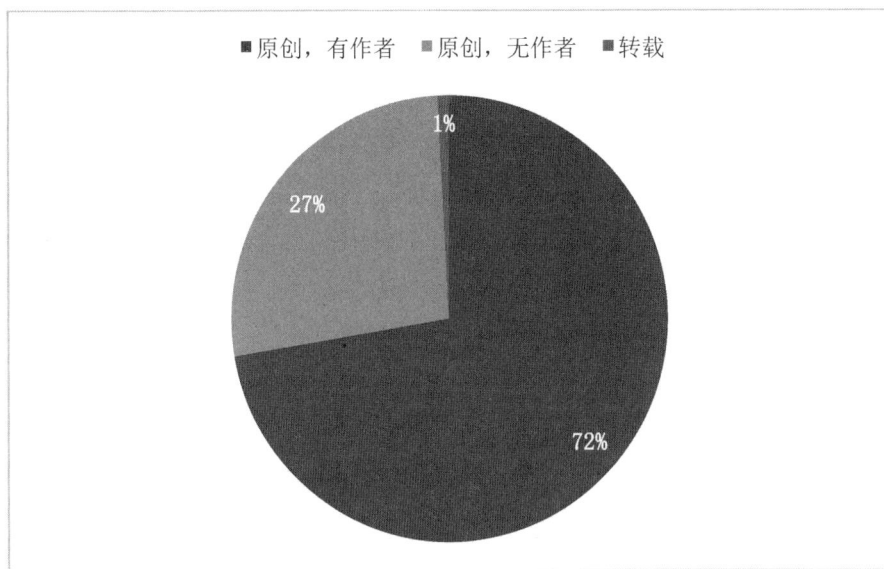

图 3 - 14 《环球时报》的稿源分析

注明作者的稿源占比。随后,2019 年又恢复到有作者原创报道比无作者原创报
道占比更大的情况。转载报道在《环球时报》一直处于少量占比状态,2015 年、
2017 年和 2018 年均没有转载报道,其余年份的转载报道也都保持在 5 篇以内。

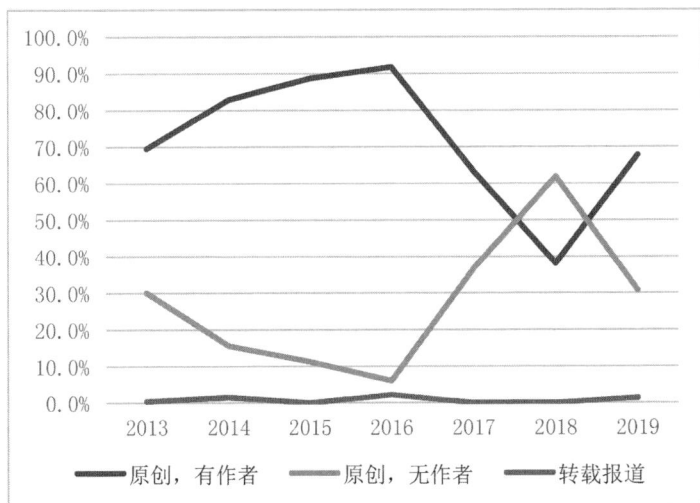

图 3 - 15 《环球时报》稿源变化趋势

图 3 - 16 呈现了《环球时报》转载报道的具体出处。与《人民日报》的转载报道几乎全部来源于国内媒体的情况不同，在《环球时报》的 13 篇转载中，除了一篇出处不详的新闻报道，其余 12 篇均来源于外国媒体。在《环球时报》的样本中，转载最多的媒体是《俄罗斯报》，共 3 篇，占《环球时报》转载报道量的 23%，对英国的《每日电讯报》和《卫报》也分别有 2 篇的转载量，对英国广播公司、英国的《每日星报》、美国的《时代周刊》和《国家利益》双月刊、巴基斯坦的《民族报》分别有 1 篇的转载。《环球时报》共有 6 篇国际新闻报道源自英国媒体，接近 13 篇转载总量的一半，从这个数据中可看出，《环球时报》更倾向于转载英国媒体的报道。

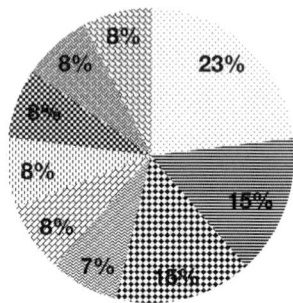

▨ 《俄罗斯报》		▤ 《每日电讯报》（英国）	
▦ 《卫报》（英国）		▨ 英国广播公司	
▨ 《每日星报》（英国）		▨ 《时代周刊》（美国）	
▨ 《国家利益》双月刊（美国）		▨ 《民族报》（巴基斯坦）	
▨ 不详			

图 3 - 16 《环球时报》转载报道出处

三、小结

总体来看，在国际新闻报道的稿源方面，我国媒体多采用自家媒体生产的内容，且大多数情况会注明作者，其原创稿件多由媒体派出的驻外记者团队生产。《人民日报》国际部和《环球时报》是水乳交融的关系，人民日报社驻外记者既承担着给《人民日报》三块国际版和人民网供稿的任务，同时也承担着给《环球时

报》供稿的任务。① 得益于人民日报社的驻外记者网,《环球时报》拥有遍及世界
150 多个国家和地区的 500 余位特派、特约记者,他们为读者深度解析全球重大
新闻事件,提供一线、客观、独家的现场报道。②

值得注意的是,《人民日报》和《环球时报》两家媒体在稿源的"把关"方面存
在一些差异。作为党报,《人民日报》更加注重稿件的责任性和严谨性,仅有极少
数的原创报道没有表明作者,而《环球时报》没有表明作者的原创报道相对较多。
且《人民日报》转载国际新闻报道的比例是《环球时报》的十倍以上,其转载报道
量总体呈现上升趋势,这很大程度上是由于《人民日报》转载了大量新华社的报
道。除了新华社外,《人民日报》也会少量转载其子报《环球时报》的报道,和其他
党报(如《光明日报》)的报道。七年间,《人民日报》仅转载了一篇外国媒体的报
道,出自英国杂志《经济学人》。也就是说在对国际新闻稿源的"把关"上,《人民
日报》偏向于使用自家媒体的报道,或者转载新华社、《环球时报》和其他党报的
报道,极少数情况下才会转载外国媒体的报道。

与《人民日报》不同,《环球时报》的转载稿件相对较少,且几乎全部源自外
媒。其中,接近一半的转载稿件来自英国,接近四分之一的稿件来自俄罗斯,其
他的转载稿来自美国和巴基斯坦。《环球时报》所转载的稿件来源与该媒体对自
身的定位相符。作为专门致力于国际新闻报道的媒体,《环球时报》以"报道多元
世界,解读复杂中国"为宗旨,致力于促进中国与世界的交流和互动。《环球时
报》所刊文章也经常被美联社、路透社、法新社编发通稿,是被海外媒体转载最多
的中国媒体之一。③

总　结

随着新媒体技术的发展,越来越多的人认为新闻"把关"的角色在不断弱化。
的确,从某种意义上说,由于信息的自由流通,人人都拥有麦克风,在一定程度上
削弱了媒体的"把关"角色。但是,主流媒体作为新闻传播中的"旗手",其把关筛

① 吕岩松:人民日报国际部和环球时报是"兄弟"[EB/OL]. 人民网,http://politics.people.com.
cn/GB/1026/9626323.html,2009 - 07 - 09.

② 环球时报简介[EB/OL]. http://hd.globaltimes.cn/html/abouthq/.

③ 环球时报简介[EB/OL]. http://hd.globaltimes.cn/html/abouthq/.

选的环节变得更加重要,它可以帮助受众获取最权威、最可信的新闻,把关的意义对其来说不减反增。① 因此,本章通过对《人民日报》和《环球时报》国际新闻报道对象、报道主题和报道稿源的统计,对中国媒体国际新闻报道的选择有了一个总体把握。

首先,两家报纸的抽样国际新闻报道总量分布反映出了他们的整体世界图像。研究数据显示,我国媒体所塑造的世界总体图像适当突出了某些地区和国家。在报道地区的选择上,我国媒体侧重于对中国邻国和西方发达地区("西欧"和"北美")的报道。在报道国家的选择上,美国占据了重要地位,日本、英国、韩国和俄罗斯等国家也有较多报道。这样的报道图像与新闻价值中的接近性和重要性原则相吻合。新闻定义、新闻价值、宣传价值、新闻法则是新闻媒介做出新闻选择的四项主要标准②,特别是传统媒体,由于版面空间的限制,必须对新闻进行严格筛选。新闻价值是媒体对一个新闻事件是否可以报道的重要评判因素。在国际新闻报道对象的选择上,亦依据新闻价值对其进行衡量。

其次,两家报纸国际新闻报道的主题分布,体现了其国际新闻价值观。在报道主题上,我国媒体最为重视政治外交类国际新闻,其次是社会法律、经济贸易和军事国防类新闻。值得注意的是,《人民日报》和《环球时报》由于各自国际新闻价值观的影响,在报道主题的选择上有一定差异。前者作为中国共产党中央委员会机关报,具有很强的党性原则,在对国际新闻进行筛选时,常常要站在党和政府的角度来考量其新闻价值。而后者作为市场化的国际新闻媒体,重视受众对国际新闻的趣味性需求,以此来吸引更多读者。

最后,两家报纸国际新闻报道稿源的多样性,反映了其国际新闻报道的原创性和国际传播实力。在新闻稿源上,两家媒体都以自发稿为主,较少转载其他媒体报道。这充分展示了我国媒体在国际新闻报道中的原创性,也显示了我国国际新闻采编人员的增多和国际新闻报道专业性的增强。在转载的新闻稿中,《人民日报》的转载基本都来自国内媒体,特别是新华社,而《环球时报》的转载则都来自国外媒体。这说明了越靠近权力中心,媒体的资源越多,原创性越高。

---

① 吴灏鑫,牛伟.重新认识主流媒体在新媒体平台的"把关"角色[J].新闻与写作,2018(06):100 - 103.

② 李良荣.新闻学概论[M].第五版.上海:复旦大学出版社,2013:340.

综上所述,本章围绕国际新闻的三个选择指标,对我国国际报道的新闻选择过程进行了研究,从"把关"和选择流程上探讨了中国媒体的世界图像,并总结出了以上三点特征。

第四章 框架理论下中国媒体国际报道的新闻处理

本章主要借用框架理论中的"新闻框架"这一概念来分析《人民日报》和《环球时报》两家报纸在 2013 至 2019 年的国际新闻报道,通过我国媒体国际新闻报道的体裁、消息来源和倾向性等三个维度的处理框架,分析我国媒体国际报道新闻处理的三个框架:①我国媒体国际新闻的报道风格框架,考察其应用不同报道体裁的分布;②我国媒体国际新闻报道的专业化框架,考察国际新闻报道消息源引用情况与媒体专业化程度的关联;③我国媒体国际新闻报道的态度框架,即我国媒体如何通过国际新闻报道折射出倾向性。最终本章将讨论我国媒体对于国际新闻的写作手法、报道过程中体现的倾向性和专业化程度。

第一节 关于框架理论

框架理论作为学术概念主要始于考察人的认知与传播行为。[①] 作为传播学理论,框架理论在 20 世纪 70 年代兴起[②],后来逐渐发展出三个核心概念,即面向媒介内容是什么的框架,探讨新闻如何生产和框架如何被构建的框架化,和探索受众处理媒介信息的框架效果。本章主要基于第二个概念,探讨中国媒体国际报道的生产和框架构建的方法、过程及意图。

框架理论于 20 世纪 90 年代引进我国新闻传播学界,是目前国内关于媒体

[①] BATESON，GREGOR. A theory of play and fantasy[J]. Paychiatric Research Reports，1955(2)：39 – 51.

[②] GOFFMAN，ERVING. Frame analysis：an essay on the organization of experience[M]. Boston：Northeastern University Press，1986.

内容研究的常用理论之一。^① 新闻框架是指新闻媒体对新闻事件的选择和处理过程中的建构原则或准则,选择和重组是建构新闻框架最重要的策略。^②可以说,新闻框架的选择和建构与新闻媒体的立场、新闻采编的方式及媒体与本事件的利益等有密切的关系。正因如此,国内关于新闻框架的研究主要涉及三个领域,即新闻文本框架建构的研究、新闻框架影响效果的研究和新闻框架制约因素的研究。陈阳在《框架分析:一个亟待澄清的理论概念》中对新闻生产、新闻内容和传播效果中的框架展开了分析,以此探讨媒体框架"是什么""如何被构建",以及媒体效果,即"受众框架",他指出,新闻生产研究不应简单地将模版式的"主流新闻框架"与"权力"挂钩,以批判其不客观性,而应试图回答媒体框架"是什么?""为何采用该框架?"和"该框架与事件的真实性质有何差别"等问题。^③ 马思远等在《近三年大陆新闻传播领域框架理论研究综述》中提到"大陆研究文献的议题比较集中"^④,多是使用框架理论对中外主流新闻媒体报道、传统媒体与新媒体内容对比,以及热点问题和国家形象框架等进行分析。他们都指出,国内有关框架理论的研究使用的实证研究方法、批判话语分析等方面仍有提升空间,亟待其他研究填补。

目前国内外使用框架理论研究媒体新闻报道的主要以媒体的叙事策略研究、相同事件报道中的媒体对比等为主,即选取某一重大国际事件,对特定媒体的报道进行量化内容分析,得出该媒体在报道此事件上使用的框架,并进一步分析媒体议程乃至其对国际舆论的影响^⑤,框架设置的方法主要分为"自上而下"和"自下而上"两种,前者指的是使用现有框架^⑥,将报道内容归类于各个框架,如"战争与和平"框架^⑦、斯密特克(Samekto)和瓦尔肯堡(Valkenberg)提出的五

① 马思远,王钢. 近三年大陆新闻传播领域框架理论研究综述[J]. 东南传播,2015(06):21.

② 陈阳.框架分析:一个亟待澄清的理论概念[J]. 国际新闻界,2007(4):21.

③ 陈阳.框架分析:一个亟待澄清的理论概念[J]. 国际新闻界,2007(4):22.

④ 马思远,王钢. 近三年大陆新闻传播领域框架理论研究综述[J]. 东南传播,2015(06):23.

⑤ BREWER, PAUL R. National interest frames and public opinion about world affairs[J]. Harvard International Journal of Press/Politics, 2006, 11(4):89-102.

⑥ 徐婉钰,韩鸿.《印度时报》和《中国日报》网站框架建构异同——以"洞朗事件"发生时期的报道为例[J].南亚东南亚研究,2019(04):106-119,154-155.

⑦ LEE, SEOW TING, MASLOG, CRISPIN C. War or peace journalism? Asian newspaper coverage of conflicts[J]. Journal of Communication, 2005, 55(2):311-329.

个国际新闻报道框架①等，后者最为典型的方法则为语义网络分析法②③，即由内容分析本身得出框架。

第二节　我国媒体对国际新闻的报道风格框架

新闻的报道风格与新闻报道体裁有着密切联系。国际新闻的报道风格主要是指新闻体裁在我国媒体国际新闻报道综合运用过程中所表现出的特点、现状和发展趋势，而新闻体裁就是指新闻报道或评论的各种形式，主要表现为新闻媒体对新闻事实的不同表达手法、不同表达口吻和不同组织结构等。④本章关于我国媒体国际新闻报道风格的论述就是基于报道的新闻体裁研究。

一、报道体裁分类及两家报纸体裁运用的总体描述

本章对我国两家报纸国际新闻报道的抽样调查主要把它们的国际新闻报道体裁分为五大类，即"消息报道""通讯特写""简讯""图片新闻"和"时评社论"，并针对《人民日报》和《环球时报》这两家报纸展开内容分析。

（一）关于报道体裁的分类

根据新闻报道的篇幅和写作目的，本章把《人民日报》和《环球时报》的上述五大体裁进行统计和考察。"消息报道"一般具有较强的时效性，是对一个国际新闻事实的实时报道。"通讯特写"一般时效性不强，常常会较详细报道新闻事件的发生过程或人物的成长过程，包括新闻特写等。"简讯"是指一句话或一段话的导语式新闻，有时不一定有标题。"图片新闻"是指一幅国际新闻照片附以一定文字说明。而"时评社论"主要是指为一个国际新闻事件而配发的评论或社论。

---

① SAMEKTO，H. A，VALKENBURG，P.M. Framing European politics：a content analysis of press and television news[J]. Journal of Communication，2000，50(2)：93-109.

② 史安斌，王沛楠. 国际报道中的策略性叙事：以《纽约时报》的南海报道为例[J]. 西安交通大学学报(社会科学版)，2018，38(1)：96-104.

③ JIE QIN. Hero on twitter，traitor on news，how social media and legacy news frame Snowden[J]. The International Journal of Press/Politics，2015，20(2)：166-184.

④ 余家宏，宁树藩，等.新闻学简明词典[Z].杭州：浙江人民出版社，1984.

当然,不是所有报纸上的内容都非常适合归为上述五类,针对这些内容则统一归为"其他"类别,即第六类。

(二)两家报纸报道体裁的整体分布

图4-1显示了2013年至2019年《人民日报》和《环球时报》报道体裁的整体情况。从图中可以清晰看到,两家报纸绝大多数国际新闻报道体裁是时效性较强的"消息报道","消息报道"在国际新闻报道的体裁上占据着绝对优势。在2 090篇抽样报道中,"消息报道"有1 349篇,占有64%的最大比例,是所有报道的近三分之二。

占报道数量第二位的体裁是"通讯特写"。如图4-1所示,国际新闻报道总样本的18%共计371篇报道是"通讯特写"。并列第三和第四位的是"图片新闻"和"时评社论",各约占总样本数量的6%,其中"图片新闻"的总数量为129篇,"时评社论"的总数量为119篇。此外,在抽样的2 090篇报道中,"简讯"占比5%,共计108篇。只有14篇即不到1%的报道无法简单归纳到这五种体裁中。这类报道中有2篇书评、3篇深度报道、1篇随笔、1篇科普文章、1篇论坛采访整理稿件、1条广告、1篇生活报道(美妆类报道)、1篇专访、1篇讣告和2篇访谈稿。

综上所述,在这两家报纸国际新闻的报道体裁中,有两大趋势较为明显:①我国媒体国际新闻报道较突出"消息报道"这一体裁,即较重视时效性较强的国际新闻事实报道。②具有重描述轻评述特点的"通讯特写""简讯"和"图片新闻"也占有近30%的比例。由此可见,我国媒体对国际新闻事实的解释力有待加强。

为了探讨我国媒体国际新闻评述和其风格框架上的特点,本章针对"时评社论"这一体裁的评论维度进行了分析。图4-2呈现了两家报纸在"时评社论"这一报道体裁上评论维度的分布。如图所示,在总计只有119篇的"时评社论"中,单项维度有39篇,约占整个"时评社论"的33%,双向维度有80篇,约占67%,即单项维度和双向维度比例约为1:2。这说明在国际新闻报道中,即使是主观色彩比较浓厚的时评社论类文章,我国媒体也尽量保持着客观、平衡的报道态度,这是媒体客观性追求的一种表现。

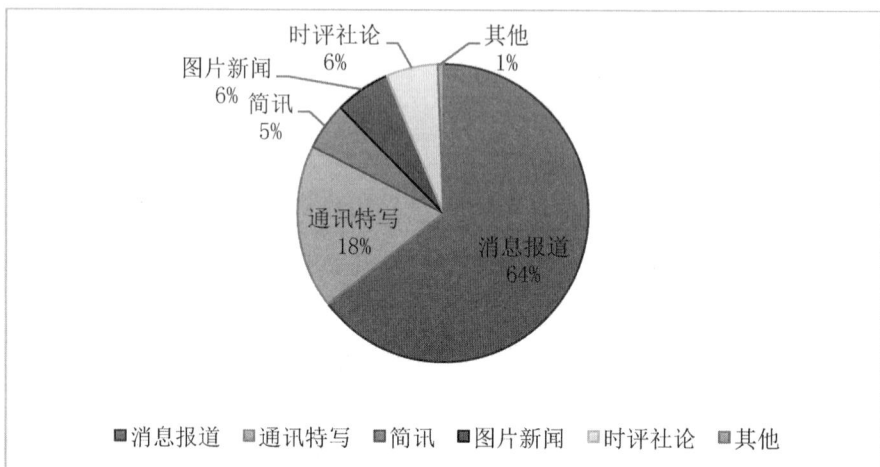

图 4 - 1 　《人民日报》和《环球时报》2013—2019 年国际新闻体裁分布情况

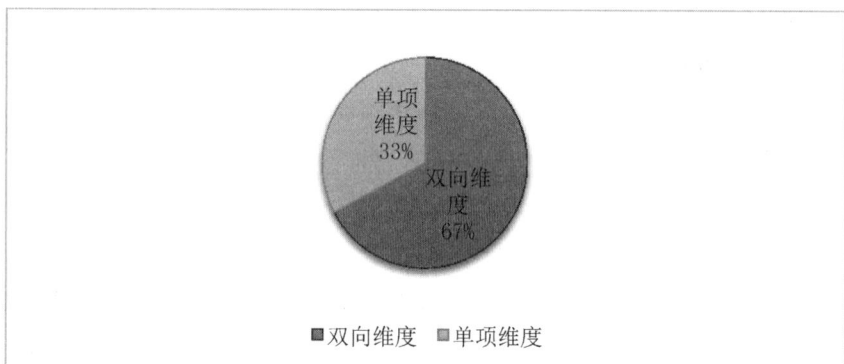

图 4 - 2 　《人民日报》和《环球时报》2013—2019 年国际新闻评论维度分布情况

二、《人民日报》和《环球时报》国际新闻报道体裁整体呈现

图 4 - 3 显示了两家报纸各体裁报道占比的情况。宏观上看，二者大体趋同，但仍有各自特点。其中，"消息报道"和"通讯特写"都排在两报报道体裁的前两位，但《人民日报》的"消息报道"占比数量为 56%，明显少于《环球时报》67%的比例，而《人民日报》的"通讯特写"占比为 21%，超过了《环球时报》的 17%。在"时评社论"的占比方面，《人民日报》占比为 13%，远高于《环球时报》的 4%；与之相反的是，《环球时报》"图片新闻"的占比量为 7%左右，比《人民日报》（图

片新闻占比 2%)高出 5 个百分点。

两家报纸的"简讯"占比接近,《人民日报》为 6%,《环球时报》为 5%。最后,在其他体裁中,尽管《人民日报》和《环球时报》的报道数量几乎相同,但考虑到《环球时报》的总报道量是《人民日报》的三倍多,因此在占比中,"其他"体裁占据了《人民日报》总报道量的 2%,而该体裁在《环球时报》的占比却不到 1%。

从以上数据可知,相比《人民日报》,《环球时报》重描述轻评述的特性更为明显,而图片新闻体裁的应用,又显示了其对于增强阅读者感性认识的考量。

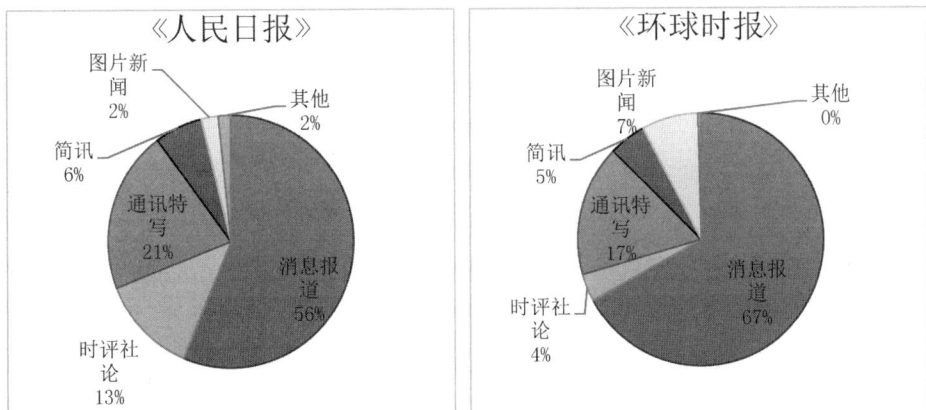

图 4 - 3　《人民日报》和《环球时报》**2013—2019** 年国际新闻倾向性统计

（一）《人民日报》体裁及变化

表 4 - 1 和图 4 - 4 显示了《人民日报》从 2013 年到 2019 年各体裁的报道数量、所占比例以及比例的变化情况。如图表所示,《人民日报》的"消息报道"体裁在 2013—2015 年快速增长,2016 年有不到 3% 的小幅度下降,之后两年过渡平稳,直到 2018 年,占比迅速下降到 44%,2019 年又出现 3.62% 的小范围增长。

与之相对的是"通讯社论"这个体裁占比变化情况。除了 2015—2017 年变化相似外,该体裁与"消息报道"变化情况大体呈相反趋势。"时评社论"这一体裁在 2013 年至 2019 年的发展,整体呈现"U 字形"变化,值得注意的是,在 2019 年,《人民日报》的"时评社论"体裁占国际新闻总报道量的比例第一次超过了"通讯特写"所占比例,成为该报占比第二的体裁。"简讯"和"图片新闻"的比例虽然也有变化,但浮动不大,较为稳定。

　　总体而言,《人民日报》五大体裁的变化情况,呈现从 2013—2015 年"消息报道"体裁猛增,其他体裁减少,到 2015—2017 年大体平稳但有小范围波动,再到 2017—2019 年连续无序变化的趋势。

表 4 - 1　《人民日报》2013—2019 年国际新闻分体裁统计　　　（单位：篇）

	2013	2014	2015	2016	2017	2018	2019	总计
消息报道	60	78	52	44	24	11	10	279
占比	40.54%	60.94%	71.23%	67.69%	68.57%	44.00%	47.62%	56.36%
时评社评	28	15	5	5	2	3	5	63
占比	18.92%	11.72%	6.85%	7.69%	5.71%	12.00%	23.8%	12.73%
通讯特写	43	26	12	6	4	8	4	103
占比	29.05%	20.31%	16.44%	9.23%	11.43%	32.00%	19.05%	20.81%
简讯	9	6	1	8	3	2	2	31
占比	6.08%	4.69%	1.37%	12.31%	8.57%	8%	9.52%	6.26%
图片新闻	6	1	0	1	2	1	0	11
占比	4.05%	0.78%	0.00%	1.54%	5.71%	4.00%	0.00%	2.22%
其他	2	2	3	1	0	0	0	8
占比	1.35%	1.56%	4.11%	1.54%	0.00%	0.00%	0.00%	1.62%
总报道量	148	128	73	65	35	25	21	495

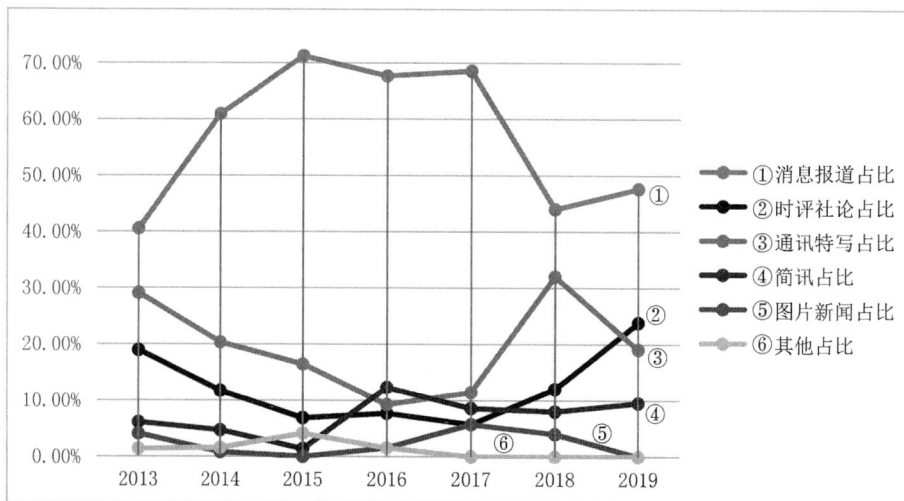

图 4 - 4　《人民日报》2013—2019 年国际新闻体裁比例变化图

在"时评社论"的评论维度方面,表 4 - 2 和图 4 - 5 分别描绘了《人民日报》"时评社论"这部分的评论维度情况和历年变化情况。从图表可知,2017 年以来,"时评社论"体裁连续增加,在 2018 年和 2019 年出现明显激增,这说明《人民日报》在报道新闻事件的同时,不断加强解释新闻事件、评论新闻事件的意愿。在这一体裁中,《人民日报》所采用的"双向维度"总体占有 69.84%,是"单向维度"的两倍还要多。从历年数据来看,除 2017 年和 2018 年两种维度占比几乎均等外,其余各年份"双向维度"都占有更多比例,甚至在 2015 年和 2016 年出现占比 100% 的情况。这说明,《人民日报》的时评社论力求客观、平衡,尽可能让读者以多维、多元的思维看待新闻事件。

表 4 - 2　《人民日报》2013—2019 年"时评社论"体裁评论维度统计　（单位:篇）

	2013	2014	2015	2016	2017	2018	2019	总计
双向维度	18	10	5	5	1	1	4	44
占比	64.29%	66.67%	100.00%	100.00%	50.00%	33.33%	80.00%	69.84%
单向维度	10	5	0	0	1	2	1	19
占比	35.71%	33.33%	0.00%	0.00%	50.00%	66.67%	20.00%	30.16%
总报道量	28	15	5	5	2	3	5	63

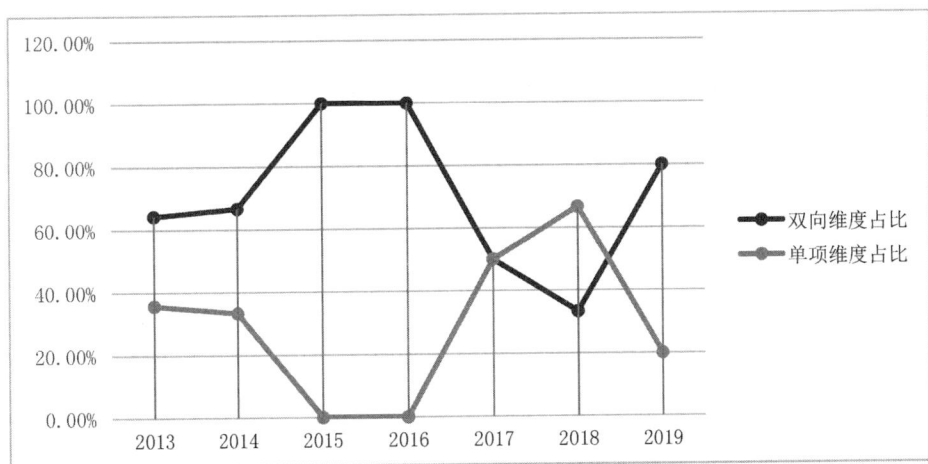

图 4 - 5　《人民日报》2013—2019 年国际新闻中评论维度比例年变化统计

（二）《环球时报》体裁及变化

《环球时报》在 2013 至 2019 年的报道量没有明显的递减趋势。而且从每年报道的比例分布来看，《环球时报》在体裁分布上已经形成了自己的风格。

表 4－3 和图 4－6 分别反映了《环球时报》在抽样七年间报道体裁的分布情况和变化情况。如图表所示，《环球时报》的"消息报道"体裁同样占有绝对领先的比例，并且远远超过了其他体裁。整体而言，《环球时报》关于"消息报道"体裁的运用，占据了所有报道的三分之二，远高于《人民日报》。此外，在 2016 年该体裁占比突然猛增了 15％，达到 75.32％的高比例。此后三年虽然占比有所变化，但是波动幅度都在 1％的范围内。因此，我们可以说，自 2016 年以来，《环球时报》的"消息报道"体裁比例已经趋于平稳，占据总体国际报道的四分之三，即对于《环球时报》来说，每四篇国际报道就有三篇是"消息报道"。

与"消息报道"变化形成明显对比的是"通讯特写"的占比。在 2016 年，"通讯特写"这一体裁所占的比例突然比上一年下降近一半，仅占 12.99％。到了 2019 年，该体裁又下降至 6.73％。

"时评社论"和"图片新闻"的比例变化相似，都呈现出每两年有一次波动的趋势。但是因这两个体裁的报道量不大，所以波动相对较小。而"简讯"这一体裁的变化在 2013—2016 年呈现波动趋势后，从 2017 年起占比有所加强，到 2019 年已经上涨到 6.73％，与"通讯特写"所占有的比例相重合。

表 4－3　《环球时报》2013—2019 年国际新闻报道体裁分布情况　（单位：篇）

	2013	2014	2015	2016	2017	2018	2019	总计
消息报道	159	158	128	174	140	158	153	1070
占比	58.46%	58.74%	60.38%	75.32%	74.47%	73.49%	73.56%	67.08%
时评社论	13	10	10	5	7	5	6	56
占比	4.78%	3.72%	4.72%	2.16%	3.72%	2.33%	2.88%	3.51%
通讯特写	64	68	54	30	15	23	14	268
占比	23.53%	25.28%	25.47%	12.99%	7.98%	10.70%	6.73%	16.80%
简讯	10	17	6	6	11	13	14	77
占比	3.68%	6.32%	2.83%	2.60%	5.85%	6.05%	6.73%	4.83%

（续表）

	2013	2014	2015	2016	2017	2018	2019	总计
图片新闻	24	15	14	15	15	15	20	118
占比	8.82%	5.58%	6.60%	6.49%	7.98%	6.98%	9.62%	7.40%
其他	2	1	0	1	0	1	1	6
占比	0.74%	0.37%	0.00%	0.43%	0.00%	0.47%	0.48%	0.38%
总报道量	272	269	212	231	188	215	208	1595

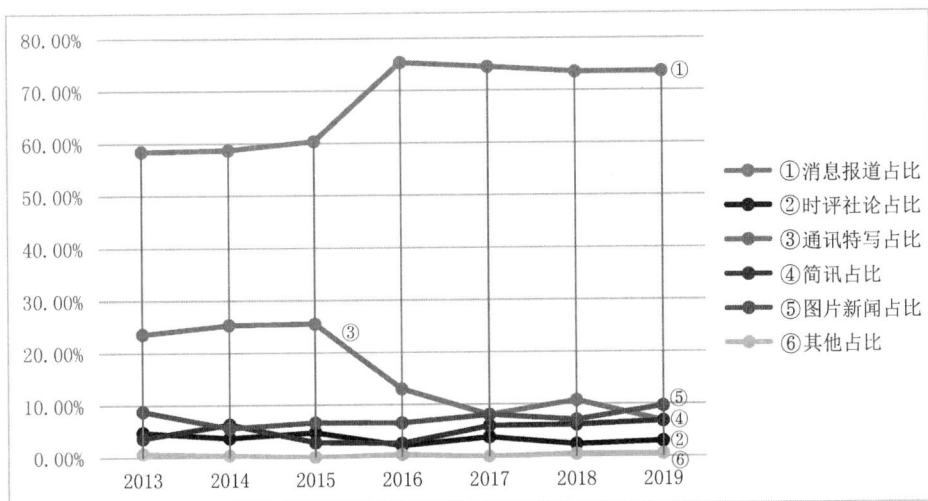

图 4-6　《环球时报》2013—2019 年国际新闻报道体裁年变化情况

　　综上所述,《环球时报》更希望通过生动的事件描述来描绘世界图景。在其为数不多的"时评社论"体裁中,对于描述维度的选择一直处于波动状态。如表 4-4 和图 4-7 所示,《环球时报》2013 年到 2019 年的全部"时评社论"体裁中,"双向维度"与"单向维度"的占比为 64.29% 和 35.71%,接近 2∶1 的比例。对比历年的评论维度占比变化可知,《环球时报》在 2013 年和 2016 年这两年的单向评论高于双向评论,而其余的年份中,"双向维度"占有比较高的比例。值得注意的是,相邻两年的评论维度占比变化程度较大,尤其是 2015 年以来,每年与上一年单向维度和双向维度占比的变化都与前一年和再前一年的比例相反。这说明《环球时报》对于"时评社论"的评论维度方面不追求统一的风格,而是就事论事,借助时评社论的体裁就不同的事件展开具体讨论。

表 4 - 4　《环球时报》2013—2019 年国际新闻中评论维度统计　　（单位:篇）

	2013	2014	2015	2016	2017	2018	2019	总计
双向维度	4	7	8	2	6	3	6	36
占比	30.77%	70.00%	80.00%	40.00%	85.71%	60.00%	100%	64.29%
单向维度	9	3	2	3	1	2	0	20
占比	69.23%	30.00%	20.00%	60.00%	14.29%	40.00%	0.00%	35.71%
总报道量	13	10	10	5	7	5	6	56

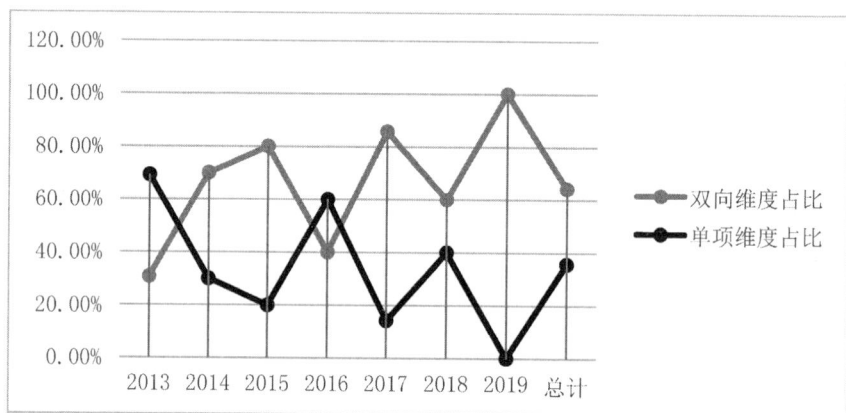

图 4 - 7　《环球时报》国际新闻中评论维度比例年变化统计

三、从新闻体裁的运用看我国媒体国际新闻报道风格框架的呈现

报道体裁实际上是媒体报道风格框架的具体体现。媒体国际新闻报道中的风格框架是报道风格把握的实际操作方法,而报道风格反过来又是风格框架运用的一种总的表现。根据上面的分析,本章对媒体国际新闻报道风格的分析主要从两个层面来展开:①我国媒体国际新闻报道总体报道风格的把控框架分析。②我国媒体风格把控框架的影响分析。

不论是《人民日报》还是《环球时报》,其国际新闻报道都是以"消息报道"体裁为主,"通讯特写"排名第二位,"时评社论"整体上只占有 6% 左右的比例。这说明我国媒体在国际新闻写作中,主要呈现出"重事实轻解释"的风格把控框架,即以报道客观事实为主的描述风格框架。

当然,《人民日报》和《环球时报》在风格把控方面也有不同。总体来讲,《人民日报》作为党报,更倾向于站在宏观、国家和集体的大角度选择报道的切入主题,力求读者也从国家或集体的高度去了解一个新闻事件。而《环球时报》的商业性更强,在报道国际新闻时,更倾向于以个人为切入点,抑或将组织和国家拟人化、个人化,着力从单个新闻事件当中某人或某一个体入手,来使文章更有代入感。这样的差别在两报国际新闻报道的题目中就可以轻易看出来。例如,2016 年 2 月 18 日,两家报纸都报道了日本自民党主张修改宪法一事,《人民日报》的标题是《违背民意,日本自民党再提修宪》,而《环球时报》的标题则为《安倍今夏要主攻修宪》。显而易见,《人民日报》的标题中透露出三个信息:①日本自民党作为一个政治团体提出要修改宪法;②日本自民党已经不止一次提出修改宪法的;③日本自民党修改宪法的提议是违背日本民意的。简而言之,《人民日报》描述的是日本政治团体违背民意的行为,即"讲一个团体的事情"。相比而言,《环球时报》的标题中透露的信息则有:①安倍(日本首相)意图修改宪法;②修改宪法将是安倍当年夏天最重要的事之一。其报道意图将一个人描述成为整个事件的主体,即"通过一个最重要的参与者讲述一件事情"。虽然切入的角度不同,但是,两报都是在描述事实的风格框架下展开各自报道,对于观点的论述相对较少。

在新闻评论方面,两报的评论框架呈现出以相对客观的双向维度评论为主,传递自身理念的单项维度为辅,力求做到既公正客观又持有自身立场的风格框架。整体而言,这种评论风格的框架也是属于"重事实轻解释"的风格框架,其有一个很大的缺陷:不能为广大受众提供国际新闻事实的有效阐述和媒体视野,对新闻事实无法进行有效和及时地解释,不能充分且全面地讲出中国的理念。长此以往,民众的议程设置、媒体间议程设置和新媒体议程设置的能力会削弱。这不但会大大影响我国媒体在全媒体时代的传播效果,还会失去引导舆论的机会。因为在总体报道风格框架下,尽管我国媒体的国际新闻报道具有较强的政治性,但在国际新闻实践中这种政治性可能无法得到体现。

第三节　我国媒体国际新闻报道的专业化框架

消息源也称为新闻源,一般是指新闻事实的出处。我国媒体在国际新闻报道过程中,国际新闻记者和编辑必须借助和依赖各种消息来源来完成对国际新闻事件的报道。研究消息来源的处理,不但可以看出媒体对于报道新闻事件的严谨性,还可以从媒体对不同素材的整理,归纳出其选材处理的框架,进而评估媒体国际新闻报道的专业化框架。因此,本章通过对我国媒体国际新闻报道中消息来源的引用方式分析,探讨了我国媒体对消息来源和选材处理的专业化框架以及其专业化程度。

一、消息源类型和两家报纸国际报道消息源引用情况

本章把我国媒体国际新闻报道的消息来源引用方式分为直接引用方式、间接引用方式和模糊引用方式三种。通过这三种引用方式的统计和对比分析,可以直接得出我国媒体在处理外界消息来源时采用的选材处理框架,亦可以间接地考察我国媒体在消息来源处理方面的专业化程度。一般情况下,直接引用方式和间接引用方式的数量多少与我国国际新闻报道的专业化程度成正比,即两者的数量越多则说明国际新闻报道的专业化程度越高,反之亦然。而模糊引用方式的数量多少则与我国国际新闻报道的专业化程度成反比,即其数量越多则说明国际新闻报道的专业化程度越低,反之亦然。

（一）关于引用方式的分类

如上所述,本章将《人民日报》和《环球时报》两家报纸的引用方式分为以下三类:

(1) 直接引用即在报道中对被采访对象或被引用对象说的话不做转述,直接呈现出来。如:一位名叫穆罕默德的代表在阿富汗大国民会议上的发言赢得了阵阵掌声。他说:"参加会议的代表应该是一千五百多人,但坐在会场参与讨论的却有 1 700 人之多。那些多出来的人究竟是谁? 他们为什么在这儿?"

(2)间接引用即是新闻工作者根据消息源所要表达的意思,对原话进行转

述。如：穆罕默德还说，按照规定，参加大国民议会的代表不应该包括"双手沾满鲜血的人"，但阿富汗所有的省督和军阀都来了，这究竟是大国民议会还是指挥官会议？

（3）模糊引用则是无明确出处或不确定出处的引用方式，在报道中通过匿名叙述等方式写作，例如："有分析人士指出""相关人员表示""当地民众表示""根据当地有关规定"和"一名高级官员证实"等叙述都属于模糊引用。在此需要指出的是，有一些报道中，虽然没有明确指出受访对象，但能够明确记者与受访对象确实有过互动的，不属于模糊引用。如委员会门前执勤的警察对记者说："目前安保压力非常大"；或委员会执勤的警察对记者说，目前安保压力极大。这两种方式分别属于直接引用和间接引用。

（二）两家报纸消息源的整体分布

根据上面的定义，我们可以对媒体报道引用情况做出量化判断。图4-8反映了两家报纸2013—2019年国际新闻报道的引语使用情况。如图所示，在所分析的2 090篇国际新闻报道中，两报共有引用13 309次。其中，间接引用次数最多，为8 235次，占总体引用的62%，超过了直接引用和模糊引用次数之和；直接引用有3 138次，排在第二位，占比24%，约为整体的四分之一；模糊引用使用最少，为1 936次，占总体引用数量的14%。

一篇文章可能出现多种引用方式。鉴于本章借助框架理论考察我国媒体对世界图景描绘的命题，而非专门从引用方式来探讨新闻写作的专业程度，对于两家报纸采用一种和多种引用方式的情况将在下文有针对性地展开论述。

二、《人民日报》和《环球时报》消息源引用方式分析

从整体上看，在2013—2019年的国际新闻报道中，两报对于直接引用、间接引用和模糊引用的使用比例相似。图4-9显示了两报对于三种引用方式的整体使用情况。从图中我们可以直观地看到，两家报纸在间接引用的使用上都占了绝对多的比例，分别是66%和61%，直接引用排在第二位，分别占有20%和24%的比例。而直接引用和间接引用这两种方式如果叠加在一起，占《人民日报》使用引用方式的86%，占《环球时报》引语使用方式的85%。尽管两报在国

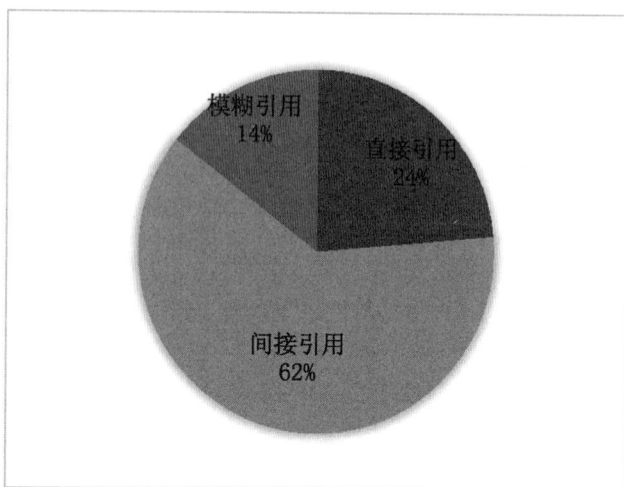

图 4-8 《人民日报》和《环球时报》2013—2019 年国际报道中引用方式分布情况

际新闻报道的抽样上存在三倍差距,但这样的比例亦能够说明两报在引语使用上表现出来相似的专业化水平。由于间接引用是一种加入记者、编辑语言的方式,因此,两报在间接引用和直接引用的比例差显示了《人民日报》更倾向于使用本报语言进行报道,《环球时报》更倾向于客观呈现原话的特性。对于模糊引用方式的使用,《人民日报》和《环球时报》的占比分别为 14% 和 15%,两者相差不大。

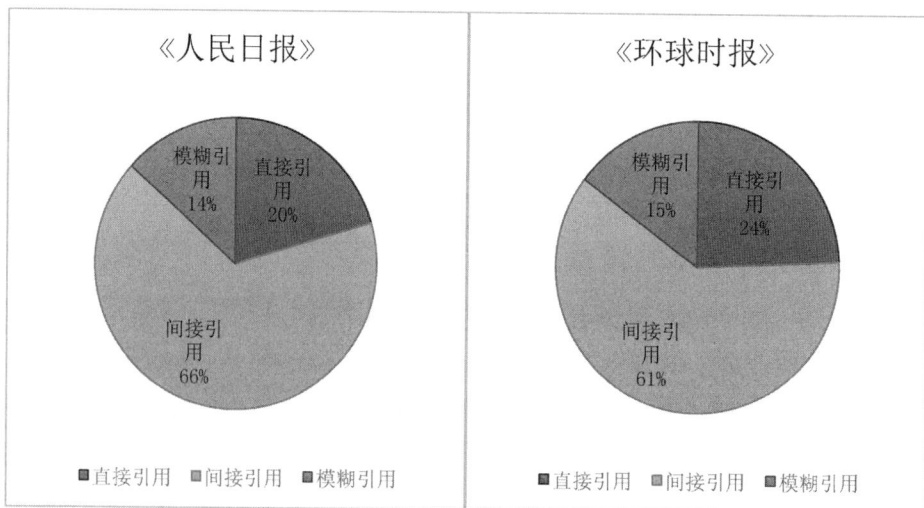

图 4-9 《人民日报》《环球时报》2013—2019 年国际报道中引用方式分别分布统计图

（一）《人民日报》消息源引用情况及变化

表 4-5 和图 4-10 分别描述了《人民日报》在 2013—2019 年的国际新闻报道中对于直接引用、间接引用和模糊引用每年的使用比例和变化情况。由于《人民日报》国际新闻报道的数量整体上呈现递减的趋势，因此引用数量的年变化情况并无太大的实际意义，我们这里只从各种引用方式占本年度引用方式的百分比来展开讨论。

如图表所示，间接引用一直在《人民日报》中占有绝对比例，七年引用的平均百分比为 66.16%，从数值上看已经非常接近三分之二的比例。但是从趋势上看，《人民日报》的间接引用比例在 2013—2019 年却呈现出单调递减的趋势，从 2013 年的 71.19% 下降到了 2019 年的 57.58%，下降幅度为 13.61%。

引用方式占比平均值排在第二名的是直接引用，为 20.39%，约占整体的五分之一。从变化程度上看，《人民日报》在抽样七年间对于直接引用的使用较为稳定，历年占比在 20% 上下波动。

比较值得关注的引用方式是模糊引用。该引用方式虽然在总体平均值上占比最少，仅为 13.46%，但自 2014 年以来，这种引用方式却呈现了上涨的趋势，并且自 2018 年起，模糊引用的比例已经超过了直接引用的比例。

表 4-5　《人民日报》2013—2019 年国际新闻中三种引用情况统计　（单位：次）

	2013	2014	2015	2016	2017	2018	2019	总计
直接引用	147	142	70	64	39	20	36	518
占比	17.36%	25.18%	22.65%	19.75%	23.21%	15.27%	18.18%	20.39%
间接引用	603	372	203	208	103	78	114	1681
占比	71.19%	65.96%	65.70%	64.20%	61.31%	59.54%	57.58%	66.16%
模糊引用	97	50	36	52	26	33	48	342
占比	11.45%	8.87%	11.65%	16.05%	15.48%	25.19%	24.24%	13.46%
共计	847	564	309	324	168	131	198	2541

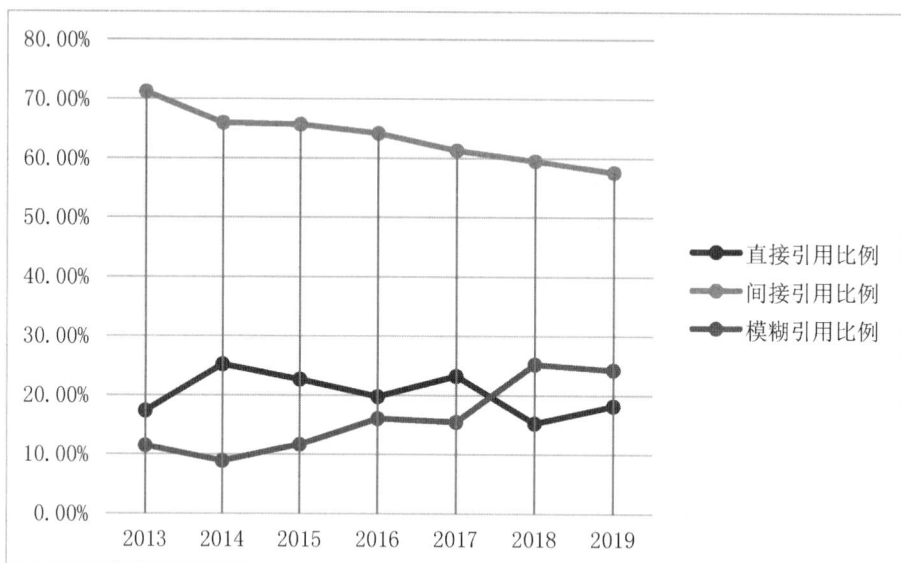

图 4－10　《人民日报》2013—2019 年国际新闻中三种引用比例年变化情况

(二)《环球时报》消息源引用方式及变化

表 4－6 和图 4－11 反映了 2013 年到 2019 年《环球时报》直接引用、间接引用和模糊引用的使用变化情况。该报国际新闻的历年报道量趋于稳定,这给数据的客观性和精准性提供了充分的条件,但是考虑到对比分析的因素,我们仍然采用从比例变化的角度来看《环球时报》历年引用方式的变化。

从图表中我们可以看到,《环球时报》的间接引用比例也占有 60.87% 之多,除 2013 年(占比 66.08%)和 2014 年(占比 56.29%)外,其余各年都为 60% 左右,并在 5% 的幅度以内小范围波动;而直接引用方式整体上呈现上涨现象,但 2016 年、2017 年和 2018 年的比例相对其他年份有较大幅度变化,从 2016 年的 27.46% 下降到 2017 年的 20.52%,再到 2018 年又猛增至 29.98%,直到 2019 年才恢复小范围的波动趋势。从历年变化趋势上看,可以确定的是,直接引用在《环球时报》的报道中,会占据越来越重要的地位。

与间接引用呈现相反发展方向的引用方式是模糊引用。《环球时报》的模糊引用的比例呈现缓慢下降的趋势。虽然在 2017 年出现了 10% 的增长,但 2018 年又突然下降到了 9.48%。综上所述,尽管《环球时报》模糊引用的方式在这七年没有呈现出明显的单调变化,但是从历年波动趋势来看,这种引用方式所占比例越来越少。

表 4 - 6　《环球时报》2013—2019 年国际新闻中三种引用情况统计　（单位:次）

	2013	2014	2015	2016	2017	2018	2019	总计
直接引用	314	501	310	438	331	313	413	2620
占比	17.26%	23.80%	27.12%	27.46%	20.52%	29.98%	28.50%	24.33%
间接引用	1202	1185	690	976	938	632	931	6554
占比	66.08%	56.29%	60.37%	61.19%	58.15%	60.54%	64.25%	60.87%
模糊引用	303	419	143	181	344	99	105	1594
占比	16.66%	19.90%	12.51%	11.35%	21.33%	9.48%	7.25%	14.80%
总计	1819	2105	1143	1595	1613	1044˙	1449	10768

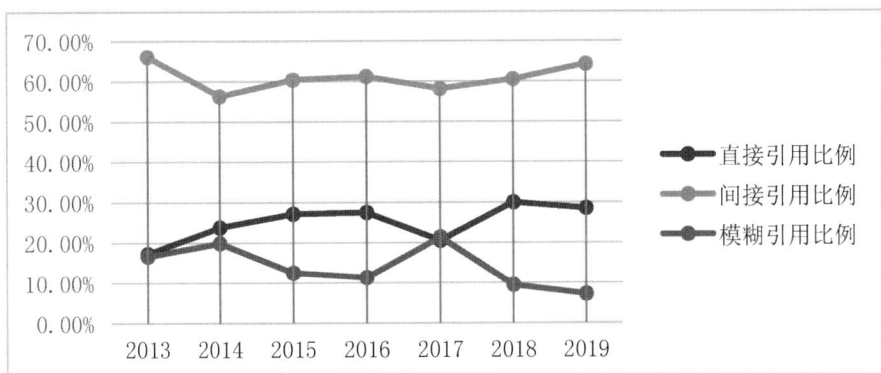

图 4 - 11　《环球时报》2013—2019 年国际新闻中三种引用比例年变化情况

三、从消息源的使用看我国媒体专业化框架的体现

消息来源不仅对国际新闻媒体拥有较大的影响力,而且还能决定这些媒体国际新闻报道的主题和内容。① 马胜荣和薛群认为,在传播方式发生重大变革的今天,记者如何千方百计接近新闻源、第一时间发出新闻,是激烈的国际新闻

---

① 藏国仁,钟蔚文,黄懿慧.新闻媒体与公共关系(消息来源)的互动:新闻框架理论的再省[M]//陈韬文,朱立,潘忠党.大众传播与市场经济.香港:炉峰学会,1997：141 - 142.

斗争中能否取胜的关键因素,在重大突发性事件报道中表现尤为明显。[①] 在报道新闻时,对于选材的熟练应用是通过以往经验和现实意图建构框架来实现的。依托上述引用方式分析,根据引用方式的整合,可将两报的选材处理框架分为"单维度引用框架"(报道中只有一种引用方式)、"混合型引用框架"(报道中大于一种引用方式)和"零引用型框架"(报道中不引用其他来源素材)。

表4-7统计了2013—2019年《人民日报》和《环球时报》采用直接引用、间接引用、模糊引用和零引用篇数的情况。从表中我们可以看到,《人民日报》零引用报道篇数为61篇,占总报道量的12.32%;《环球时报》零引用报道篇数为208篇,占总报道量的13.04%。因为零引用的报道不需要考虑引用交叉的情况,所以本章直接将零引用的报道归为"零引用型框架",如图表所示,两报采用"零引用型框架"的报道分别占各自总样本的12.32%和13.04%,占比皆不多。

在引用方式的处理上,两家报纸采用间接引用的数量最多,《人民日报》使用间接引用的篇数为398篇,占报道总量的80.4%;而《环球时报》使用间接引用的篇数为1305篇,占报道总量的81.82%。包含直接引用的报道篇数排在第二位,其中《人民日报》为192篇,占总报道总量的38.79%;《环球时报》为817篇,占总报道的51.22%。除零引用报道外,包含模糊引用的报道数量最少,《人民日报》有175篇,《环球时报》有726篇,分别占各自总报道量的35.35%和45.52%。

表4-7　《人民日报》《环球时报》各引用方式篇数统计

	包含直接引用篇数	包含间接引用篇数	包含模糊引用篇数	零引用篇数	报道总量
《人民日报》	192	398	175	61	495
占比	38.79%	80.40%	35.35%	12.32%	—
《环球时报》	817	1305	726	208	1595
占比	51.22%	81.82%	45.52%	13.04%	—

不难发现,这两家报纸包含直接引用、间接引用和模糊引用的篇数之和都远大于报道总量,这说明两家报纸都运用了大量的"混合型引用框架"。表4-8反

① 马胜荣,薛群.描述世界——国际新闻采访与写作[M].北京:新华出版社,2004:2.

映了两报采用单一型框架(报道中有且只有直接引用、只有间接引用、只有模糊引用)或混合型框架(引用方式大于或等于两种的文章)的比例。如表所示,两报采用单一型框架的报道数量在当前的统计中仅占 26.65%,其中,《人民日报》占比稍微多一些,占有 39.19%,而《环球时报》单一型框架只占有 22.76%。相比于单一型框架,"混合型引用框架"的总比例为 60.48%,占据样本的绝大多数。

表 4-8　《人民日报》《环球时报》引用框架比例　　　　　　　(单位:篇)

	单一型框架				混合型框架					零引用框架	报道总数
	只有直接引用	只有间接引用	只有模糊引用	合计	直接+间接引用	直接+模糊引用	间接+模糊引用	三种引用都有	合计		
《人民日报》	19	160	15	194	80	2	67	91	240	61	495
占比	3.84%	32.32%	3.03%	39.19%	16.16%	0.40%	13.54%	18.38%	48.48%	12.32%	—
《环球时报》	34	294	35	363	332	12	240	440	1024	208	1595
占比	2.13%	18.43%	2.19%	22.76%	20.82%	0.75%	15.05%	27.59%	64.20%	13.04%	—
总计	53	454	50	557	412	14	307	531	1264	269	2090
占比	2.54%	21.72%	2.39%	26.65%	19.71%	0.67%	14.69%	25.41%	60.48%	12.87%	—

从选材处理框架上看,我国媒体国际新闻报道的特征是:"混合型引用框架"为主,"单维度引用框架"次之,"零引用型框架"最少。这说明我国媒体在选材的处理和语言的多元上都已有了一定专业化水平。但同时,模糊引用的性质决定了该引用的消息来源不能够明确知道,素材的客观性无法充分体现,甚至无法确定消息来源是否真实存在。因此,尽管这也是一种新闻写作的引用方式,但却是一种专业化素养较低的引用方式。在表 4-7 中,我们仍然可以看到,包含模糊引用的篇章数达到 45.52%,这说明我国媒体专业化程度还有待提升。

第四节　我国媒体国际新闻报道的态度框架

中国日报社总编辑周树春认为,我国媒体的世界观是我们整个民族世界观的组成部分,是民族世界观在媒体中的特殊表现,研究我国媒体的世界观可能也是审视民族世界观的过程。由于不同文化背景和价值观,撰写国际新闻报道的人(记者)对同一国际新闻事实可以有不同的理解,因此他们所撰写的国际新闻报道自然会带上他们的主观意识,反映出他们的倾向性。[①] 通过我国媒体国际新闻报道在构建世界图像过程中的倾向性研究,可反映出我国媒体看待这个世界的总体态度、认知和价值趋向,即我国媒体的世界观或国际观。

一、报道倾向性分类和两家报纸倾向性的整体分布

倾向性是指我国媒体在报道中对于这个报道事件和被报道对象的态度。为了使受众理解这个新闻事件的是非曲直抑或媒体所持有的态度,不同媒体对于同样的事件采取的态度也许不尽相同,对于报道对象的选取也可能有所不同。如 2016 年 5 月 3 日,《人民日报》和《环球时报》都报道了伊朗和韩国两国元首签署多项合作协议。但是《人民日报》的标题为《伊韩总统签署多项合作协议》,并站在伊朗的立场报道合作,而《环球时报》则站在韩国的立场,以标题为《朴槿惠访伊朗,为韩国产业找出路》发布新闻消息。尽管都是中立报道,但是对读者而言,合作协议谁更主动促成则对谁更有利,由此读来理解完全不同。对我国媒体国际新闻报道中的世界观讨论可以通过对其国际新闻报道中所体现的倾向性分析来展开。

(一)关于报道倾向性的分类

为了探析我国媒体国际新闻报道的倾向性问题,本章把两报从 2013 年到 2019 年抽样的 2090 条国际新闻报道共分为五大类型,即完全正面、比较正面、中性、比较负面和完全负面这五种。有关正面、负面和中性的区分主要看国际新闻报道所使用的词汇(或内容)是否有利于或有损于被报道对象(或现象)的利益和总体形象。正面的报道中,被报道的对象、事件或现象的总体基调和用词一般是正面、积极和肯定的。负面的报道中,对被报道的对象、事件或现象的总体基调和用词一般是负面、消极和否定的,这样的报道一般会有损于被报道对象的利益和总体形象。而中性是指那些介于正面和负面之间的国际新闻报道,或者是

---

① 杨靖."国内化"的国际新闻——从上海电视台的国际新闻制作看新闻传播的国际化[J].国际新闻界,2000(5):29-33.

那些无法被判断为正面或负面的国际新闻。区分完全正面和比较正面、完全负面和比较负面的标准是根据文章中带有感情色彩的话语激烈程度判定。因为这样的标准并不好把握，所以在编码过程中主要会依据形容词、副词等修饰性词汇来判断。

（二）两家报纸倾向性的整体分布

图 4-12 显示了两家报纸在 2013—2019 年的国际新闻报道的倾向性比例。首先，在抽样的 2090 篇报道中，中性报道占有最高比例，达 67%，（共有 1 405 篇），高于其他报道数量之和。比较负面的报道位居第二，为 21%，共 431 篇，这说明我国媒体对于国际报道主要采纳中性态度，但某些报道中也会伴随一些略微负面的倾向，即对世界图景的描绘主要采取的是中立和略带有批判性的态度。其次，样本中比较正面的报道仅占比 8%（共有 176 篇），完全负面和完全正面的报道都在 2% 左右，分别为 48 篇和 30 篇。经过对这 78 篇报道进行文本分析后发现，我国媒体在报道国际新闻时，除非涉及国家立场等问题，否则会尽可能避免使用色彩过于强烈的话语。

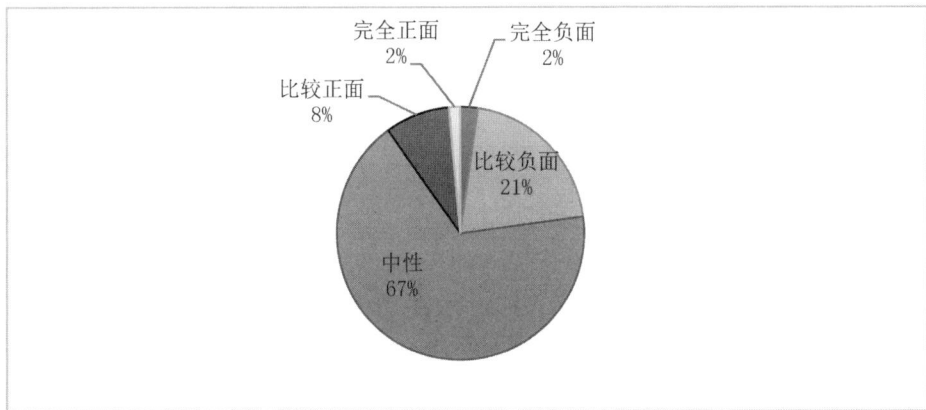

图 4-12　《人民日报》《环球时报》国际新闻报道倾向性分布

表 4-9 和图 4-13 分别显示了两家报纸对不同地区的倾向性报道。考虑到一篇文章可能会涉及多个国家，会同编码者信度的检验结果，这里针对地区和国家只统计新闻报道中主要被报道国所在的地区，而非报道中提及的全部地区。

倾向性的百分比以每个地区都作为 100% 单独计算。表 4 - 9 显示,两家报纸对于世界各地区的报道普遍是采取中立的报道,中立占比均在 60% 以上。两报对于邻国、西欧、北美、中东、拉美、非洲和东欧地区比较负面报道的比例排名第二。而对于亚洲地区和国际组织,比较正面的报道略多于较负面的报道。最后,从两家报纸的整体报道上看,澳新地区的比较正面和比较负面的报道比例相同。

值得一提的是,两报对于北美两国的态度倾向性为中立偏负面,比较负面和完全负面的报道分别占比 30.07% 和 4.36%,在所有地区负面报道中占比最高,而比较正面和完全正面的倾向值则仅有 4.14% 和 0.65%,也就是说,负面报道数量超过了正面报道数量的 7 倍。这一比例甚至超过了一直在战争状态的中东地区。这说明两家报纸对于北美地区普遍持有负面态度,议程设置目的明显。这应与近年来中美在国际舞台上的博弈和摩擦有关。

表 4 - 9　《人民日报》《环球时报》按报道地区统计的倾向性比例　　（单位:篇）

	完全负面	比较负面	中性	比较正面	完全正面
中国邻国	17	138	432	63	7
占比	2.59%	21.00%	65.75%	9.59%	1.07%
西欧	5	89	336	56	10
占比	1.01%	17.94%	67.74%	11.29%	2.02%
北美	20	138	279	19	3
占比	4.36%	30.07%	60.78%	4.14%	0.65%
中东	3	39	98	14	2
占比	1.92%	25.00%	62.82%	8.97%	1.28%
拉美	1	18	53	7	0
占比	1.27%	22.78%	67.09%	8.86%	0.00%
非洲	0	7	32	1	1
占比	1.39%	20.83%	66.67%	11.11%	0.00%
东欧	1	15	48	8	0
占比	0.00%	17.07%	78.05%	2.44%	2.44%
亚洲	1	6	38	8	1

（续表）

	完全负面	比较负面	中性	比较正面	完全正面
占比	1.89%	11.32%	71.70%	13.21%	1.89%
澳新	0	3	29	3	1
占比	0.00%	8.57%	80.00%	8.57%	2.86%
国际组织	0	0	3	2	0
占比	0.00%	0.00%	60.00%	40.00%	0.00%

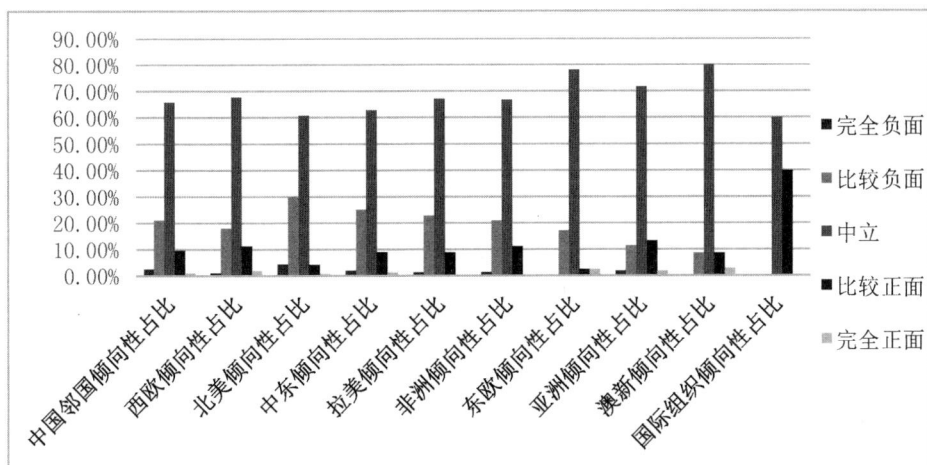

图 4-13　《人民日报》《环球时报》按报道地区统计的倾向性比例分布

对北美国家的负面态度在主要报道国体现同样明显。表 4-10 和图 4-14 分别列出了《人民日报》和《环球时报》主要报道国排名前十位国家的倾向性统计。从图表中我们可以看到，对于报道排名前十位的国家，两报都是以中性报道为主，而且除了俄罗斯外，倾向值排名第二的都是比较负面的报道。在这之中，对美国的中性报道为 59.64%，比较负面的报道为 30.94%，完全负面报道为 4.48%，相比之下，比较正面报道仅占 4.26%，而完全正面的报道仅占不到 1%。

统计数据显示，在对日本的报道中，有 55.49% 是中性报道，略低于美国的同等倾向性。比较负面的报道为 30.64%，完全负面报道占 7.51%。从总体上看，在以日本为主要报道国的新闻中，负面报道比例高于比较正面的比例。

在报道量排名前十的国家中，两报对俄罗斯的倾向性显得最为积极。尽管对俄罗斯的报道中,有 75.22% 高百分比的中性报道,但在剩下不到四分之一的报道中,比较正面报道占有 15.04%,完全正面占 3.54%,比较负面只有 6.19%,且没有完全负面的报道。也就是说,对俄罗斯的报道中,正面倾向性的报道量是负面倾向性报道量的三倍。

其余国家报道倾向性的分布大同小异,都是以中性报道为主,略偏向负面报道,且会尽量避免过于强烈的倾向性报道。

表 4 - 10 《人民日报》《环球时报》总体报道量前十名的国家的倾向性比例(单位:篇)

	完全负面	比较负面	中性	比较正面	完全正面
美国	20	138	266	19	3
占比	4.48%	30.94%	59.64%	4.26%	0.67%
日本	13	53	96	11	0
占比	7.51%	30.64%	55.49%	6.36%	0.00%
英国	3	32	109	19	2
占比	1.82%	19.39%	66.06%	11.52%	1.21%
韩国	2	23	97	12	1
占比	1.48%	17.04%	71.85%	8.89%	0.74%
俄罗斯	0	7	85	17	4
占比	0.00%	6.19%	75.22%	15.04%	3.54%
德国	1	18	54	11	2
占比	1.16%	20.93%	62.79%	12.79%	2.33%
法国	1	16	52	6	0
占比	1.33%	21.33%	69.33%	8.00%	0.00%
印度	0	22	36	4	0
占比	0.00%	35.48%	58.06%	6.45%	0.00%
朝鲜	1	12	34	8	0
占比	1.82%	21.82%	61.82%	14.55%	0.00%
西班牙	0	6	23	2	2
占比	0.00%	18.18%	69.70%	6.06%	6.06%

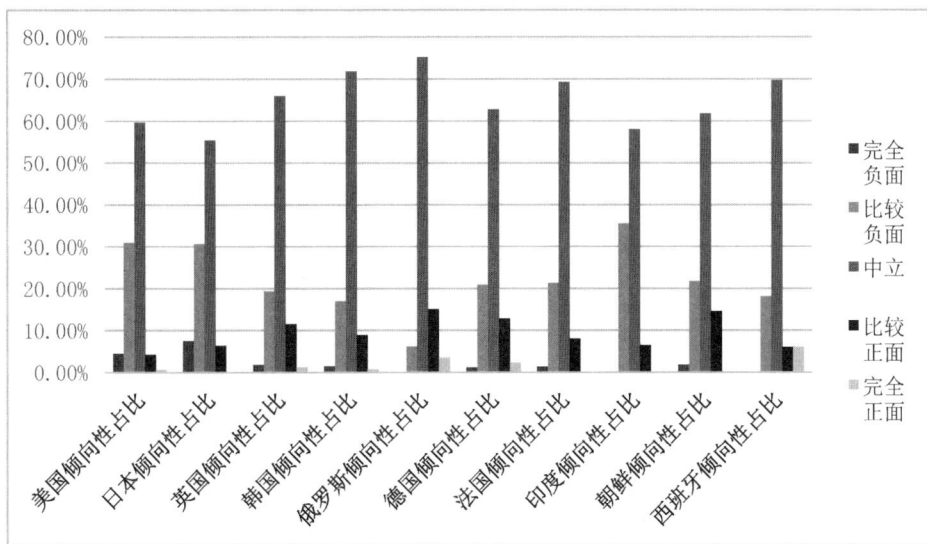

图 4 - 14　《人民日报》《环球时报》总体报道量前十名的国家的倾向性比例分布

二、《人民日报》和《环球时报》倾向性分析

新闻报道本身就是一项主观活动。经过编码发现,两报对于各个国家的倾向性和总样本保持一致,但也存在一定差别。

图 4 - 15 描绘了两报在 2013—2019 年国际报道的倾向性。如图所示,《人民日报》的中性报道占 62%,《环球时报》则高达 69%,中性报道在所有报道倾向性中都是最高的比例,其次是比较负面和比较正面的报道,最后才是完全负面和完全正面的报道。从整体上看,《环球时报》比《人民日报》的中性和负面报道都要多。这说明《环球时报》在做国际新闻报道时倾向性更加明显,而《人民日报》则尽可能追求平衡报道。

在对地区的倾向性上,两报国际新闻报道的侧重点有所不同。

首先表现在对于亚洲国家的倾向性上。如表 4 - 11 所示,尽管两报都以中性报道为主,但是《人民日报》对亚洲地区的中性报道为 52.94%,而《环球时报》的中性报道达到 80.56%。《人民日报》关于此地区报道倾向性排在第二名的是比较正面的报道,再次是比较负面的报道,与《环球时报》刚好相反。这说明在处理亚洲的国际新闻时,《人民日报》的态度要比《环球时报》更加积极。

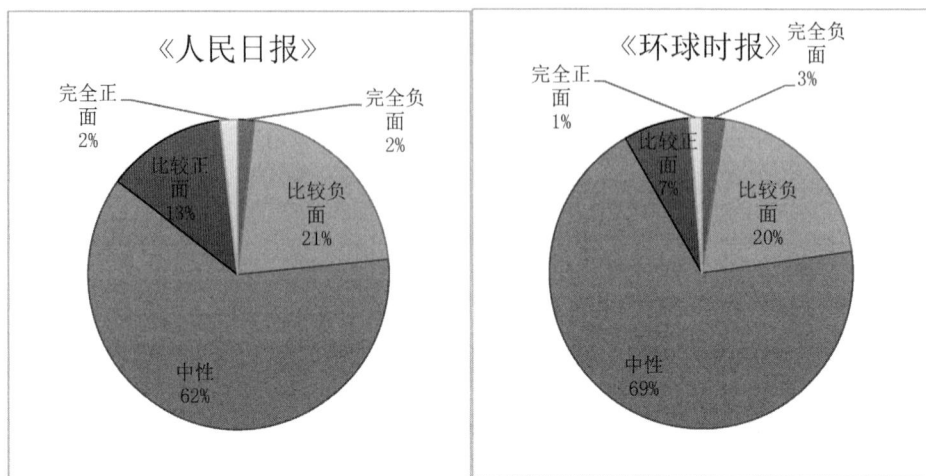

图4-15　《人民日报》和《环球时报》2013—2019年国际报道倾向性比例分布

　　其次,对于澳新地区,两家报纸的倾向性相差更加悬殊。在总样本中,两报对于澳新地区的正面和负面报道总和相同。但如果将两报样本分开来看,《人民日报》对于澳新地区持有比较明显的负面态度,比较负面的报道占据了三分之二,为66.67%,且无正面报道。而《环球时报》对于该地区的报道则倾向于保持中立,并且略偏向正面的报道。

　　对于其他地区的报道,尽管两家报纸报道的倾向性百分比并不相同,但是整体趋势比较相似,普遍是中性报道最多。

　　需要说明的是,在处理东欧国家的国际新闻时,因为《人民日报》对于该地区的报道量极少,只有2篇,所以《人民日报》关于该地区的倾向性分析可能存在误差。但是,该报7年共495篇国际新闻报道并不算少数,所以通过这两篇报道也可以侧面反映出《人民日报》对于该地区的态度。

表4-11　《人民日报》《环球时报》2013—2019年报道倾向性按地区统计　　　　（单位:篇）

媒体	完全负面		比较负面		中性		比较正面		完全正面	
	《人民日报》	《环球时报》	《人民日报》	《环球时报》	《人民日报》	《环球时报》	《人民日报》	《环球时报》	《人民日报》	《环球时报》
中国邻国	5	12	27	111	77	355	22	41	3	4

（续表）

	完全负面		比较负面		中性		比较正面		完全正面	
占比	3.73%	2.29%	20.15%	21.22%	57.46%	67.88%	16.42%	7.84%	2.24%	0.76%
西欧	0	5	20	69	56	281	15	40	3	7
占比	0.00%	1.24%	21.28%	17.16%	59.57%	69.90%	15.96%	9.95%	3.19%	1.74%
北美	3	17%	32	106	67	212	7	12	1	2
占比	2.73%	4.87%	29.09%	30.73%	60.91%	60.74%	6.36%	3.44%	0.91%	0.57%
中东	0	3	19	20	37	61	5	9	0	2
占比	0.00%	3.16%	31.15%	21.05%	60.66%	64.21%	8.20%	9.47%	0.00%	2.11%
拉美	0	1	4	14	16	37	1	6	0	0
占比	0.00%	1.72%	19.05%	24.14%	76.79%	63.79%	4.76%	10.24%	0.00%	0.00%
非洲	1	0	8	7	19	29	6	2	0	0
占比	2.94%	0.00%	23.53%	18.42%	55.88%	76.32%	17.65%	5.26%	0.00%	0.00%
东欧	0	0	0	7	2	30	0	2	0	1
占比	0.00%	0.00%	0.00%	17.50%	100.00%	75.00%	0.00%	5.00%	0.00%	2.50%
亚洲	0	1	2	4	9	29	6	1	0	1
占比	0.00%	2.78%	11.76%	11.11%	52.94%	80.56%	35.29%	2.78%	0.00%	2.78%
澳新	1	0	4	2	1	24	0	2	0	1
占比	16.67%	0.00%	66.67%	6.90%	16.67%	82.76%	0.00%	6.90%	0.00%	3.45%
国际组织	0	0	0	0	1	2	2	0	0	0
占比	0.00%	0.00%	0.00%	0.00%	33.33%	100.00%	66.67%	0.00%	0.00%	0.00%

（一）《人民日报》报道倾向性及变化

表4-12和图4-16分别描述了《人民日报》从2013年到2019年国际新闻报道的倾向性报道量、百分比以及年份的变化。如图所示,《人民日报》中性报道占有绝对比例,除2013年外,中性报道的比例一直高于其他所有报道倾向性之和,从2013年的44.59%逐年上升到2017年的80.00%,随后又开始下降,并最终下降到2019年的66.67%。虽然有所波动,但整体而言,中性报道的占比依然是上升趋势。

与中性报道倾向呈现相反态势的是比较正面和比较负面的两种报道倾向。其中,只有2018年和2019年的比较负面及2015年和2016年的比较正面报道变化与中性报道变化方向相同。而且从抽样7年的整体发展上看,这两种报道倾向性的占比各自下降了约 10 个百分点。因此,有理由认为,这样的变化更清晰地体现了《人民日报》报道倾向平衡的发展趋势。

对于排在前十名的报道国家来说,如表 4-13 所示,《人民日报》普遍采用的是中立的报道倾向,只有对叙利亚的报道较多呈现出比较负面的倾向,这与近 7 年来叙利亚局势动荡有非常大的关系。尽管如此,《人民日报》有关叙利亚的报道仍保持着客观中立的倾向,比较负面的报道仅仅比中立报道多 1 篇。

在对美国的态度上,《人民日报》显得比较微妙。虽然比较负面的报道不到中立报道的一半,但是却高出比较正面的报道 3 倍有余。且关于美国的报道中有三篇完全负面报道,只有一篇完全正面报道。这说明《人民日报》在处理美国相关的国际新闻时偏向负面报道。

在报道量排名前十位的国家中,虽然《人民日报》对日本的报道中,中立报道是占比最多的报道,但是负面报道仅比中立报道少了 1 篇。另外,对于日本的完全负面报道也有 5 篇。

与对美日两国态度截然相反的是对俄罗斯的态度。在这 7 年的报道中,《人民日报》对于俄罗斯的中立报道占比最高,有 15 篇,且正面报道是负面报道的 3 倍,这说明《人民日报》在对俄罗斯的国际新闻报道处理时倾向于正面、积极的建构。对于英国、德国等其他国家,《人民日报》虽然各有倾向,但与整体倾向性大同小异。

表 4-12　《人民日报》2013—2019 年国际新闻的报道倾向性统计　（单位:篇）

	2013	2014	2015	2016	2017	2018	2019	总计
完全负面	4	2	0	1	1	0	1	9
占比	2.70%	1.56%	0.00%	1.54%	2.86%	0.00%	4.76%	1.82%
比较负面	42	26	9	14	6	6	4	107
占比	28.38%	20.31%	12.33%	21.54%	17.14%	24.00%	19.05%	21.62%
中性	66	81	54	46	28	17	14	306
占比	44.59%	63.28%	73.97%	70.77%	80.00%	68.00%	66.67%	61.82%
比较正面	33	16	7	4	0	2	2	64
占比	22.30%	12.50%	9.59%	6.15%	0.00%	8.00%	9.52%	12.93%

（续表）

	2013	2014	2015	2016	2017	2018	2019	总计
完全正面	3	3	3	0	0	0	0	9
占比	2.03%	2.34%	4.11%	0.00%	0.00%	0.00%	0.00%	1.82%
年报道量	148	128	73	65	35	25	21	495

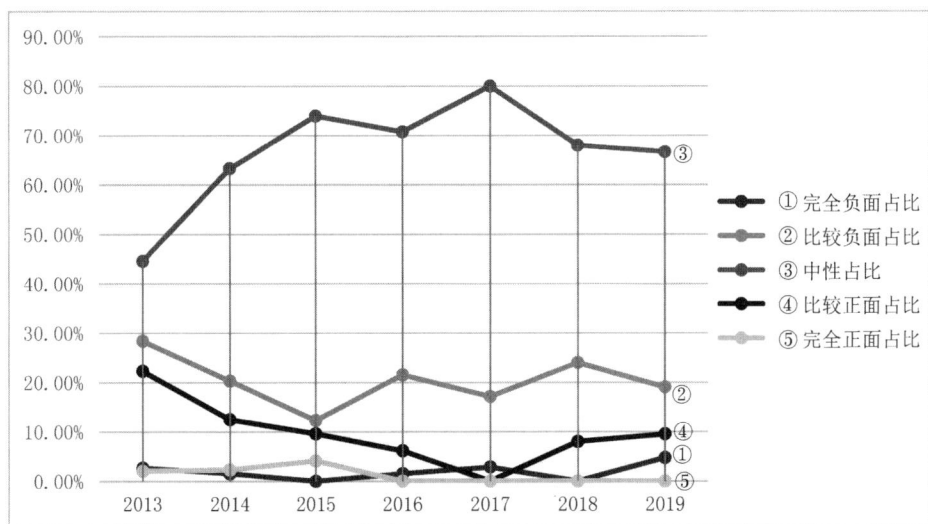

图 4 - 16　《人民日报》2013—2019 年国际新闻的报道倾向性年变化情况

表 4 - 13　《人民日报》2013—2019 年报道量前十名国家的报道倾向性统计（单位：篇）

	完全负面	比较负面	中立	完全正面	完全负面	报道量
美国	3	32	65	7	1	108
占比	2.78%	29.63%	60.19%	6.48%	0.93%	
日本	5	15	16	5	0	41
占比	12.2%	36.59%	39.02%	12.20%	0.00%	
俄罗斯	0	2	15	5	1	23
占比	0.00%	8.70%	65.22%	21.74%	4.35%	
英国	0	9	9	3	0	21
占比	0.00%	42.86%	42.86%	14.29%	0.00%	

（续表）

	完全负面	比较负面	中立	完全正面	完全负面	报道量
叙利亚	0	9	8	1	0	18
占比	0.00%	50.00%	44.44%	5.56%	0.00%	
德国	0	5	9	3	1	18
占比	0.00%	27.78%	50.00%	16.67%	5.56%	
韩国	0	3	9	3	0	15
占比	0.00%	20.00%	60.00%	20.00%	0.00%	
法国	0	2	9	0	0	11
占比	0.00%	18.18%	81.82%	0.00%	0.00%	
泰国	0	2	5	4	0	11
占比	0.00%	18.18%	45.45%	36.36%	0.00%	
伊拉克	0	3	8	0	0	11
占比	0.00%	27.27%	72.73%	0.00%	0.00%	
印度	0	3	6	2	0	11
占比	0.00%	27.27%	54.54%	18.18%	0.00%	

（二）《环球时报》报道倾向性及变化

表 4-14 和图 4-17 分别描述了该报在 2013—2019 年报道的变化。如图所示，《环球时报》中性报道比重变化情况较大：2013—2015 年连续大幅度下降，从 2013 年的 86.40% 降到了 2014 年的 64.68% 再降至 2015 年的 50.94%；但是在 2016 年又突然猛增到 80.52%，随后又呈现下降趋势，一直降到 2019 年的 51.44%。

总体上除了 2016—2017 这两年间的变化外，与中性报道呈现相反变化的是比较负面的报道。在 2013 年，比较负面报道占比仅为 9.56%，经过连续两年的增长，2015 年上升至 28.77%，随后是连续两年下降，直到 2018 年比较负面报道又有所回升，到 2019 年回升至 32.69%，接近总报道量的三分之一。

完全负面和完全正面两种比较激烈的倾向性占比均不超过 5%，其中完全负面的报道篇数的中位数为 4，完全正面报道篇数的中位数为 2，这说明相比于完全负面倾向，《环球时报》对完全正面的倾向持有更谨慎的态度。

　　在具体处理各国国际新闻报道时,《环球时报》与《人民日报》既有共性,又有特性。从倾向性分布上看,《环球时报》对于排名前十的国家主要倾向性都为中性,这与《环球时报》"重描述轻解释"的态度相吻合。如表 4 - 15 所示,《环球时报》对这十个国家所采取的报道倾向性都是以中立为主,除俄罗斯以外,其余九个国家报道倾向性占比第二的都是比较负面,可见《环球时报》对于主要报道国家持有的态度大体上都是中立偏批判的。至于美国,《环球时报》完全负面的报道超过了比较正面和完全正面报道之和,比较负面和中性立场的比例也高于《人民日报》,这说明《环球时报》对于美国的态度更加负面。但是,对于日本,《环球时报》的态度明显好于《人民日报》。

　　对于英国和韩国,《环球时报》的报道比较负面占比要高于比较正面和完全正面。最后,相比于其他国家,《环球时报》对俄罗斯的报道显得相对友好。中立报道占比 77.78%,比较负面报道占比 5.56%,而比较正面的报道为 13.33%,另有 3.33% 的完全正面报道。

表 4 - 14 　《环球时报》2013—2019 年国际新闻的报道倾向性统计 　　（单位：篇）

	2013	2014	2015	2016	2017	2018	2019	总计
完全负面	3	7	13	3	4	1	8	39
占比	1.10%	2.60%	6.13%	1.30%	2.13%	0.47%	3.85%	2.45%
比较负面	26	60	61	39	25	45	68	324
占比	9.56%	22.30%	28.77%	16.88%	13.30%	20.93%	32.69%	20.31%
中性	235	174	108	186	147	142	107	1099
占比	86.40%	64.68%	50.94%	80.52%	78.19%	66.05%	51.44%	68.90%
比较正面	7	26	16	3	10	27	23	112
占比	2.57%	9.67%	7.55%	1.30%	5.32%	12.56%	11.06%	7.02%
完全正面	1	2	14	0	2	0	2	21
占比	0.37%	0.74%	6.60%	0.00%	1.06%	0.00%	0.96%	1.32%
年报道量	272	269	212	231	188	215	208	1595

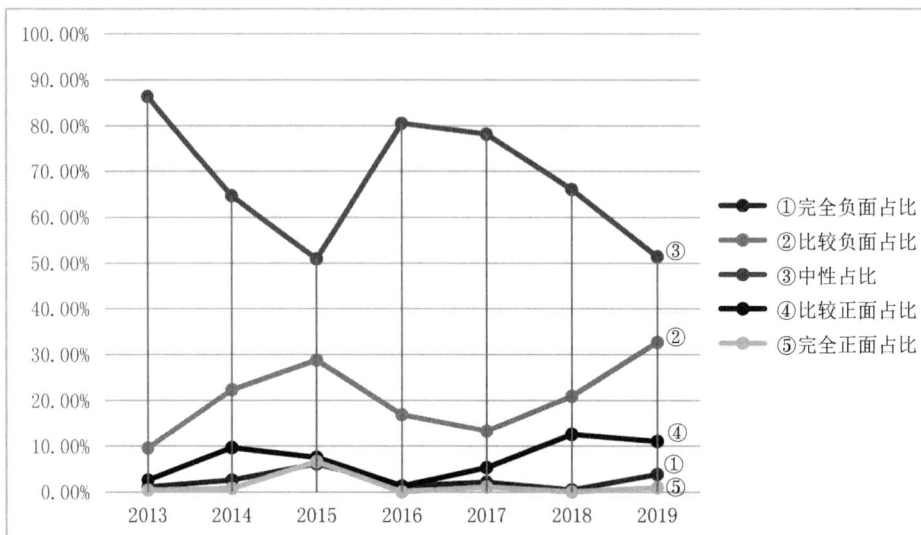

图 4 - 17 《环球时报》2013—2019 年国际新闻的报道倾向性年变化情况

表 4 - 15 《环球时报》2013—2019 年报道量前十名国家的报道倾向性统计（单位：篇）

	完全负面	比较负面	中立	比较正面	完全负面	报道量
美国	17	106	201	12	2	338
占比	5.03%	31.36%	59.47%	3.55%	0.59%	
英国	3	23	100	16	2	144
占比	2.08%	15.97%	69.44%	11.11%	1.39%	
日本	8	38	80	6	0	132
占比	6.06%	28.79%	60.61%	4.55%	0.00%	
韩国	2	20	88	9	1	120
占比	1.67%	16.67%	73.33%	7.50%	0.83%	
俄罗斯	0	5	70	12	3	90
占比	0.00%	5.56%	77.78%	13.33%	3.33%	
德国	1	13	45	8	1	68
占比	1.47%	19.12%	66.18%	11.76%	1.47%	
法国	1	14	43	6	0	64
占比	1.56%	21.88%	67.19%	9.38%	0.00%	

（续表）

	完全负面	比较负面	中立	比较正面	完全负面	报道量
朝鲜	1	11	31	8	0	51
占比	1.96%	21.57%	60.78%	15.69%	0.00%	
印度	0	19	30	2	0	51
占比	0.00%	37.25%	58.82%	3.92%	0.00%	
西班牙	0	6	21	2	1	30
占比	0.00%	20.00%	70.00%	6.67%	3.33%	

三、从报道倾向性看我国媒体国际新闻的态度框架

本章将国际媒体报道中采用的选题角度的框架大体归为四种类型：积极/合作型框架，中立/描述型框架，消极/对抗型框架和其他类型框架，并从《人民日报》和《环球时报》对这四个框架的使用情况探讨两报的新闻处理原则。

积极/合作型框架是指新闻报道中的负面词较少，无论报道合作主题还是对抗主题都以谋和平、求合作、促发展、双赢、共赢为出发点，希望读者在阅读后对报道的事件抱有积极、向好的态度；中立/描述型框架是指新闻报道力求以第三方观望的态度去报道新闻事件，尽量不做评价，尽可能不在用词或语句上对读者进行感性引导；消极/冲突型框架与积极/合作型框架相反，是指报道持消极态度或使用负面词汇及语句，选择一方立场，对另一方有所指责，试图让读者在阅读该报道后产生对另一方的戒备或敌意。无法简单归为以上三类框架的属于其他类型的框架。

值得注意的是，对冲突的报道未必会采用冲突型框架。比如 2019 年 5 月 20 日，《人民日报》题为《中美贸易失衡是个"伪命题"》的报道，虽然以中美贸易摩擦为背景，但是文章力求通过报道来呼吁中美双方回到合作轨道，维护中美经贸稳定，故属于积极/合作型框架。

在经过编码培训后，编码员对抽样的 2 090 篇国际新闻报道中每篇报道的框架应用进行了编码。根据整理，我们可以看到我国媒体在选题上的框架运用情况。

图 4-18 显示了《人民日报》和《环球时报》不同选题角度框架的比例。如图

所示,采用中性/描述型框架占比最高,占总报道量的71%(共计1 482篇),可见我国媒体主要以中性/描述型框架来报道国际新闻。排在第二的是消极/对抗型框架,占总报道量的20%(共计426篇),这与两家报纸比较负面的报道总体占比相似,而积极/合作型框架仅占总报道量的9%(共计181篇)。其他类型框架只有一篇,该报道题为《韩媒称金正恩时代开启,外界猜外交突破口何在,朝纪念金正日逝世三周年》,2014年发表于《环球时报》,报道中既采用了积极/合作型框架,又采用了消极/对抗型框架。

　　两报采用的选题角度的框架有所不同。图4-19分别显示了两家报纸对于四种选题角度框架的使用情况。尽管两家报纸都普遍采用中性/描述型框架作为选题叙事,但是《人民日报》消极/对抗型框架的比例(占总报道量的18%)仅仅比积极/合作型框架的比例(占总报道量的13%)高约5个百分点,而《环球时报》对消极/对抗型框架(占总报道量的21%)的使用却比积极/合作型框架(约占总报道量的7%)高出近两倍。这再次证明了《人民日报》在报道国际新闻时,更注重选题框架的整体平衡性,而《环球时报》则更多表现出对报道选题的态度。此外,《环球时报》消极/对抗型框架与积极/合作型框架占比相对不平衡,说明其在描绘世界图景时,略带民族主义色彩,刚性有余而柔性略有不足。

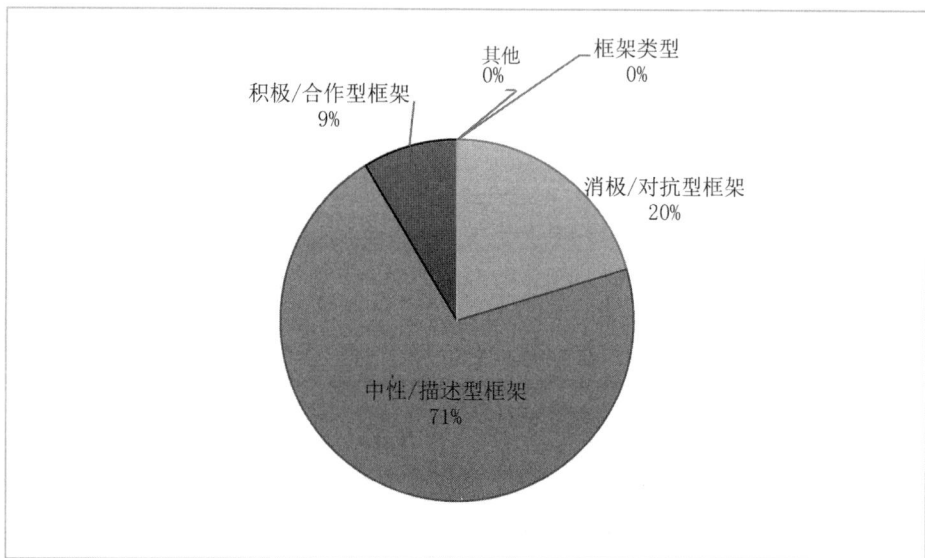

图4-18　《人民日报》《环球时报》2013—2019年国际新闻报道选题角度框架整体分布

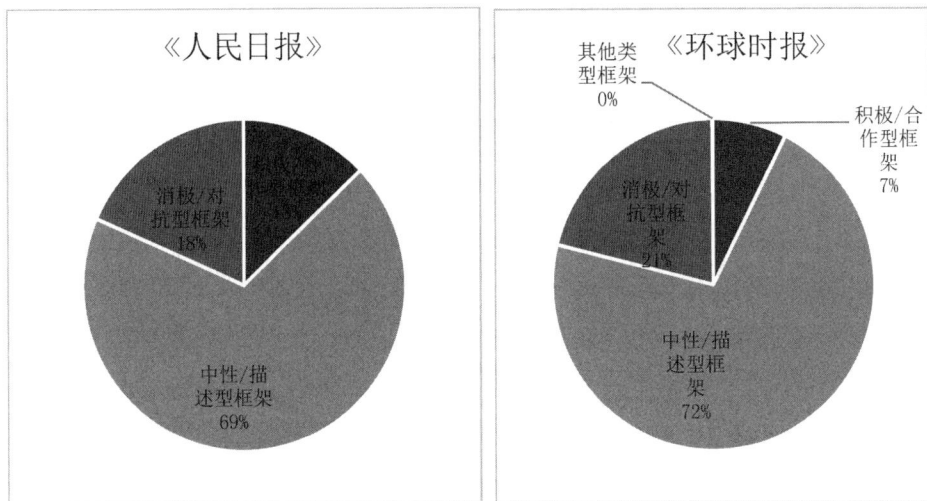

图 4 - 19　《人民日报》《环球时报》2013—2019 年国际新闻报道选题角度框架分别分布

综上所述，我国媒体对于国际新闻的选题处理框架以中立/描述型框架为主，消极/对抗型框架次之，而积极/合作型框架采用较少，可见我国媒体的世界观总体趋向中立、平和。这一点在我国国际新闻报道倾向性分析中较为明显。

中性/描述型框架占绝对优势的现象反映出我国媒体国际新闻报道总体中立的态度，以这样的态度框架来报道世界是在完成"让中国了解世界"的总体使命时，尽可能让国内民众拥抱对外开放，推动构建人类命运共同体等国家外交方针的一种传媒手段。从业务角度讲，我国媒体这种理性化的世界观具有明显优势：我国媒体努力用相对客观、公正的标准来开展国际新闻报道，有利于提高我国媒体国际新闻报道的专业化程度。

消极/对抗型框架多于积极/合作型框架的情况反映出近些年来我国媒体在开展国际报道时略显消极的态度。这与 2008 年世界金融危机以来部分西方国家不断涌现且日益严重的逆全球化思潮和民粹主义抬头有着密切联系。此外，随着中国综合国力的日益提高，西方国家在政治、经济、军事、科技等方面也对中国采取了不友好的行动，国际舆论场对中国的妖魔化也日益突出。因此，我国媒体采取消极/对抗型框架描绘世界图景的方式也是一种对西方国家抹黑中国的一种对应，以从侧面提醒民众，在积极开展国际合作的同时，也不要对那些戴有色眼镜看中国的组织和个人抱有幻想。最后，消极/对抗型框架的占比也与我国近代屈辱历史记忆的民族主义和体现中华民族复兴大业的爱国主义有着紧密联系。可以说,自近代以来,民族主义和爱国主义一直是中国人最敏感的一根神经,并构成了我国及媒体世界观的有机组成部分。

当然,在全球化和信息化的今天,中国和世界之间的距离越来越小,国际社会相互依赖性日益提高,逐渐形成"你中有我、我中有你"的开放性格局。随着中国负责任大国身份在我国民众心中的确立,强烈的民族自豪感和民族自信心在民众心中扎根,中国比以往任何时候都更需要清醒地睁大眼睛看世界,通过世界的眼光审视自己,只有这样才能真正实现我国世界观和民族观的有机融合。

总　结

本章基于框架理论,从《人民日报》和《环球时报》国际新闻处理视角,探讨了我国媒体国际新闻报道的风格框架、专业化框架及态度框架。

首先,我国媒体国际新闻报道整体呈现出了"重事实轻解释"的风格框架。本章在两报国际新闻报道体裁的研究中发现,消息报道占比最重,其次是通讯特写、简讯和图片新闻,这些报道体裁都有一个共同的特征,那就是重新闻事实的描述,而较少发表评论。在时评社评中,双向维度的类别高出了单向维度类近一倍,这也说明即使是主观色彩比较重的时评社论类文章,我国媒体也尽量保持着客观描述事件的态度。《人民日报》作为党报,比《环球时报》具有更多的时评社论,而《环球时报》作为市场化的媒体,喜用图片新闻来吸引受众的眼球。

其次,在专业化框架下,我国媒体国际新闻报道呈现出以"混合型引用框架"为主、"单维度引用框架"次之、"零引用型框架"最少的态势。新闻不可能做到"有闻必录",消息来源的引用也是一个挑选事实的过程,消息来源的引用方式不仅决定了国际新闻报道的主题和内容,还体现了媒体报道的专业化程度。数据显示,两家报纸在间接引语的使用上都占据了绝对比例,其次是直接引语,而相比于单一维度和零引用的框架,我国国际新闻媒体更偏向于采用多种引用方式相结合的报道框架,体现了较强的专业化程度。

最后,在国际新闻报道的倾向性处理中,我国媒体以中立的态度框架为主。在报道国际新闻时,除非涉及国家立场等问题,我国媒体会尽可能避免使用色彩过于强烈的话语。这样的态度框架与我国和平外交的方针相吻合。但新闻的倾向性也是客观存在的,如在我国媒体报道中,美国、日本、叙利亚等负面报道倾向明显,而俄罗斯则正面倾向的报道更多。总体而言,我国媒体对于国际新闻的选题处理框架是以中立/描述型框架为主,消极/对抗型框架次之,积极/合作型框架使用较为谨慎。

第五章 中国媒体国际新闻报道的 影响要素研究

美国学者吴浩铭(H.Denis Wu)指出,"在每个国家的媒体新闻中呈现的世界图景不可避免地被扭曲,因为人、国家和事件的代表性往往不均衡。"[1]在当下的自媒体时代,国家主流媒体对国际新闻的报道已不仅仅是提供信息,也是开展议程设置和引导舆论的重要工具。因此,媒体的国际新闻报道不可能把世界各地的所有新闻事件简单罗列,而是必须通过对所获得的新闻进行选择、加工和处理后,再根据传播所需把相关报道呈现出来。

新闻报道过程受到诸多方面的影响,既包括传播者的价值观和被报道事件及对象等内在因素,也包括被报道国家自身等外部因素。其中,外部因素对于媒体国际新闻采编的影响是隐性的,目前国内外学者普遍借助新闻流动理论对影响本国国际新闻的因素展开分析。但对于我国国际新闻影响要素的研究尚处于盲区。

本章将以《人民日报》和《环球时报》两家媒体2013—2019年的国际新闻报道为研究对象,找出报道中涉及最多的十个国家,分析其国家要素(包括人口、领土面积)、经济要素(包括国内生产总值、对华贸易额)和地理与文化要素(该国与中国地理位置关系、与中国文化相似度)三大要素,并围绕这些要素与十个国家的报道量进行关联性分析,探讨被报道国的要素如何影响我国媒体国际新闻报道。

---

① H. DENIS WU. Systemic determinants of international news coverage: a comparison of 38 countries [J]. Journal of Communication, 2000, 50(2): 110-130.

第一节　探索国家新闻报道影响要素的重要意义

随着中国与世界的距离不断拉近,国际新闻具有越来越重要的新闻价值,社会对于国际新闻的需求不断增加。国际新闻报道往往能反映一个国家对于某个国际问题的态度和立场。为更好地提升中国的国际地位,我们必须先了解各国的情况以及它们对于中国的看法,这样才能以全球的视野去阐述中国态度和中国立场,声明中国主张。①

一、我国国际新闻报道范式围绕国家发展而来

回顾新中国的发展,经历了从"站起来"到"富起来",再到"强起来"的过程。中国媒体一直以来遵循着党性原则,使得中国共产党成为我国传媒事业的政治核心,这种传媒的领导体制是党管意识形态的根本保证,决定着媒体的政治方向和舆论导向。② 因此,国际新闻报道也在不同的时期表现出了不同发展趋势和传播范式。正如第二章提到的,70 年来中国国际新闻报道经历了三大范式,即革命型报道范式(1949—1976 年)、发展型报道范式(1977—2013 年)、文明型报道范式(2014 年至今)。

革命型报道范式是以毛泽东为领导核心时期的报道范式。在当时的国际环境下,我国媒体的国际新闻报道以直接刊载外电为主,忠实于原文事实和原作者看法、立场,在"种牛痘""见世面""做反面教材"的指导思想与基本方针下运行③,以"增强干部和群众在政治上的免疫力"。④ 此时,以《人民日报》为代表的国际时评内容也具有较浓厚的革命型话语特征。发展型范式是从改革开放起到党的十八大之间的报道范式。改革开放以后,国家重心放到了经济建设,国际新闻作为中国了解世界的窗口,也成为各媒体的重要工作之一。随着中国的不断发展,我国国际媒体和派往各国各地的驻外记者也越来越多,并与外国记者展开

---

① 颜匀,吕剑魁.大国崛起背景下的中国国际新闻报道与传播[J].新闻研究导刊,2019,10(09):1-2.

② 葛玮.中国特色传媒体制:历史沿革与发展完善[J].中国行政管理,2011(06):11-19.

③ 卫广益.《参考消息》创办的前前后后[J].纵横,2000(4):46-49.

④ 徐生忠,邓initial根.独一无二"种牛痘"博采信息阔视野 党中央三代领导人对《参考消息》的重视和关怀[J].新闻与写作,2011(03):72-75.

了深度合作,这使得国际报道的原创性、专业性不断提高。与此同时,受西方国际报道准则影响,这一时期的中国国际报道框架以西方"游戏规则"为准则,在报道中"重事实轻解释",多事件报道,但较少发表对国际新闻的评论。文明型范式是党的十八大以来我国媒体国际报道的范式。随着中国经济总量跻身世界第二,国际影响力也达到历史新高,媒体则力求全方位报道世界,也更加注重传播中国声音,一些媒体也增加了国际新闻评论的节目板块,比如中央电视台新闻频道的《国际锐评》和《环球视线》等,在报道手段上,通过媒体融合等方法从多个维度向读者传递中国视角下的世界。

二、研究国际新闻报道影响要素是提升国家软实力的重要证据

如今,以美国为首的西方国家,不论是政府话语还是媒体话语,总是在国际舆论场对我国的发展说三道四,这让中国陷入了"越发展越挨骂"的怪圈。对于中国来说,如果只是一味地回应指责,则会丧失话语主动权。也就是说,中国的话语权建设必须有自己的发展定力。从国际媒体的报道角度出发,中国媒体必须要有自己的话语主动权。想要拥有这个主动权,首先需要了解我国媒体的报道生成机制,即国际报道受到哪些因素的影响、哪些国家的什么话题值得被报道、为什么有一些国家长期占据国际新闻的重要比例,而另外一些国家却不会出现在我国国际新闻报道中。探讨这些问题不仅可以分析出我国国际媒体的世界观和专业化程度,还可了解我国媒体国际新闻话题的产生机理,掌握我国国际新闻流动的机制,进而为国际媒体的话语权建设和国家软实力提供理论参考及依据。

第二节　研究的理论基础——新闻流动理论

新闻流动理论自 20 世纪 50 年代以来一直受到广泛关注。① 关于国际新闻流动的研究最多,大多数学者的目的是研究和解释导致新闻流动的因素。而学者 Gasher Mike 认为,"国际新闻流动研究是通过对新闻故事的内容分析,检验

---

① Elad Segev. The group-sphere model of international news flow: A cross-national comparison of news sites[J]. the International Communication Gazette, 2016, Vol. 78(3): 200 – 222.

和探究了新闻的发生地、内容和传播的目的地，是对国际新闻质和量的监控和分析。"[①]

从研究客体上看，国际新闻流动主要从新闻的传播结构、生产和内容三个角度来开展研究。从新闻传播角度出发的研究催生了媒介依附理论，即强调国际信息产生与流动不平等的理论；从新闻生产角度，学者主要着眼于记者所处的社会环境、工作环境，甚至工作习惯等要素进行研究；而从新闻内容角度，则偏向于考察新闻选择，即什么样的新闻会被新闻媒体选择并展开报道。[②]

目前看来，着眼于新闻内容角度的新闻流动理论在从宏观上研究一个国家新闻的产生和报道成果时，大多是探索影响新闻报道的决定性因素，即与生产相关的经济要素。这些经济要素不仅包括国内生产总值（GDP）、国民生产总值（GNP）等宏观经济数据的统计，还包括作为劳动力保障的人口数量、人口密度、国土面积、股市情况甚至军事力量等能够保障经济发展的国家要素，以及被报道国语言、国民的识字率、外国居民等文化要素。在国与国的互动要素上，有一定数量的文献研究了被报道国的进出口（外贸情况）、地缘政治等情况。

学界普遍认为一个国家的 GDP 和双边贸易额对于国际新闻流动有着重大影响。特拉维夫大学的 Elad Segev 在他的多篇研究论文中都借助新闻流动理论，其研究结果表明 GDP、域内外国人口数量和冲突普遍会影响一个国家的主要报道。在这其中，GDP 是最强的因素，双边贸易也很重要。[③] 韩国学者 Kyungmo Kim 也有相似的研究结论。他在《国际新闻流量的决定因素：网络分析》中，基于新闻流动理论，以网络分析法作为研究方法考察了国际新闻流的结构和决定因素。文章指出，西方工业化国家在新闻流的中心位置，占有对国际新闻流的主导权；其次，国际新闻流也受到一个国家的经济发展、国家语言、地理位置、政治自由度和人口的影响，其中经济发展是最重要的因素。[④] 这说明即使是

① 邱婕.流动的"失衡"——基于新闻流动理论视野下的上海、贵州新闻比较研究[J].东南传播，2014(06)：50.

② 许方亮.新闻信息流动理论视野中的《环球时报》与《环球邮报》国际新闻比较研究[D].苏州：苏州大学，2012：1.

③ ELAD SEGEV. Visible and Invisible Countries：News-Flow Theory Revised[EB/OL].http：//journals.sagepub.com/doi/abs/10.1177/1464884914521579，Journalism，2014－03－05：1－18.

④ KYUNGMO KIM. The determinants of international news flow：a network analysis[J].Communication Research，1996，23(3)：323.

"世界上有多少个国家"这样看似简单的问题在涉及新闻报道时,不同国家的媒体也会有不同的解释。

除了经济要素之外,国家人口、领土面积等也是经常考察的对象。例如,H. Denis Wu 在 2000 年发表了《国际新闻报道的系统性决定因素:对 38 个国家进行比较》一文,其中收集了 38 个国家的媒体关于 214 个国家的新闻报道,并对这些国家报道量与人口规模、领土面积、经济发展水平、语言、新闻自由度、国际通讯社、地理位置、贸易情况和历史上的殖民关系进行了回归分析。最终,他强调,国家间的贸易是决定国际新闻流动的最重要因素,其次是新闻通讯社的存在。[①]此外,H. Denis Wu 还于 2007 年对美国两个访问量最大的网站 cnn.com 和 www.nytimes.com 上发布的国际新闻进行了研究,考察了贸易、新闻机构的存在、民族特征和文化地理邻近性对这两个新闻网站的影响。在比较分析网络版的国际新闻以及印刷版和广播版后,他指出,网络媒体的国际新闻输出似乎与传统媒体没有太大的区别,而贸易额和通讯社的存在是网络和传统媒体报道国际新闻的两个主要预测因素,但地理面积、国内生产总值、人口和新闻自由评级等国家特征,与外国在美国媒体上获得的报道数量(无论是印刷、广播还是在线网络)没有系统性的联系。此外,文化接近因素对网络的影响似乎是不确定的——更有可能是不相关的。[②] 张洋和陈柯伶也发现,有关我国省际新闻的报道中,除了经济水平外,人口规模对于省际新闻流动具有显著的正相关性,而地理距离的影响则未得到统计数据的支持。[③]

第三节　影响我国国际新闻报道的要素探究

尽管我国国际新闻媒体发展迅速,国际新闻报道也借助全媒体发展壮大,但是对于各地发生的事件,呈现出来的新闻报道仍是有限的。从新闻流动理论的

①　H. DENIS WU. Systemic determinants of international news coverage: a comparison of 38 countries [J]. Journal of Communication, 2000, 50(2): 110 - 130.

②　H. DENIS WU. A brave new world for international news? Exploring the determinants of the coverage of foreign nations on US websites[J]. International Communication Gazette, 2007(69): 539 - 551.

③　KYUNGMO KIM. The determinants of international news flow: a network analysis [J]. Communication Research, 1996, 23(3): 323.

研究成果来看,通过被报道国不同要素与报道量的关系,可以探讨出更容易被我国媒体所报道的国际新闻的诱因。

一、研究假设和研究问题

通过阅读新闻流动理论的相关文献,本章选取了可能会影响我国媒体国际新闻报道的三大类要素:国家要素(包括人口和领土面积)、经济要素(GDP 和对华贸易额)及地理和文化要素(与中国的地理位置关系和文化相似度)。本章将分别对这三大要素以及其中的每一个维度是否影响到我国国际新闻报道进行探究。在媒体的选择上,本章选取《人民日报》和《环球时报》在 2013—2019 年的国际新闻报道进行研究。选择这两家报纸的原因是考虑到《人民日报》的权威性和《环球时报》市场化运作,以及两者在国际新闻报道方面的影响力等综合因素。

(一)国家要素及其两个维度

现代政治学认为,一个国家是由国土、居民、文化和政府四个基本要素构成。在这四个要素中,文化是由居民构成的文化,政府也是由本国居民组建的政府。从这个意义上说,人和国土是一个国家最重要的两个因素。

人口也是社会构成的基本元素,要考察国家要素必须对国家的人口进行考察。对于人口的统计,也一直是每个国家周期性的活动,比如我国人口普查通常每十年进行一次。人口的意义当然远不止人口数量,还包括国民文化程度等其他因素。但是考虑到数据的准确性和研究的实际需要,本章对于人口的考察仅指人口数量。

国土,即一个国家的领土,是一个国家存在的物理条件。在历史上,国家的强大几乎必然会带来领土的扩张或巩固,而领土的扩张或巩固反过来又推动了国家的强盛。即使在今天,更大的国土面积也意味着拥有更多的开发潜力和自然资源,甚至是战争状态下的战略纵深。在已有的研究中,虽然不乏分析国家领土面积与报道量的关系,但终未能明确两者是否具有相关性。而我国是一个十分强调领土完整的国家,所以一个国家的领土面积是否能影响到我国媒体对其报道量是一个非常值得探讨的问题。

因此对于国家要素而言,本章提出以下两个假设:

假设一：人口越多的国家，中国媒体对其新闻报道量越大。

假设二：领土面积越大的国家，中国媒体对其新闻报道量越大。

为了使这两个假设有实际意义，本章针对这两个假设提出研究问题如下：

问题一：被报道国人口和领土面积排名与我国媒体对于这些国家的报道总量排名是否呈现正相关？

通过对问题一的回答，不仅能够验证假设的真伪性，同时可以判定人口和领土面积是否是我国媒体国际新闻报道的影响因素。

（二）经济要素及其两个维度

一个国家的经济要素有很多，几乎所有研究新闻流动的文献都可支撑经济要素能够影响国际新闻报道这一假设。通常来讲，衡量国家宏观经济发展水平主要是一国的国内生产总值（GDP）和国民生产总值（GNP）两个指标。GDP 是对国家疆域内的生产要素在一定时期内实现的价值的总和，而 GNP 则不考虑疆域，是一国国民在一定时期内实现的价值总和。在研究国际新闻流动时，大量研究也对各国媒体报道国某年的 GDP 或 GNP 与次年的报道量的关系展开了讨论。尽管 GDP 不是衡量国家宏观经济发展水平的唯一指标，但是，已有的国内外研究大都证明了 GDP 是决定国际新闻媒体是否积极报道某国家新闻的重要因素，甚至是最重要因素。此外，在我国，不论是《政府工作报告》还是中央人民政府门户网站，衡量宏观经济发展水平的指标都采用的是 GDP 数据，因此本章也将 GDP 作为衡量国家经济要素的重要指标之一。

对外贸易是国家间经济互动的重要体现。对外贸易额占本国经济比重反映了国家间的对外依存度，而对外贸易的构成则可以看出这个国家在国际贸易中的地位，甚至是在世界体系中的地位。我国也于 2013 年成为世界第一货物贸易大国，国际贸易在我国经济构成比中占有着举足轻重的地位。在相关理论研究方面，以色列特拉维夫大学的 Elad Segev 明确指出，某国与另一个国家的双边贸易额和这个国家国际新闻报道有着密切的联系。[①] 这说明一国的对华贸易额极有可能影响到我国媒体对其报道量。

---

① ELAD SEGEV. The group-sphere model of international news flow: a cross-national comparison of news sites[J]. the International Communication Gazette, 2016, 78(3): 217.

因此,针对上述经济要素,本章提出以下假设:

假设三:GDP 越高的国家,中国媒体对其报道量就越大。

假设四:对华贸易额越高的国家,中国媒体对其报道量就越大。

针对这两个假设提出的研究问题是:

问题二:被报道国的 GDP 和对华贸易额排名与我国媒体对于这些国家的报道量是否呈现正相关?

本章希望通过对上述问题以及对假设三和四的证实或证伪来判定出 GDP 和对华贸易额是否为我国媒体国际新闻报道的影响因素。如果是,它们是如何影响的。

(三)地理和文化要素及其两个维度

一般认为,地缘政治对国际关系有重大影响。布热津斯基在《大棋局》一书中对于地缘政治这一概念展开了充分论述。另在 2019 年美国《印太战略报告》中,也描绘了我国所处的地理位置在国际关系中的复杂性。由此可推测,地理因素会影响我国与他国的关系,进而影响到我国媒体对这些国家的报道。H.Denis Wu 也发现在发展中国家更愿意报道其周边国家。[1]

有学者试图研究文化要素对于国际新闻的影响并得出结论:语言作为维度也或多或少地影响了新闻报道,关于国家间关系的讨论离不开文化维度。[2] 自 2008 年金融危机起,逆全球化等思潮蔓延,文明冲突的论调甚嚣尘上,而我国始终坚持文明对话、坚信文明交流。这说明不同国家的文明,即文化要素,对于我国媒体的国际报道也可能会产生影响。另外,我国拥有从未间断的传统文化,在当前文明型范式的报道模式下,他国文化与中国文化的相似程度是否能够影响中国媒体对这个国家的报道量,是非常值得探讨的问题。

因此,针对地理和文化要素,本章提出如下假设:

---

① H.DENIS WU. Homogeneity around the world: comparing the systemic determinants of international news flow between developed and developing countries[J]. International Communication Gazettee 2003,65:9-23.

② KYUNGMO KIM. The determinants of international news flow: a network analysis[J]. Communication Research,1996,23(3):323; ELAD SEGEV. The group-sphere model of international news flow: a cross-national comparison of news sites[J]. the International Communication Gazette, 2016,78(3):217.

假设五：与中国越近的国家在中国媒体中报道量就越大；

假设六：与中国文化相似度越近的国家在中国媒体的报道量就越大。

针对这两个假设提出的研究问题是：

问题三：被报道的国家与中国的地理距离和文化相似度的排名与我国媒体对其报道量是否呈现正相关？

通过回答这个问题，我们可以得知地理和文化要素是否能够影响我国媒体的国际新闻报道。如果是，我们将进一步分析其是如何影响的。

二、研究方法

考虑到研究样本量太大会导致筛选国际新闻时实际操作的误差增大这一客观事实，特采用建构周的方法对《人民日报》和《环球时报》在 2013—2019 年的国际新闻报道进行研究。首先在 https://www.randomizer.org/ 网站上通过生成随机数的方式建构两家媒体 2013—2019 年每年 2 个建构周，每周 6 天（《环球时报》星期日不发刊），随后在慧科新闻媒体数据库购买了两家报纸对应日期的全部报道文本共 13 228 篇，并抽取了 2 090 篇国际新闻报道。抽样时主要通过新闻标题判断是否为国际新闻，如果新闻标题为外国且非涉华新闻，则入选。其中，针对《环球时报》中存在极短标题，且这些标题对应的新闻通常为国际简讯这一现象，对于该报纸极短标题的新闻主要通过浏览新闻文本进行判定，判定标准与新闻标题判定的原则一致。在对抽样文本的主要报道国整理后，使用 SPSS 软件对报道总量排名前十的国家的人口、领土面积、GDP、对华贸易额、地理位置和与中国文化相似度六个维度与报道量的相关性展开分析。

（一）国家的确定

经过调查和抽样数据整理后得出 2013—2019 年国际新闻报道中排名前十的国家，它们分别是：美国、日本、英国、韩国、俄罗斯、德国、法国、印度、朝鲜、西班牙。表 5-1 呈现了这 10 个国家在 2013—2019 年的报道量总体情况。

表 5－1　《人民日报》和《环球时报》国际报道量排名前十位国家 **2013—2019** 年报道量情况

国家	报道量（篇）							
	合计	2013 年	2014 年	2015 年	2016 年	2017 年	2018 年	2019 年
美国	446	97	76	47	70	43	62	51
占国际报道量比例	21.27%	23.04%	19.10%	16.43%	23.41%	19.28%	25.73%	22.27%
日本	173	30	32	29	22	20	19	21
占国际报道量比例	8.24%	7.09%	8.00%	10.07%	7.31%	8.89%	7.82%	9.09%
英国	165	32	20	22	21	23	25	22
占国际报道量比例	7.85%	7.53%	4.98%	7.59%	6.93%	10.13%	10.20%	9.44%
韩国	135	14	24	16	26	22	19	14
占国际报道量比例	6.42%	3.28%	5.94%	5.48%	8.52%	9.61%	7.69%	5.96%
俄罗斯	113	28	19	15	17	5	15	14
占国际报道量比例	5.37%	6.53%	4.68%	5.10%	5.54%	2.16%	6.02%	5.91%
德国	86	9	15	15	16	8	9	14
占国际报道量比例	4.08%	2.09%	3.68%	5.07%	5.18%	3.43%	3.59%	5.86%
法国	75	13	11	9	9	9	11	13
占国际报道量比例	3.56%	3.00%	2.68%	3.02%	2.89%	3.83%	4.35%	5.39%
印度	62	12	13	8	2	7	9	11
占国际报道量比例	2.94%	2.76%	3.16%	2.67%	0.64%	2.95%	3.53%	4.53%
朝鲜	55	10	9	8	12	7	7	2
占国际报道量比例	2.60%	2.29%	2.17%	2.65%	3.81%	2.93%	2.72%	0.82%
西班牙	33	6	7	6	1	4	4	5

（续表）

国家	报道量（篇）							
	合计	2013 年	2014 年	2015 年	2016 年	2017 年	2018 年	2019 年
占国际报道量比例	1.56%	1.37%	1.68%	1.97%	0.32%	1.66%	1.54%	2.02%
总计	1343	251	226	175	196	148	180	167
占比	63.89%	58.97%	56.06%	60.05%	64.55%	64.88%	73.20%	71.29%

从表 5－1 我们可以看到，两报对于这 10 个国家报道的总占比每年都在一半以上，最高的是 2018 年，占了 73.20%，最低的是 2014 年，也有 56.06%，可见这 10 个国家占有两家报纸国际新闻的报道量至少超过半数，甚至有时高达四分之三，因此，通过对这 10 个国家的研究能够非常有效地分析出影响我国媒体国际新闻报道的国家因素。

在两报排名前十位的主要报道国中，从与中国的相对地理位置看，中国邻国有 5 个（海上邻国 2 个：日本、韩国，陆上邻国 3 个：俄罗斯、朝鲜、印度）；1 个北美国家（美国），4 个欧洲国家（英国、德国、法国、西班牙）。从居民收入情况看，根据世界银行的统计[①]，这 10 个国家中有 7 个属于高收入国家（美国、日本、英国、韩国、德国、法国、西班牙），1 个中高等收入国家（俄罗斯），1 个中低等收入国家（印度）和 1 个低收入国家（朝鲜）。这初步验证了研究假设的合理性。相关的报道量和国家的基本信息如表 5－2 所示。

表 5－2　《人民日报》《环球时报》2013—2019 年国际新闻主要报道国基本情况

国别	居民收入情况				与中国的相对地理位置		
	高收入	中高等	中低等	低收入	周边	北美	欧洲
美国	√					√	
日本	√				√		
英国	√						√
韩国	√				√		

---

① 世界银行网.各国收入数据［EB/OL］. https://data.worldbank.org.cn/country.

（续表）

国别	居民收入情况				与中国的相对地理位置		
	高收入	中高等	中低等	低收入	周边	北美	欧洲
俄罗斯		√			√		
德国	√						√
法国	√						√
印度			√		√		
朝鲜				√	√		
西班牙	√						√

经数据检验，上表中各国的报道量数值分布绝大多数不具备正态分布特征，在 SPSS 所提供的相关性分析功能上，应当采用对数据分布要求低的斯皮尔曼相关系数来分析。

（二）国家相关数据的选择和处理

经调查发现，本章考察的三大要素六个维度有不同的数据来源，且不同来源的数据存在差异性。考虑到本章所选取的两家报纸都是党媒，皆具有官方属性，对于研究的六个维度，所使用的数据应当是我国政府所采纳或制定的官方数据。

1. 国家要素与国家新闻报道量的相关性分析

对于各国人口和国土面积，本章采用国际公认的数据。这里需要说明的是，部分学者在考察人口与新闻报道量的关系时通常采用前一年的人口数据和当年的报道量，并考察两者的相关性。但是根据联合国 2018 和 2019 年公布的统计数据的备注看，2019 年的数据更精准一些，加上被考察的国家人口数量都在千万级及以上，相互人口差距最小也在 1 300 万人，且在 2013—2019 年这些国家未发生过足以影响人口数量激增或骤减的事件，在此认为，这 10 个国家在短期内不可能在人口排名上有所变化。综合以上因素考虑，以 2019 年联合国公布的人口数量为准则更为科学。

经查询，所选取的 10 个国家人口和领土面积数据如表 5 - 3 所示。

表 5 - 3　《人民日报》和《环球时报》2013—2019 年国际报道总量排名前十国家的人口和国土面积情况

国家	人口/百万人	面积/千平方公里
美国	329.06	9834
日本	126.86	378
英国	67.53	242
韩国	51.23	100
俄罗斯	145.87	17 098
德国	83.52	357
法国	65.13	552
印度	1 366.42	2 980
朝鲜	25.67	121
西班牙	46.74	506

在确定了人口和国土面积的数据后,使用 SPSS 软件将这些国家在 2013—2019 年的总报道量与这些国家的人口和国土面积进行数理上的相关性分析。计算结果如表 5 - 4 所示。从相关性数值上看两家媒体报道量排名前十位的国家的报道量与这些国家的人口和领土面积并没有显著的相关性,说明我国媒体对于一国报道的报道量多少与这个国家的人口和领土面积没有统计学上的相关性,即不能简单地认为国家人口越多,中国媒体对其报道量越大,也不能说一个国家的领土面积越大,中国媒体报道量就越大。因此,假设一和假设二不被支持。

表 5 - 4　报道量与各国人口和领土面积斯皮尔曼相关性分析结果

	总报道量	人口	领土面积
相关系数	1	0.479	0.067
显著性(双尾)	.	0.162	0.855
个案数	10	10	10

2. 经济要素与国际新闻报道量的相关性分析

媒体报道有它的滞后性。如果说一个国家的经济要素能够影响它在另外一个国家媒体的报道量的话,那么一定是某个时刻的经济要素影响了后来的报道。在所有阅读过的文献中,使用新闻流动理论研究经济要素与报道量的关系时,都是用某年的经济数据与下一年的报道量情况做分析。因此本章对于经济要素与国际新闻报道量相关性分析也采用这一方法。为了排除偶然性,本书以年为单位对数据进行多组验证。

1)国内生产总值(GDP)与国际新闻报道量的相关性分析

考虑到数据的完整性和权威性,本章采用联合国网站公布的 GDP 数据作为统计数据。相关数据均在联合国官方网站(http://data.un.org)查询。

表 5-5 列出了《人民日报》和《环球时报》两家报纸 2013—2019 年报道量排名前十位国家 2012—2018 年按现价美元统计的 GDP 情况。[①] 从表中我们可以看到,美国的 GDP 精确到了百万美元,而其他国家的 GDP 则是精确到 1 美元,本章认为,这是受到汇率计算影响才导致的结果。因此,为了确保计算精确性,对于这些国家 GDP 数据则以亿美元为单位,并按照世界银行的数据呈现方式,保留两位小数进行修正。修正后的 GDP 数据如表 5-6 所示。

---

① 联合国官网.世界各国 GDP 数据[EB/OL]. http://data.un.org.

表 5－5 相关国家 2012—2018 年的 GDP 统计

国家	当年 GDP/美元						
	2012	2013	2014	2015	2016	2017	2018
美国	16.197.00.000.000	16.784.851.00000	17.527.258.000.000	18.224.780.000.00	18.715.040.000.000	19.519.421.00000	20.580.223.000.000
日本	6.203.213.121.334	5.155.717.056.271	4.850.413.536.038	4.389.475.622.589	4.926.667.087.365	4.859.950.558.539	4.971.323.079.772
英国	2.704.887.678.387	2.786.022.872.707	3.063.803.240.208	2.928.591.002.003	2.694.283.209.613	2.666.229.179.958	2.855.296.731.522
韩国	1.278.427.604.741	1.370.795.179.109	1.484.318.172.645	1.465.773.245.547	1.500.111.550.981	1.623.901.466.309	1.720.488.934.018
俄罗斯	2.210.254.729.412	2.297.124.890.547	2.063.663.346.311	1.366.030.807.179	1.285.014.137.558	1.581.442.647.526	1.660.514.169.265
德国	3.527.344.944.140	3.732743.446.219	3.883.920.155.292	3.360.549.973.889	3.466.790.065.012	3.665.804.120.835	3.949.548.833.953
法国	2.683.825.225.093	2.811.077.725.704	2.852.165.760.630	2.438.207.896.252	2.471.285.607.082	2.592.689.469.914	2.778.892.247.475
印度	1.860.877.235.564	1.917.053.695.705	2.042.939.289.738	2.146.758.608.055	2.286.233.127.074	2.625.091.065.170	2.779.351.532.560
朝鲜	15.907.396.534	16.565.034.101	17.395.832.618	16.282.601.357	16.786.184.836	17.364.724.931	17.487.261.057
西班牙	1.324.820.091.195	1.354.757.433.213	1.369.398.844.600	1.195.119.269.972	1.232.076.017.362	1.312.551.705.955	1.419.735.245.005

表 5 – 6　修正后的相关国家 2012—2018 年的 GDP 数据

国家	当年 GDP 修正数据／亿美元						
	2012	2013	2014	2015	2016	2017	2018
美国	161 970.07	167 848.51	175 272.58	182 247.80	187 150.40	195 194.24	205 802.23
日本	62 032.13	51 557.17	48 504.14	43 894.76	49 266.67	48 599.51	49 713.23
英国	27 048.88	27 860.23	30 638.03	29 285.91	26 942.83	26 662.29	28 552.97
韩国	12 784.28	13 707.95	14 843.18	14 657.73	15 001.12	16 239.01	17 204.89
俄罗斯	22 102.55	22 971.25	20 636.63	13 660.31	12 850.14	15 814.43	16 605.14
德国	35 273.45	37 327.43	38 839.20	33 605.50	34 667.90	36 658.04	39 495.49
法国	26 838.25	28 110.78	28 521.66	24 382.08	24 712.86	25 926.89	27 788.92
印度	18 608.77	19 170.54	20 429.39	21 467.59	22 862.33	26 250.91	27 793.52
朝鲜	159.07	165.65	173.96	162.83	167.86	173.65	174.87
西班牙	13 248.20	13 547.57	13 693.99	11 951.19	12 320.76	13 125.52	14 197.35

　　在得到整理好的各国各年份的 GDP 数据后,本书将《人民日报》和《环球时报》在 2013—2019 年报道总量排名前十位的国家每年的报道量作为变量 1,将这些国家前一年的 GDP 数据作为变量 2 展开相关性分析,得到了 7 组相关性统计的结果。计算结果如表 5 − 7 所示。

表 5 − 7　《人民日报》《环球时报》2013—2019 年国际报道总量前十名国家的年报道量与前一年 GDP 的斯皮尔曼相关性分析

	变量 1	变量 2	变量 1	变量 2	变量 1	变量 2
	报道量	GDP	报道量	GDP	报道量	GDP
	2013	2012	2014	2013	2015	2014
相关系数	1	0.576	1	0.673*	1	0.799**
显著性(双尾)	.	0.082	.	0.033	.	0.006
个案数	10	10	10	10	10	10
	报道量	GDP	报道量	GDP	报道量	GDP
	2016	2015	2017	2016	2018	2017
相关系数	1	0.564	1	0.736*	1	0.659*
显著性(双尾)	.	0.09	.	0.015	.	0.038
个案数	10	10	10	10	10	10
	报道量	GDP				
	2019	2018				
相关系数	1	0.804**	*在 0.05 级别(双尾),相关性显著			
显著性(双尾)	.	0.005	**在 0.01 级别(双尾),相关性显著			
个案数	10	10				

　　如表 5 − 7 所示,从斯皮尔曼相关性指数上看,在统计的 7 组数据中,有 5 组结果都显示了两个变量的显著相关性。这说明我国媒体国际报道中被报道的国家的报道量与这个国家的 GDP 有着显著的相关性,即一个国家的 GDP 越高,中国媒体对这个国家的国际新闻报道量就越大,进而验证了研究假设三。

2）对华贸易额与国际新闻报道量的相关性分析

受到统计计算方法差异等因素的影响，贸易国双方对双边贸易额的统计结果常有不同。鉴于《人民日报》和《环球时报》的党报属性，本次研究中，被报道国的对华贸易额采用商务部发布的《对外投资合作国别（地区）指南（2019 年版）》①各国指南的数据为准。需要说明的是，在各国的指南中，如果商务部等中国政府相关部门发布的文件中公布了中方计算的与对象国的双边贸易额，不论是否同样公布了对方统计的贸易额，本章全部采纳中方计算并公布的数据；如果发布的文件中没有公布中方计算的数据，但是公布了对象国的计算结果，则有理由并可以认为中国政府认可该数据，本章也予以采纳。在这 10 个国家中，中德双边贸易额属于此类情况。最后，由于商务部没有发布针对朝鲜的指南，因此对中朝双边贸易额则参考标有数据来源为"中国海关"的国内媒体数据。②

由于该文件仅列出了这些国家（除朝鲜外）2014—2018 年双边贸易额，且对于本章来说，这些年份的数据已经足够，因此不再查找其他年份数据，已有数据整理在表 5-8 中。

表 5-8　《人民日报》《环球时报》2013—2019 年国际报道量前十名国家 2014—2018 年
对华贸易额 　　　　　　　　　　　　　　　　　　　（单位：亿美元）

国家	对华贸易额				
	2014	2015	2016	2017	2018
美国	5 551.2	5 583.9	5 194.9	5 837	6 335.2
日本	3 124.4	2 786.6	2 747.9	3 029.8	3 276.6
英国	809	785	743	790	804
韩国	2 904.9	2 758.8	2 525.8	2 802.6	3 134.3
俄罗斯	952.8	680.6	695.6	840.7	1 070.6
德国	1 542	1 627.3	1 699.1	1 867.6	1 993
法国	557.9	514.1	471.3	544.6	629

① "走出去"公共服务平台. 对外投资合作国别（地区）指南（2019 年版）［EB/OL］. http://fec. mofcom.gov.cn/.

② ELAD SEGEV. Visible and Invisible Countries：News-Flow Theory Revised［EB/OL］.http:// journals.sagepub.com/doi/abs/10.1177/1464884914521579,Journalism，2014-03-05：1-18.

国家	对华贸易额				
	2014	2015	2016	2017	2018
印度	705.9	716.2	711.8	844.1	955.4
朝鲜	63.8956	55.1053	53.7272	50.5515	24.308
西班牙	277	275	274	309	337

在表5-8中我们可以看到，除德国外，我国与相关国家的双边贸易额计量单位都是亿美元，而德国与中国的双边贸易额是亿欧元。考虑到到汇率变化的因素，我们既不能够按照当前的汇率换算成现价美元数据，又无从知晓德国的对华贸易额是以什么样的汇率换算成美元的，因此德国对华贸易额不能作为可用数据进行分析。表5-9是将上述国家在2015—2019年的年报道量作为变量1，对应的前一年的对华贸易额作为变量2带入计算相关性统计的5组结果。

表5-9　相关国家年报道量与前一年对华贸易额数据的斯皮尔曼相关性分析

	变量1	变量2	变量1	变量2	变量1	变量2
	报道量 2015	双边贸易额 2014	报道量 2016	双边贸易额 2015	报道量 2017	双边贸易额 2016
相关系数	1	0.895**	1	0.817**	1	0.787*
显著性（双尾）	.	0.001	.	0.007	.	0.012
个案数	9	9	9	9	9	9
	报道量 2018	双边贸易额 2017	报道量 2019	双边贸易额 2018	*在 0.05 级别（双尾），相关性显著	
相关系数	1	0.745*	1	0.795*		
显著性（双尾）	.	0.021	.	0.01	**在 0.01 级别（双尾），相关性显著	
个案数	9	9	9	9		

从上表中我们可以看到，在被统计的5组结果中，所有组的两个变量都显示了显著的相关性，这说明一国的对华贸易额与中国媒体对该国的报道量有着非常密切的关系。也就是说，对华贸易额越高的国家，中国媒体对这些国家的报道

量越大,结论支持假设四。

3.地理和文化要素与国际新闻报道量的相关性分析

1)地理要素与国际新闻报道的相关性分析

鉴于地缘政治的难以量化性,有关地理要素与一国媒体国际报道的关系展开定量研究的成果并不多见。通常来讲,地理要素主要是指两国之间的距离。在这个方面的成果仍然是 H.Denis Wu 的研究。在他的研究中,两国之间的距离采用的是两国首都之间的距离。[①] 但 2013 年至 2019 年,《人民日报》和《环球时报》两家报纸对于我国邻国的报道量为 657 篇,占抽样的国际新闻总报道的31.44%,是报道量最多的地区。这一客观事实提示我们,我国拥有 14 个陆上邻国和 6 个海洋邻国,是世界上邻国最多的国家。此外,我国是地理大国,但首都北京并未处在国家正中心,加上我们讨论的主题是地理要素与我国媒体国际报道之间的关系,本章对于报道量排名前十位的国家分为两组,一组是我国周边国家,另一组是非周边国家。在此基础上,再根据本组内国家的首都与北京的距离认定为两国距离。除朝鲜外,两国首都的距离均通过 http://www.indo.com/distance/网站手动输入两国首都名称获取数据。[②]

表 5-10 列出了《人民日报》和《环球时报》两家媒体在 2013—2019 年报道总量排名前十位国家与中国的地理关系。从表格中我们可以看到,这 10 个国家刚好有 5 个是中国邻国,5 个不是中国邻国。鉴于上面的分析,为了回答中国邻国与非邻国这样的地理关系是否会对我国的国际报道量产生影响,本次相关性计算分别对 5 个邻国与中国首都的距离与这 5 个国家的报道量、5 个非邻国与中国首都的距离和这些国家的报道量,以及总体这 10 个国家与中国首都之间的距离和报道量进行斯皮尔曼相关性检验。其结果见表 5-11。

---

① H. DENIS WU. Systemic determinants of international news coverage: a comparison of 38 countries [J]. Journal of Communication,2000,50(2):110-130.

② 该网站使用美国密歇根大学地理名称服务器和世界城市的补充数据库来查找两个地点的纬度和经度,然后计算它们之间的距离,但没有查到朝鲜首都平壤的数据。平壤北京的物理距离通过百度搜索引擎搜索得出。

表 5 - 10　《人民日报》和《环球时报》2013—2019 年报道总量排名前十位国家与中国的地理关系

国家	首都	与中国首都的距离/千米	中国邻国
美国	华盛顿	11 170	
日本	东京	2 103	√
英国	伦敦	8 161	
韩国	首尔	962	√
俄罗斯	莫斯科	5 807	√
德国	柏林	7 379	
法国	巴黎	8 238	
印度	新德里	2 341	√
朝鲜	平壤	809	√
西班牙	马德里	5 742	

　　从表 5 - 11 中我们可以看到,如果简单地将相关国家的首都与中国首都之间的距离和我国媒体对其报道量展开相关性分析的话,并不具备统计学上的相关性。同样,即使将每个国家与中国的距离和我国媒体对这些国家报道量进行相关性分析,结果亦没有相关性,即假设五不成立。

表 5 - 11　相关国家报道量与该国和中国距离的斯皮尔曼相关分析结果

	总体		非邻国		邻国	
	报道量	距离	报道量	距离	报道量	距离
相关系数	1	0.345	1	0.7	1	0.2
显著性(双尾)	.	0.328	.	0.188	.	0.747
个案数	10	10	5	5	5	5

　　2)文化要素与国际新闻报道的相关性分析

　　有关文化要素方面,为了能够使用量化的方法来衡量被报道的国家与中国的文化差异度,本章以霍夫斯泰德文化维度理论对《人民日报》与《环球时报》两家媒体报道量前十名的国家的文化与中国文化的差异度做出数值上的计算。

　　霍夫斯泰德文化维度理论是荷兰心理学家吉尔特·霍夫斯泰德提出，并用来衡量不同国家文化差异的一个框架。他认为，文化是在一个环境下人们共同拥有的心理程序，能将一群人与其他人区分开来。在 1980 年，霍夫斯泰德出版了《文化的影响力：价值、行为、体制和组织的跨国比较》一书，在采纳了其他学者的建议后，最终对其理论做出了归纳性的阐述。根据霍夫斯泰德理论，衡量一种文化的价值观可以分为六个维度，即权力距离（power distance）、不确定性的规避（uncertainty avoidance）、个人主义/集体主义（individualism versus collectivism）、男性化与女性化（masculinity versus femininity）、长期取向与短期取向（long-term versus short-term）、自身放纵与约束（indulgence versus restraint）。[①]

　　地理与文化要素都只包含一个维度，且这两个要素的数据可以认定为常量，即地理位置和文化相似度在所研究的时间段内不会产生变化。因此不对每个国家每年的报道量与地理文化要素做分析，只将这些国家 7 年的整体报道量与两个维度做相关性分析。

　　在《民族文化对进入模式选择的影响》一文中，Bruce Kogut，Harbir Singh 两位教授建立了数学模型，使用霍夫斯泰德文化维度中权力距离、个体主义、男性化与女性化、不确定性的规避这四个维度的指数，对不同文化与美国文化的差异进行了计算和评估。[②] 其公式为：

$$CD_j = \sum_{i=1}^{4} \left\{ (I_{ij} - I_{iu})^2 / V_i \right\} / 4$$

　　其中，CD_j 表示的是某一国家与美国文化差异指数，I_{ij} 代表该国在霍弗斯泰德文化维度中的某一个维度的指数，I_{iu} 则代表同一维度下美国的指数，V_i 代表的是这个维度上所有所计算国家数值的方差。两位教授已经在论文中对该公式和可用性做出了足够的解释，在此不再赘述。仅将公式中的 I_{iu} 的含义修正为某一维度下中国的指数并带入计算。表 5-12 列出了经过整理后的《人民日报》与《环球时报》两家媒体报道量前十名的国家和中国的文化指数及计算结果。因

　　① 百度百科.霍夫斯泰德文化维度理论［EB/OL］. https：//baike.baidu.com/item/霍夫斯泰德文化维度理论/16697781? fr＝aladdin.

　　② BRUCE KOGUT，HARBIR SINGH. The effect of national culture on the choice of entry mode［J］. Journal of International Business Studies，1988，19（3）：422.

为朝鲜的数据处于缺失状态,因此本次对文化差异与报道量相关性的检验不包括朝鲜。

表 5 - 12　相关国家的霍弗斯泰德文化指数及计算结果

国家	与中国文化差异计算结果	相关霍夫斯泰德文化指数			
		权利距离	个体主义	男性化与女性化	不确定的规划
美国	3.07	40	91	62	46
日本	2.78	54	46	95	92
英国	3.13	35	89	66	35
韩国	1.95	60	18	39	85
俄罗斯	2.53	93	39	36	95
德国	2.60	35	67	66	65
法国	2.68	68	71	43	86
印度	0.42	77	48	56	40
西班牙	2.33	57	51	42	86

资料来源：https://geerthofstede. com/wp-content/uploads/2016/08/6-dimensions-for-website - 2015 - 08 - 16.xls。

　　表 5 - 13 即相关国家的报道量与中国文化差异计算结果的相关性分析。结果显示,文化差异度与报道量呈现了正相关性,即我们不能说一个国家与中国文化相似度越近,中国媒体对其报道量越大。

表 5 - 13　相关国家报道量与文化差异的斯皮尔曼相关性检验

	各国报道总量	文化差异
相关系数	1	0.683*
显著性(双尾)	.	0.042
个案数	9	9

注:在 0.05 级别(双尾),相关性显著。

　　那么是否可以说一个国家文化与中国文化相似度越远,则媒体对其报道量越大呢？就目前的统计数据来看似乎可以，但是如果实际代入计算的 9 个国家的报道量和文化差异进行排序的话，不难发现二者的相关性并没有特别强。考虑到本书没有评估报道量受到各个要素影响的程度以及计算样本的数量，这里不再对这个问题再次探索。仅得出的结论：假设六不被计算结果支持。

总结与评估

本章对媒体中相关国家的报道量与这些国家的三大要素六个维度进行了统计意义上的相关性分析。从结果来看，对于本章提出的六个假设，只有假设三和假设四得到了证实。

一、研究结论

在 2013—2019 年中，《人民日报》和《环球时报》两家报纸国际报道中报道总量排名前十位的主要报道国的国家要素（包括人口和领土面积）和地理要素（国家距离）没有相关性。由此我们发现我国媒体对于一国的报道量与该国的人口、领土面积和两国距离没有相关性，假设一、假设二、假设五不成立。

从 GDP 角度看，研究数据表明一国的 GDP 和其对华贸易额这两个维度与我国媒体国际新闻报道存在显著相关性，即一国的 GDP 越高，我国媒体对该国的报道量越大。这一结论在所抽样调查 7 年的数据中，有 5 年都得到强有力支持。从具体的对华贸易额看，统计的 5 年数据都显示了所研究国家对华贸易额与报道量的显著相关性，因此本章多数年份的数据支持了假设三，假设四完全成立。

最后，从文化要素上看，文化差异度与报道量有着相关性，但是考虑到被报道国经济要素的影响和对比了实际报道量与文化差异性的排列，单独讨论文化要素与报道量的关系显著相关的这一统计结论可能存在偏差。因此，本章研究结果仅否定假设六，不再继续深入探讨。

二、评估

与国外学者研究本国或国际媒体新闻流动的大部分结论相同的是，经济要素对我国媒体国际新闻报道量存在着强有力的影响，但是国家因素并没有与我国媒体国际新闻报道量表现出相关性，这符合我国以经济建设为中心的原则，也符合我国"走出去"的战略。特别是在当下，作为全球产业链的重要一环，从业务区域看，我们支持的项目遍布160个国家，经济要素与国际报道的高度相关性适应了高水平全面开放的客观事实。①

　　文化因素与我国媒体国际新闻报道的相关性不强的研究结果，反映了我国媒体的客观性，但是在中美关系面临巨大挑战、错综复杂的国际态势下，国家的意志也需要媒体进行助力。客观性是国际新闻报道新闻事件的一个理想化状态，但是我们也要认识到，拥有政治倾向性也是一个媒体存在的价值之一。民众对于国际事件的认识，既包括"是什么"这样的来龙去脉，也包括"为什么"这样的是非曲直的解释。对于国际事件，尤其是国际政治事件来说，站在不同立场，是非曲直往往是不同的。这就要求媒体更加全面地报道事件参与者的立场和目的，以及在不同文明范式下的逻辑起点。从这个意义上说，秉持马克思主义新闻观的我国官方媒体是否也需要从文化相似度的角度来协调不同国家的报道量，以及如何开展这样的协调，有待学界和业界共同思考和探讨。

　　最后，新闻媒体更加愿意报道经济大国这一现象是可以理解的。同时我们也不能够忽略国际新闻流动中的不平衡性。广大发展中国家在国际新闻中得不到更多的报道量这一事实在我国媒体中也有所显现。中国仍然是发展中国家，目前我国积极推进的"一带一路"倡议也包括了广大发展中国家。为了让更多民众了解"一带一路"沿线国家的政治、经济、文化等情况，我国媒体可以考虑降低对欧美国家报道权重，增加对发展中国家的报道量，让广大读者更具有全球化的视野，了解世界各地的发展状况。

---

① 实现"两个循环"彼此促进（开放谈）［EB/OL］.人民网. https://baijiahao.baidu.com/s？id＝1669627025685396801&wfr＝spider&for＝pc，2020－6－16.

第六章 中国主流媒体对民众全球观的塑造

"当今世界正处于百年未有之大变局。"习近平主席的这一论断揭示了当今世界的新形势。"百年未有之大变局"不仅代表了世界各国政治、经济及科技发展带来的结构性"变局",也代表着国际格局和秩序正发生深刻变革的"乱局"。①

目前全球治理面临着重大挑战,国际秩序比 20 世纪美苏冷战结束后的多数时间都更加混乱。②英国脱欧,美国不断"退群",法国称北约经历"脑死亡"等,都成为西方国家传统关系裂痕扩大的缩影。③尽管如此,加强区域合作、推进多边主义仍是世界各国的共同愿望。在各国的共同期盼中,新的国际秩序处于孵化阶段,世界政治已经步入新的历史长周期。④

在世界格局重构的潮流中,中国正以惊人速度发展,并处于近代以来最好的发展时期。⑤中国不但注重自身的发展,还将自身命运与世界各国人民的命运紧密相连,提出"人类命运共同体"的理念。当前中国协助世界各国共同对抗新冠病毒的行动就是中国践行该理念的生动体现。⑥"人类命运的共同体"是以人民为中心的发展理念,这与西方世界"资本至上"的立场形成鲜明对比,将助力国际

① 高飞.大变局与中国外交的选择[J].国际问题研究,2019(06):25-40+127-128.

② 金灿荣.百年未有之大变局与中国担当[N].解放军报,2019-12-11(004).

③ 特稿:变局中寻路——2019 年国际形势回眸[EB/OL].http://www.xinhuanet.com/world/2019-12/19/c_1125366230.htm.

④ 特稿:在世界大变局中奋进新时代[EB/OL].http://www.xinhuanet.com/2019-08/28/c_1124931634.htm.

⑤ 特稿:在世界大变局中奋进新时代[EB/OL].http://www.xinhuanet.com/2019-08/28/c_1124931634.htm.

⑥ 推动构建人类命运共同体的大国担当[EB/OL].http://theory.people.com.cn/n1/2020/0408/c40531-31664999.html.

社会形成思想合力，并进一步推动新型全球化的深入发展。[①]中国还积极推进"一带一路"的建设，向国际社会提供中国方案，分享中国经验。[②]这不但有助于国际社会的稳定和发展，也使得中国民众的民族自豪感得以提升，中国民众看待世界的视角变得更加自信和包容。

在中国顺应国际潮流迅速发展的过程中，中国互联网技术和对外开放程度大幅提高，这使得中国民众拥有更多获取信息的方式。在中国与国际社会联系日趋紧密的过程中，中国民众了解这个多变世界的信息渠道变得更加多元化。自媒体的发展使得人人都能手握麦克风，这虽然有助于民众更好地传递自己的观点，吸收各方的意见，但也导致了虚假新闻和反转新闻的肆意泛滥，使得网络舆论的生态圈受到破坏，从而影响民众对于主流媒体的信任程度。[③]

在这样的环境下，我国主流媒体更应该发挥好引导舆论的作用，利用多种媒介方式扩大自身影响力，更好地引导中国民众对当今世界的认知与判断，即中国民众的全球观。接下来，本章将围绕中国主流媒体对中国民众全球观的塑造这个话题展开。

第一节　中国民众全球观与中国主流媒体

一、全球观定义

本章将上文提到的中国民众"关于世界的认知"概括为中国民众的"全球观"。"全球观"涉及的范围较广且目前学界尚未有明确的概念，本章认为可以借鉴与之类似的概念，例如"世界观""世界观念""国际观"等。

根据大辞海官方网站的相关定义，"观"就是人们对于事物的看法或态度。[④]"世界观"即人们对于整个世界的总的根本看法。[⑤] 夏学銮认为，中国世界观实

---

① 季思.以中国智慧破解全球化三大困局[J].当代世界,2020(05):1.
② 张学军.中国方案的世界意义[J].河南农业,2019(36):56－59.
③ 孟元元.社交网络时代主流媒体舆论引导策略研究[J].记者摇篮,2020(04):37－38.
④ 大辞海[DB/OL].http://www.dacihai.com.cn/search_index.html? _st＝1&keyWord＝%E4%B8%96%E7%95%8C%E8%A7%82.
⑤ 大辞海[DB/OL].http://www.dacihai.com.cn/search_index.html? _st＝1&keyWord＝%E4%B8%96%E7%95%8C%E8%A7%82.

质上是中国观察世界的视角与视点,体现出国家意志和国家利益。① 金灿荣认为"国际观"即某个阶段某个国家的主流人群对外部世界的共同认识,包括特定的集体心态、对外部世界的知识水平、与外部世界互动的热情。② 翟石磊在综合其他学者定义的基础上,认为国际观的认知主体是国民或人,认知对象是对于本国或本国与他国的认知状态。③ 王文认为在中国提出"一带一路"倡议后,由于中国与世界的互动从"向西方学习"转变成"向世界分享中国经验",中国的世界观已经开始呈现出"全球性",因此本章采用"全球观"的概念。

结合上述相关概念的阐述,本章把"全球观"定义为人们对于世界上其他国家的观点和态度。根据夏学銮的中国世界观分层研究,不同的群体形成的世界观也不尽相同,老年人的世界观相对大度、温和,而年轻人的世界观则具有进取和刚性等特点。二者之所以会产生不同的世界观,这是由于他们的年龄特点和阅历经验不同所产生的差别,并无本质上的差别。④

二、中国民众全球观的演变

中国民众的全球观究其根源是由两个因素决定的,一是以中国经济文化发展水平为代表的中国社会的发展水平,二是中国在世界体系中的地位。⑤ 新中国成立初期,中国刚从常年的战争中解放出来,百业待兴,需要相对平和、稳定的环境。为巩固新生政权,中国实行"一边倒"的外交政策,在美苏冷战格局中倒向以苏联为首的社会主义阵营。⑥ 在这个时期,中国民众全球观中的重点对象是苏联。此后,中国的工业和国民经济体系逐渐完善,独立自主地研发出"两弹一星一潜艇",还对"第三世界"的民族革命运动给予支持,因此中国被视为独立于冷战世界两大阵营之外的革命领袖。但这个时期,中国仍与发达世界保持着紧张的关系。⑦

改革开放初期,邓小平推动了向西方国家学习科学技术的思潮。邓小平提

---

① 夏学銮.中国世界观与世界中国观[J].人民论坛,2009(20):16-17.
② 金灿荣.今天,我们需要确立什么样的国际观[N].北京日报,2012-04-20.
③ 翟石磊.当代中国世界观话语建构研究[D].上海:上海外国语大学,2014.
④ 夏学銮.中国世界观与世界中国观[J].人民论坛,2009(20):16-17.
⑤ 高翔.从"天下"到"世界"——中国认知世界的观念变迁[J].人民论坛,2009(20):13-15.
⑥ 冯红丽.20世纪50年代初期毛泽东"一边倒"外交政策的原因及评价[J].世纪桥,2018(08):6-7.
⑦ 王文."一带一路"重构中国人的世界观[J].中央社会主义学院学报,2017(04):33-38.

出"引进新技术、新设备,扩大进出口""要多争取出口一点东西,换点高、精、尖的技术和设备回来"。①"文革"结束后,邓小平连续访问了当时全球两大经济体——日本和美国,并号召"虚心学习,迅速掌握世界最新的科学技术"。"言必称西方"的思潮在这个时期较为普遍,西方发达国家成为当时中国人全球观中主要的学习对象,中国开始不断向发达国家引进外资、科技和管理经验。②

2008 年是中国民众重新认识外部世界的"元年"。中国民众的全球观发生了重大的转变。这一年,中国首次举办奥运会,在惊艳世界的同时也向世界证明了中国的实力。同年,西方世界遭遇金融危机,继而引发了全面的社会危机和政治危机。这使得中国民众意识到西方世界的体系也存在着缺陷和弊端,"西方神话"自此走下神坛,中国开始重新认识世界。③

自 2013 年中国提出"一带一路"倡议后,中国才在真正意义上扭转了被动接受外来观念输入的状态,开始主动向全球分享对外政策和全球治理观念。"一带一路"不但促进了沿线国家的经贸合作,也推动了中国与世界的融合。中国民众不再认为自己是在向西方世界靠拢,而是与整个世界相通,并且正在全球范围内被正视和认可,而不仅限于部分区域。④在这个时期,中国民众的全球观体现出更加自信、包容的特征。

三、中国主流媒体报道对民众全球观的塑造和议程设置

本书第二章提出了国际新闻报道发展的三个范式,分别是"革命型"范式、"发展型"范式和"文明型"范式。这实质上恰好与我国民众全球观的三个发展阶段相吻合,即"一边倒"阶段、"虚心向西方学习"阶段和"向世界分享中国道路"阶段。中国主流媒体的国际新闻报道顺应国际形势的变化和中国的发展形成不同的范式,同时也在引导中国民众更好地认识世界。

进入 21 世纪后,互联网的迅速发展使得新闻媒体变成了民众认知世界的主要渠道。⑤ 中国主流媒体的国际新闻报道实际上是民众全球观的重要塑造者。

① 邓小平思想年谱[EB/OL].http://cpc.people.com.cn/GB/33839/34943/34980/2632747.html.
② 王文."一带一路"重构中国人的世界观[J].中央社会主义学院学报,2017(04):33-38.
③ 郑若麟.从"世界观念"的形成看国际新闻报道[J].对外传播,2015(12):21-22.
④ 王文."一带一路"重构中国人的世界观[J].中央社会主义学院学报,2017(04):33-38.
⑤ 郑若麟.从"世界观念"的形成看国际新闻报道[J].对外传播,2015(12):21-22.

互联网的蓬勃发展也带来了自媒体的兴起,这导致中国主流媒体的影响力面临挑战。一个具体的表现是,中国民众不但会关注官方话语,也会在社交媒体上关注社会知名人士的看法,如专栏作家、律师等。[①]

新闻传播学中的议程设置理论提出,新闻报道可以影响公众对于重要议题的判断。[②] 新闻媒体通过报道不寻常的事件,忽略不具有新闻价值及不够典型的事件来影响受众的判断。[③] 而二级议程设置理论则认为,媒介不仅能引导受众"想什么",还成功引导受众"怎么想"。也就是说,媒体可以通过强调客体的某个属性而影响受众对于客体的理解。[④]

在媒体报道对于民众全球观的塑造方面,有外国学者在多年前进行过相关研究。例如,Wayne Wanta 和 Guy Golan 等人在 2004 年通过检验 ABC,CBS,NBC 和 CNN 中涉及外国的报道和民意调查数据的相关性验证了议程设置理论:一个国家获得的媒体报道越多,受访者就越有可能认为该国家对美国利益至关重要,验证了一级议程设置假设;一个国家获得的负面报道越多,受访者对该国持负面看法的可能性就越大,证实了二级议程设置假设,值得注意的是,对一个国家的积极报道不会影响民众对于该国的看法。[⑤]

国内学者苏林森研究了美国媒体对于美国人"中国观"的塑造,发现从媒体的一级议程设置效果上看,在中美冲突相关议题上,美国媒体对于美国人"中国观"的塑造能力最显著;在中国旅游业议题上,美国媒体对于美国人"中国观"的塑造能力最弱。一级议程设置效果受到人口因素的影响很弱。从二级议程设置效果来看,美国媒体对美国人的"中国观"产生了相对负面的影响。二级议程设置效果受到人口因素的影响较大,年龄大、收入高和受教育程度高的美国人,其"中国观"更容易受到媒体的负面影响。也就是说,在美国媒体对于美国人"中国

---

①　单亿春.下一个出口纸媒的革命之路[M].北京:新华出版社,2015.

②　郭镇之.关于大众传播的议程设置功能[J].国际新闻界,1997(03):18 - 25.

③　PERRY D K. The Image Gap:how international news affects perceptions of nations[J]. Journalism & Mass Communication Quarterly,1987,64(2 - 3):N/A.

④　麦克斯韦尔-麦考姆斯,郭镇之,邓理峰.议程设置理论概览:过去,现在与未来[J].新闻大学,2007(03):55 - 67.

⑤　WANTA W,GOLAN G,LEE C . Agenda setting and international news:media influence on public perceptions of foreign nations[J]. Journalism & Mass Communication Quarterly,2004,81(2):364 - 377.

观"的塑造上,一级议程设置效果比二级议程设置效果更加普遍。①

《中国民众的国际观》一书曾显示出不同性别、年龄段、学历和职业的中国民众对于世界的认知存在不同之处。以对美国的认知为例,根据 2011 年调研,女性对于中美关系的看法比男性稍微乐观;年长者对于中美关系发展的判断更加冷静;文化程度高的受访者比文化程度低的受访者对于中美关系的看法更容易达成一致;学生群体比其他职业对于中美关系的前景更加谨慎乐观。② 因此,中国主流媒体对于按以上人口因素划分的各个群体的全球观是否会具有不同程度的塑造能力,也是本章即将讨论的问题。

2015 年主流媒体公信力调查显示,男性对于《人民日报》的信任程度较女性更高。在媒介选择上,男性偏爱纸媒,而女性则偏爱视听类媒体;年龄越大的群体对于主流媒体公信力的评价越高;学历越高的群体对主流媒体的信任程度越低③。

基于以上文献的整理,本章提出以下研究问题与假设:

由于互联网的发展使得我国民众有了更多认知世界的方式,因此提出研究问题一:在数字时代的今天,我国民众主要通过什么方式了解国际新闻? 他们对主流媒体的关注程度有多高?

由于主流媒体的影响力受到了自媒体的挑战,民众更倾向于聆听多方声音,而不仅限于主流媒体。因此提出研究问题二:我国主流媒体会在多大程度上塑造我国民众的全球观? 即我国主流媒体对我国民众的全球观产生了多大程度的议程设置影响?

根据 2016 年媒体公信力调查,在传统媒体中最受信赖的报纸是《人民日报》;在网络媒体中,最受信赖的网站为人民网。④ 由于《人民日报》是党和政府的喉舌,具有极高的公信力,因此提出假设一:中共中央机关报《人民日报》比市场化报纸《环球时报》对民众全球观的塑造能力更强。

---

① 苏林森.感知的议程设置效果:媒介对美国人涉华认知的影响研究[J].中国新闻传播研究,2018 (01):43-59.

② 李慎明,吴恩远.中国民众的国际观(第 4 辑)[M].北京:社会科学文献出版社,2014:54-81.

③ 强月新,徐迪.我国主流媒体的公信力现状考察——基于 2015 年问卷调查的实证研究[J].新闻记者,2016(08):50-58.

④ 2016 媒体公信力调查:网络媒体人民网公信力排名第一[EB/OL].http://politics.people.com.cn/n1/2016/0802/c1001-28605575.html.

由于男性对于《人民日报》的信任程度更高，且比女性更加喜爱阅读纸媒，因此提出假设二：我国主流媒体对于男性民众全球观的塑造能力更强。

由于年长者对于主流媒体的公信力评价更高且受到自媒体的影响较小，因此提出假设三：我国主流媒体对于年长者全球观的塑造能力更强。

由于低学历民众对主流媒体的信任度较高，因此提出假设四：我国主流媒体对于低学历民众的全球观的塑造能力更强。

关于职业方面，由于体制内的职业要求较强党性，例如公务员、事业单位人员、高校老师以及接受正面教育较多的大学生等，他们对于主流媒体的信任程度可能更高，因此提出假设五：我国主流媒体对于从事国有体制内职业的民众全球观的塑造能力更强。

第二节　研究方法

一、中国媒体国际新闻报道抽样及内容分析

本书在第三章中已经详细介绍了对于样本媒体《人民日报》和《环球时报》的抽样方法，通过对 2013 年至 2019 年《人民日报》和《环球时报》国际新闻报道的抽样，本章共获得 495 篇《人民日报》的样本和 1 595 篇《环球时报》的样本，具体抽样过程不再赘述。在得到 2 090 篇样本后，通过编码得出两家媒体报道量最大的 10 个国家，分别是美国（446 篇）、日本（173 篇）、英国（165 篇）、韩国（135篇）、俄罗斯（113 篇）、德国（86 篇）、法国（75 篇）、印度（62 篇）、朝鲜（55 篇）和西班牙（33 篇）。关于两报对于这 10 个国家的态度倾向，编码类别共分为"完全负面""比较负面""中立""比较正面"和"完全正面"五项，结果如表 6 - 1 所示。

表 6 - 1　媒体对于十个国家报道的态度分布

	报道量	完全负面	比较负面	中立	比较正面	完全正面
美国	446	20	138	266	19	3
日本	173	13	53	96	11	0
英国	165	3	32	109	19	2

	报道量	完全负面	比较负面	中立	比较正面	完全正面
韩国	135	2	23	97	12	1
俄罗斯	113	0	7	85	17	4
德国	86	1	18	54	11	2
法国	75	1	16	52	6	0
印度	62	0	22	36	4	0
朝鲜	55	1	12	34	8	0
西班牙	33	0	6	23	2	2

二、中国民众的全球观调查

2020 年 4 月 13 日,本章通过问卷星向全网发放了题为《中国媒体中的世界图像及全球观调查》的问卷,并先后通过课题组成员自主推送和购买问卷星样本服务的方式于 4 月 21 日收回有效样本 566 份。其中组内成员推送收回有效样本 256 份,问卷星样本服务收回有效样本 310 份。全部样本覆盖除青海省、西藏自治区、澳门特别行政区和台湾地区以外的我国所有省级行政区域,并有 6 份样本来自海外。填写问卷人员的男女比例为 46：53,年龄以 20 至 59 岁为主,学历接近以大学专科或本科为中心的正态分布,职业涵盖问卷中的全部职业范围。

本章将会简述调查数据显示出的当下中国民众了解国际新闻的媒体渠道,和其对于《人民日报》《环球时报》两家媒体的关注情况,然后通过验证中国主流媒体对民众全球观的一级和二级议程设置影响,分析中国主流媒体对于民众全球观的塑造能力。本章将通过对比媒体样本报道量最多的前十个国家和受访者对于这 10 个国家重要性的排序来分析中国主流媒体是否对中国民众的全球观产生了一级议程设置影响,通过对比媒体样本对于这 10 个国家的态度和受访者对于这 10 个国家的态度分析中国主流媒体是否对中国民众的全球观产生了二级议程设置影响。除此之外,本章还将分析中国主流媒体是否对按性别、年龄、学历、职业划分出的各个组别民众的全球观具有不同程度的塑造能力。

第三节　中国主流媒体报道对民众全球观的塑造

一、中国民众对于国际新闻及主流媒体的关注

问卷结果显示,受访者通过媒体了解国际新闻排名前五的方式分别是"网站"(69.96%)、"关注新闻媒体微信公众号"(60.25%)、"电视"(57.6%)、"随便看看微博热搜、热门话题、网友转发的微博等"(42.58%)和"微信好友在朋友圈的转发或'在看'"(36.57%)。通过阅读报纸了解国际新闻的受访者占比最小,仅为11.84%。总体来看,大部分民众选择通过新媒体的方式了解国际新闻,例如微信、微博、新闻网站等。值得注意的是,在以微信了解国际新闻的方式中,60.25%的受访者选择了通过"关注新闻媒体微信公众号"主动获知国际新闻,36.57%的受访者选择了通过"微信好友在朋友圈的转发或'在看'"获知国际新闻。在以微博了解国际新闻的方式中,多数受访者并没有通过主动订阅新闻媒体的官方账号来了解相关信息,而是通过"微博热搜""热门话题和网友转发微博等"方式。在传统媒体方式中,很多民众会选择以电视的方式了解国际新闻,通过其他传统媒体了解国际新闻的人数占比很小。

表 6 - 2　受访者通过媒体了解国际新闻的方式

选项	小计	比例
网站	396	69.96%
报纸	67	11.84%
电视	326	57.6%
广播	92	16.25%
关注新闻媒体的官方微信公众号	341	60.25%
关注非新闻媒体微信公众号	126	22.26%
微信好友在朋友圈的转发或"在看"	207	36.57%
关注新闻媒体的官方微博账号	190	33.57%
关注的大 V 等有影响力的个人微博账号	136	24.03%

(续表)

选项	小计	比例
随便看看微博热搜、热门话题、网友转发的微博等	241	42.58%
新闻媒体手机 App 客户端	192	33.92%
其他	24	4.24%
本次有效填写人次	566	

如表 6-3 所示,在对于本章样本媒体《人民日报》的关注上,有 28.62% 的受访者表示几乎不看《人民日报》。在阅读《人民日报》的方式上,受访者大多使用新媒体方式阅读《人民日报》,少数受访者会订阅纸质版《人民日报》。最受欢迎的方式是通过关注《人民日报》微信公众号阅读其推送内容,有 39.22% 的受访者选择了这一项。除此之外,也有 27.21% 的受访者表示会通过关注《人民日报》官方微博阅读推送信息,20.67% 的受访者表示会浏览人民网。下载并使用《人民日报》App 的受访者人数占比很小,仅占 5.83%。

表 6-3 受访者关注《人民日报》的方式

选项	小计	比例
几乎不看	162	28.62%
我订阅并阅读《人民日报》	61	10.78%
我关注了《人民日报》微信公众号并阅读推送内容	222	39.22%
我关注了《人民日报》官方微博并阅读推送内容	154	27.21%
我下载了《人民日报》App 并阅读推送内容	33	5.83%
我浏览人民网	117	20.67%
不主动订阅,但有机会可能偶尔看看(如单位订阅报纸)	106	18.73%
我偶尔在公共场所看《人民日报》阅读器	65	11.48%
其他	7	1.24%
本题有效填写人次	566	

对于另一样本媒体《环球时报》,有 51.94% 的受访者表示从来不会阅读《环

球时报》或 *Global Times*。6.71% 的受访者表示会订阅并阅读《环球时报》或 *Global Times*，3.71% 的受访者表示会在报亭购买《环球时报》或 *Global Times*。在新媒体阅读方式中，17.31% 的受访者关注了《环球时报》或《环球时报》英文版官方微信，12.54% 的受访者关注了《环球时报》或《环球时报》英文版微博公众号，8.13% 的受访者浏览环球网或 *Global Times* 网站。还有很多受访者不会主动通过传统媒体或者新媒体方式阅览该报纸，只在例如坐飞机等特殊情况下可能偶尔看看。

表 6 - 4　受访者关注《环球时报》的方式

选项	小计	比例
几乎不看	294	51.94%
我订阅并阅读《环球时报》或 *Global Times*	38	6.71%
我关注了《环球时报》或 *Global Times* 官方微信公众号并阅读推送内容	98	17.31%
我关注了《环球时报》或《环球时报》英文版官方微博并阅读推送内容	71	12.54%
我下载了《环球时报》或 *Global Times* App 客户端并浏览	14	2.47%
我浏览环球网或 *Global Times* 网站	46	8.13%
我会在报亭购买《环球时报》或 *Global Times*	21	3.71%
不主动去买或订阅，但是有机会可能偶尔看看（如坐飞机等）	122	21.55%
其他	6	1.06%
本题有效填写人次	566	

从以上数据中可以发现《人民日报》作为党和政府的喉舌会受到更多民众的关注，其覆盖率要比市场化媒体《环球时报》高得多。但无论是党媒或是市场化媒体，民众都更加偏爱使用新媒体方式阅读新闻，而非通过主动订阅报纸。

二、中国主流媒体对民众全球观的塑造

本章主要通过验证我国媒体的一级和二级议程设置效果来分析我国主流媒体报道对于民众全球观的塑造能力。一级议程设置效果通过检验媒体对一个国家的报道数量与受访者认为该国对于中国的重要程度是否具有相关性判断，二

级议程设置效果则通过检验媒体对一个国家的报道态度和受访者对于该国的态度是否具有相关性判断。

首先分析样本媒体对民众全球观的一级议程设置作用。根据受访者对于国家重要性的排序,问卷星已按权重自动生成每个国家的选项综合得分,具体计算规则为:选项平均综合得分＝(Σ 频数×权值)/本题填写人次。权值由选项被排列的位置决定。例如有 3 个选项参与排序,那排在第一个位置的权值为 3,第二个位置权值为 2,第三个位置权值为 1。例如一个题目共被填写 12 次,选项 A 被选中并排在第一位置 2 次,第二位置 4 次,第三位置 6 次,那选项 A 的平均综合得分＝(2×3＋4×2＋6×1)/12＝1.67 分。表 6－5 为问卷星自动计算出的 10 个国家的平均综合得分。

表 6－5　问卷星根据受访者对于 10 个国家的排序生成的各国综合得分

选项	平均综合得分
俄罗斯	8.57
美国	8.02
日本	6.29
英国	5.57
韩国	4.95
德国	4.87
法国	4.55
朝鲜	4.42
印度	3.61
西班牙	2.51

为了检验媒体报道量是否影响民众关于其他国家对中国重要程度的判断,本章使用 SPSS 将媒体样本对于 10 个国家的报道数量和问卷星自动生成的 10 个国家的平均综合得分进行斯皮尔曼相关性检验,并得到表 6－6 中的结果。

表 6－6　媒体对受访者全球观的一级议程设置效果检验

	报道量	受访者排序
相关系数 r	1	0.867**
显著性 p（双尾）	.	0.001
个案数	10	10

如表 6－6 所示，$r=0.867$，$p=0.001$，两变量呈高度正相关。也就是说，样本媒体对于一个国家的报道数量很大程度会影响民众对该国重要性的判断。媒体对于一个国家的报道数量越多，民众会认为该国对中国越重要。

在媒体报道态度是否影响中国民众关于各国态度的检验中，为了更方便地使用 SPSS 检验两个变量，本章将媒体报道对于 10 个国家的态度分类进行赋值。"完全负面"的系数为 1 分，"比较负面"的系数为 2 分，"中立"的系数为 3 分，"比较正确"的系数为 4 分，"完全正面"的系数为 5 分。随后计算出媒体对于每个国家各类态度的报道在该国家所有报道中的占比，与这五类态度对应的系数相乘，并相加得到每个国家在媒体报道态度上的分数。（例如，美国在媒体报道上的分数为 $20/446×1+138/446×2+266/446×3+19/446×4+3/446×5=2.66$）。同样地，本章也采用这种方式将受访者对于 10 个国家的态度进行赋值。表 6－7显示了受访者对于 10 个国家持各项态度的分布。

表 6－7　受访者对于 10 个国家的态度分布

题目/选项	完全负面	比较负面	中立	比较正面	完全正面
英国	19(3.36%)	97(17.14%)	338(59.72%)	102(18.02%)	10(1.77%)
朝鲜	18(3.18%)	86(15.19%)	262(46.29%)	172(30.39%)	28(4.95%)
韩国	24(4.24%)	124(21.91%)	288(50.88%)	117(20.67%)	13(2.3%)
俄罗斯	3(0.53%)	17(3%)	155(27.39%)	244(43.11%)	147(25.97%)
法国	11(1.94%)	56(9.89%)	332(58.66%)	147(25.97%)	20(3.53%)
印度	62(10.95%)	212(37.46%)	222(39.22%)	62(10.95%)	8(1.41%)
美国	174(30.74%)	213(37.63%)	132(23.32%)	40(7.07%)	7(1.24%)
西班牙	25(4.42%)	70(12.37%)	357(63.07%)	104(18.37%)	10(1.77%)

题目/选项	完全负面	比较负面	中立	比较正面	完全正面
日本	47(8.3%)	133(23.5%)	226(39.93%)	140(24.73%)	20(3.53%)
德国	7(1.24%)	35(6.18%)	268(47.35%)	216(38.16%)	40(7.07%)

经斯皮尔曼相关性分析，得到表 6-8 中的结果。

表 6-8　媒体对受访者全球观的二级议程设置效果检验

	报道态度	受访者态度
相关系数 r	1	0.733*
显著性 p（双尾）	.	0.016
个案数	10	10

如表 6-8 所示，在二级议程设置检验中，$r = 0.733$，$p = 0.016$，两变量具有较强的相关性。也就是说，样本媒体对于国家报道的态度较大程度上会影响民众对于该国的态度。

三、两家主流媒体对民众全球观的塑造比较

在调查问卷中，如果受访者在第 6 题"您阅读党报《人民日报》吗?"和第 7 题"您阅读《环球时报》(包括英文版 *Global Times*)吗?"中均没有选择"几乎不看"这一选项，即在受访者既关注《人民日报》又关注《环球时报》的情况下，需要回答第 8 题:"如果《人民日报》和《环球时报》同时报道了同一个事件，您更愿意阅读哪家报纸来了解它?"表 6-9 为受访者对该题作出的选择。

表 6-9　受访者对于《人民日报》和《环球时报》的偏好情况

选项	小计	比例
《人民日报》	124	44.93%
《环球时报》	57	20.65%

（续表）

选项	小计	比例
无所谓,哪个都行	89	32.25%
都不看	6	2.17%
本题有效填写人次	276	100%

结果显示,更多的受访者倾向于阅读党媒《人民日报》而非市场化媒体《环球时报》。这是否意味着《人民日报》比《环球时报》对民众的全球观具有更强的塑造能力?

为了检验该问题,本章分别统计了美国、日本、英国、韩国、俄罗斯、德国、法国、印度、朝鲜和西班牙 10 个国家在两家媒体样本中的报道数量,在《人民日报》中的报道数量分别为 108 篇、41 篇、21 篇、15 篇、23 篇、18 篇、11 篇、11 篇、4 篇和 3 篇;在《环球时报》中的报道数量分别为 338 篇、132 篇、144 篇、120 篇、90 篇、68 篇、64 篇、51 篇、51 篇和 30 篇。

经斯皮尔曼相关性分析,《人民日报》和《环球时报》对民众全球观的一级议程设置效果检验如表 6-10 所示。

表 6-10　两家媒体分别对于受访者全球观的一级议程设置效果检验

	受访者排序	《人民日报》报道量	《环球时报》报道量
相关系数 r	1	0.930**	0.863**
显著性 p（双尾）	.	0.000	0.001
个案数	10	10	10

据表 6-10 可知,两家媒体均通过了相关性检验,且《人民日报》的 r 值大于《环球时报》,说明在一级议程设置上,《人民日报》对民众全球观的塑造能力更强。

为了检测两家媒体对民众全球观的二级议程设置效果,本章按上文提到的方法分别将两家媒体样本对这 10 个国家的态度进行赋值。两家媒体对于这些国家的报道态度分布如表 6-11、表 6-12 所示。

表 6 - 11 《人民日报》对于 10 个国家报道的态度分布

主要报道国	报道量	完全负面	比较负面	中立	比较正面	完全正面
美国	108	3	32	65	7	1
日本	41	5	15	16	5	0
俄罗斯	23	0	2	15	5	1
英国	21	0	9	9	3	0
德国	18	0	5	9	3	1
韩国	15	0	3	9	3	0
法国	11	0	2	9	0	0
印度	11	0	3	6	2	0
朝鲜	4	0	1	3	0	0
西班牙	3	0	0	2	0	1

表 6 - 12 《环球时报》对于 10 个国家报道的态度分布

主要报道国	报道量	完全负面	比较负面	中立	比较正面	完全正面
美国	338	17	106	201	12	2
英国	144	3	23	100	16	2
日本	132	8	38	80	6	0
韩国	120	2	20	88	9	1
俄罗斯	90	0	5	70	12	3
德国	68	1	13	45	8	1
法国	64	1	14	43	6	0
朝鲜	51	1	11	31	8	0
印度	51	0	19	30	2	0
西班牙	30	0	6	21	2	1

通过分别检验两家媒体对 10 个国家的报道态度和民众对这些国家的态度是否具有相关性,本章对两家媒体各自对民众全球观的二级议程设置效果进行

分析,经斯皮尔曼相关性检验得出的结果如表 6 - 13 所示。

表 6 - 13　两家媒体分别对于受访者全球观的二级议程设置效果检验

	受访者态度	《人民日报》态度	《环球时报》态度
相关系数 r	1	0.498	0.733*
显著性 p(双尾)	.	0.143	0.016
个案数	10	10	10

从表 6 - 13 中可见,当单独使用《人民日报》的报道作为样本检验媒体报道态度和受访者态度的相关性时,两个变量并没有通过相关性检测,无法确定《人民日报》对于民众全球观的二级议程设置影响。使用《环球时报》报道作为样本时则通过了相关性检验,且两个变量表现出较强的相关性。基于这样的分析结果,本章无法判断在二级议程设置方面哪家媒体对民众全球观的塑造能力更强。

由于在一级议程设置上《人民日报》对于民众全球观的塑造能力更强,所以假设 1 部分成立。

四、中国主流媒体报道对不同性别的民众全球观的塑造

在本次调查中,男性受访者占比 46.82%,女性受访者占比略多,为 53.18%(见表 6 - 14)。

表 6 - 14　受访者性别占比

选项	小计	比例
男	265	46.82%
女	301	53.18%
本题有效填写次数	566	100%

首先检验在一级议程设置上媒体样本对于不同性别民众全球观的塑造能力。经斯皮尔曼相关性分析,两个组别分别得到表 6 - 15 中的结果。

表 6 - 15　媒体对于男性和女性受访者的一级议程设置效果检验

	报道量	男性受访者排序	女性受访者排序
相关系数 r	1	0.770**	0.842**
显著性 p（双尾）	.	0.009	0.002
个案数	10	10	10

从表 6 - 15 可知，两个组别均通过了相关性检测且女性组别的 r 值更高，也就是说，我国主流媒体在一级议程设置上对女性全球观的塑造能力更强。在二级议程设置检验中，不同性别民众对于 10 个国家的态度与媒体报道的态度经斯皮尔曼相关性检验后得出的数据如表 6 - 16 所示。

表 6 - 16　媒体对于男性和女性受访者的二级议程设置效果检验

	报道态度	男性受访者态度	女性受访者态度
相关系数 r	1	0.697*	0.733*
显著性 p（双尾）	.	0.025	0.016
个案数	10	10	10

从表 6 - 16 可知，两个组别均通过了相关性检测，且女性组别的 r 值比男性组别的略高，这说明我国主流媒体在二级议程设置上对女性全球观的塑造能力更强。

综上所述，无论是从一级还是二级议程设置上看，我国主流媒体对女性全球观的塑造能力都略强于对男性全球观的塑造能力。这虽然否定了假设 2，但也是一个值得关注的现象。

五、中国主流媒体报道对不同年龄段的民众全球观的塑造

本调查问卷将受访者的年龄共划分为六个年龄段。在收到的有效问卷中，共有 16 位"19 岁及以下"的受访者，占比 2.83%；267 位"20～29 岁"的受访者，占比 47.17%；147 位"30～39 岁"的受访者，占比 25.97%；80 位"40～49 岁"的受访者，占比 14.13%；44 位"50～59 岁"的受访者，占比 7.77%；12 位 60 岁及以上

的受访者,占比 2.12%。

表 6 - 17　受访者的年龄段分布

选项	小计	比例
19 岁及以下	16	2.83%
20～29 岁	267	47.17%
30～39 岁	147	25.97%
40～49 岁	80	14.13%
50～59 岁	44	7.77%
60 岁及以上	12	2.12%
本题有效填写次数	566	100%

首先从一级议程设置上检验样本媒体对于不同年龄段民众全球观的塑造能力。经斯皮尔曼相关性分析,各个年龄段组别分别得到表 6 - 18 中的结果。

表 6 - 18　媒体对于各个年龄段受访者的一级议程设置效果检验

	报道量	19 岁及以下受访者排序	20～29 岁受访者排序
相关系数 r	1	0.742*	0.891**
显著性 p(双尾)	.	0.014	0.001
个案数	10	10	10

30～39 岁受访者排序	40～49 岁受访者排序	50～59 岁受访者排序	60 岁及以上受访者排序
0.867**	0.818**	0.661*	0.733*
0.001	0.004	0.038	0.016
10	10	10	10

从表 6 - 18 可知,所有年龄段的组别均通过了相关性检验。其中,"20～29 岁"的组别 r 值最高,为 0.891;"30～39 岁""40～49"岁两个组别的 r 值也均超过 0.8,呈现出很强的相关性。"19 岁及以下""50～59 岁""60 岁及以上"三个组

别的 r 值介于 0.6～0.8,呈现出较强的相关性。通过以上数据可得出结论:在一级议程设置上,中国主流媒体对于青年及中年民众全球观的塑造能力较强。

在二级议程设置检验中,将不同年龄段的受访者关于 10 个国家的态度与媒体报道的态度进行斯皮尔曼相关性检验后得出的数据如表 6－19 所示。

表 6－19　媒体对于各个年龄段受访者的一级议程设置效果检验

	报道态度	19 岁及以下受访者态度	20～29 岁受访者态度
相关系数 r	1	0.644*	0.673*
显著性 p(双尾)	.	0.044	0.033
个案数	10	10	10

30～39 岁受访者态度	40～49 岁受访者态度	50～59 岁受访者态度	60 岁及以上受访者态度
0.699*	0.685*	0.527	0.805**
0.024	0.029	0.117	0.005
10	10	10	10

从表 6－19 可知,除"50～59 岁"组别外,其他年龄段的组别均通过了相关性检验。其中,"20～29 岁""30～39 岁""40～49"三个组别的 r 值均比"19 岁及以下"组别高,说明在二级议程设置上,我国主流媒体对于青年及中年群体全球观的塑造能力较强。与一级议程设置趋势不同的是,"60 岁及以上"组别的 r 值超过了 0.8,说明在二级议程设置上,我国主流媒体对于"60 岁及以上"群体的全球观具有很强的塑造能力。

整体而言,无论是从一级还是二级议程设置作用来看,我国主流媒体都对青年及中年群体的全球观均产生了较强的塑造能力,因此假设 3 不成立。

六、中国主流媒体报道对不同学历的民众全球观的塑造

本调查问卷将受访者的学历共划分为五个层次。在收到的有效问卷中,共有 16 位学历为"博士及以上"的受访者,占比 2.83%;124 位学历为"硕士研究生"的受访者,占比 21.91%;347 位学历为"大学本科及专科"的受访者,占比

61.31%;63 位学历为"高中及职业高中"的受访者,占比 11.13%;16 位学历为"初中及以下"的受访者,占比 2.83%。

表 6 - 20　受访者的学历分布

选项	小计	比例
博士及以上	16	2.83%
硕士研究生	124	21.91%
大学本科及专科	347	61.31%
高中及职业高中	63	11.13%
初中及以下	16	2.83%
本题有效填写人次	566	100%

首先从一级议程设置上检验样本媒体报道对于不同学历的民众全球观的塑造能力。经斯皮尔曼相关性分析,各学历组别分别得到表 6 - 21 中的结果。

表 6 - 21　媒体对于各个学历受访者的一级议程设置效果检验

	报道量	博士及以上受访者排序	硕士研究生受访者排序
相关系数 r	1	0.758*	0.891**
显著性 p(双尾)	.	0.011	0.001
个案数	10	10	10

大学本科及专科受访者排序	高中及职业高中受访者排序	初中及以下受访者排序	* 在 0.05 级别(双尾),相关性显著
0.842**	0.661*	0.407	** 在 0.01 级别(双尾),相关性显著
0.002	0.038	0.243	
10	10	10	

如表 6 - 21 所示,除"初中及以下"组别外,其他四个组别均通过了相关性检验。其中,"硕士研究生"组别的 r 值最高,并且随着学历的递减 r 值逐渐降低。但由于"博士及以上"组别的 r 值低于"硕士研究生"组别,且无法判断出"初中及

以下"组别的受访者受到了多大程度的议程设置影响,因此在一级议程设置上,无法辨别媒体对于民众全球观的塑造能力和民众学历的相关性。

在二级议程设置检验中,将不同学历的受访者对于 10 个国家的态度与媒体报道的态度经斯皮尔曼相关性检验后得出的数据如表 6 - 22 所示。

表 6 - 22　媒体对于各个学历受访者的二级议程设置效果检验

	报道态度	博士及以上受访者态度	硕士研究生受访者态度
相关系数 r	1	0.463	0.503
显著性 p(双尾)	.	0.177	0.138
个案数	10	10	10
大学本科及专科受访者态度	高中及职业高中受访者态度	初中及以下受访者态度	* 在 0.05 级别(双尾),相关性显著
0.745*	0.612	0.778**	
0.013	0.060	0.008	* * 在 0.01 级别(双尾),相关性显著
10	10	10	

如表 6 - 22 所示,只有"大学本科及专科"和"初中及以下"两个组别通过了相关性检验,且 r 值相差不大。因此在二级议程设置作用上也无法得出有效结论,假设 4 不成立。

除了分析两家媒体对于不同学历受访者全球观的塑造能力,按学历划分的各个组别对于《人民日报》和《环球时报》的关注程度也值得讨论。如表 6 - 23 及表 6 - 24 所示,调查问卷的第 6 题和第 7 题显示,随着学历的递减,几乎毫不关注两家媒体的受访者的比重逐渐升高。这说明学历越高的受访者对主流媒体的关注程度越高。

表 6-23 各个学历受访者对于《人民日报》的关注情况

X/Y	几乎不看	我订阅并阅读《人民日报》	我关注了《人民日报》微信公众号并阅读推送内容	我关注了《人民日报》官方微博并阅读推送内容	我下载了《人民日报》App并阅读推送内容	我浏览人民网	不主动订阅，但有机会可能偶尔看看（如单位订阅报纸）	我偶尔在公共场所看《人民日报》电子阅读器	其他
博士及以上	4(25%)	3(18.75%)	12(75%)	5(31.25%)	3(18.75%)	2(12.25%)	3(18.75%)	2(12.5%)	0(0.00%)
硕士研究生	25(20.16%)	10(8.06%)	66(53.23%)	42(33.87%)	3(2.42%)	21(16.13%)	20(16.13%)	7(5.56%)	2(1.61%)
大学本科及专科	103(29.68%)	42(12.10%)	125(36.02%)	93(26.08%)	25(7.20%)	77(22.19%)	59(17.00%)	39(11.24%)	4(1.15%)
高中及职业高中	22(34.92%)	3(4.76%)	18(28.57%)	11(17.46%)	1(1.59%)	16(25.40%)	21(33.33%)	14(22.22%)	1(1.59%)
初中及以下	8(50%)	3(18.75%)	1(6.25%)	3(18.75%)	1(6.25%)	1(6.25%)	3(18.75%)	3(18.75%)	0(0.00%)

表 6 - 24　各个学历受访者对于《环球时报》的关注情况

X/Y	几乎不看	我订阅并阅读《环球时报》或 Global Times	我关注了《环球时报》或 Global Times 微信公众号并阅读推送内容	我关注了《环球时报》或《环球时报》英文版官方微博并阅读推送内容	我下载了《环球时报》或 Global Times App 客户端并浏览	我浏览环球网或 Global Times 网站	我会在报亭购买《环球时报》或 Global Times	不主动买或订阅，但有机会可能偶尔看看（如坐飞机等）	其他
博士及以上	5（31.25%）	4（25%）	7（43.75%）	4（25%）	1（6.25%）	0（0.00%）	0（0.00%）	5（31.25%）	0（0.00%）
硕士研究生	47（37.90%）	10（8.06%）	34（27.42%）	27（21.77%）	4（3.23%）	8（6.45%）	2（1.61%）	26（20.97%）	2（1.61%）
大学本科及专科	189（54.47%）	17（4.90%）	51（14.70%）	38（10.95%）	6（1.73%）	35（10.09%）	11（3.71%）	73（21.04%）	4（1.15%）
高中及职业高中	40（63.49%）	6（9.52%）	6（9.52%）	2（3.17%）	2（3.17%）	3（4.76%）	8（12.70%）	15（23.81%）	0（0.00%）
初中及以下	13（81.25%）	1（6.25%）	0（0.00%）	0（0.00%）	1（6.25%）	0（0.00%）	0（0.00%）	3（18.75%）	0（0.00%）

　　对于两家媒体的选择,如图 6-1 所示,学历越高,对《环球时报》的关注度越高。当两家媒体报道同一事件时,在"博士及以上"组别中,愿意通过阅读《环球时报》了解该事件的受访者甚至超过了愿意阅读《人民日报》的受访者。而在"初中及以下"组别中,没有受访者偏爱《环球时报》超过《人民日报》。这说明学历较高的民众更加偏爱市场化媒体而非党媒。

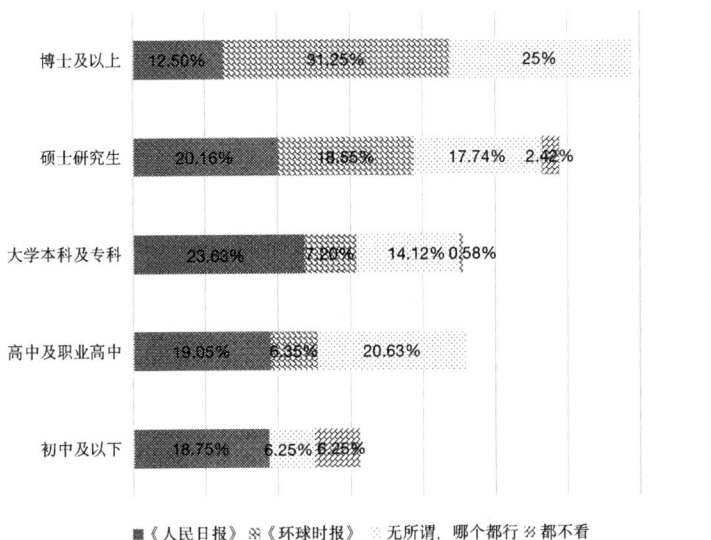

学历	《人民日报》	《环球时报》	无所谓,哪个都行	都不看
博士及以上	12.50%	31.25%	25%	
硕士研究生	20.16%	18.55%	17.74%	2.42%
大学本科及专科	23.63%	7.20%	14.12%	0.58%
高中及职业高中	19.05%	6.35%	20.63%	
初中及以下	18.75%	6.25%	6.25%	

■《人民日报》 ※《环球时报》 ⸬ 无所谓,哪个都行 ※ 都不看

图 6-1　各个学历受访者对于《人民日报》和《环球时报》的偏好情况

　　由于与大部分民众偏向阅读《人民日报》的情况不同,学历较高的受访者表现出偏向阅读《环球时报》的趋势。因此本章将会验证《环球时报》是否比《人民日报》对高学历群体全球观的塑造能力更强。本章将只选取"博士及以上"和"硕士研究生"两个组别的数据进行分析,因为在其他组别中,受访者选择阅读《人民日报》的倾向都明显超过了环球时报。

　　首先分析两家媒体对于"博士及以上"群体全球观的塑造能力。经斯皮尔曼相关性分析,得出一级议程设置上《人民日报》和《环球时报》分别对于"博士及以上"民众全球观的塑造能力(见表 6-25)。

表 6-25　两家媒体对于"博士及以上"受访者全球观的一级议程设置效果检验

	博士及以上受访者排序	《人民日报》报道量	《环球时报》报道量
相关系数 r	1	0.821**	0.760*
显著性 p（双尾）	.	0.004	0.011
个案数	10	10	10

从表 6-25 可知，《人民日报》的 r 值比《环球时报》的 r 值更高，说明在一级议程设置方面，《人民日报》比《环球时报》对"博士及以上"受访者的全球观具有更强的塑造能力。关于二级议程设置的检验如表 6-26 所示。

表 6-26　两家媒体对于"博士及以上"受访者全球观的二级议程设置效果检验

	博士及以上受访者态度	《人民日报》态度	《环球时报》态度
相关系数 r	1	0.183	0.506
显著性 p（双尾）	.	0.612	0.136
个案数	10	10	10

如表 6-26 所示，两家媒体均没有通过相关性检测，因此无法判断在二级议程设置上两家媒体对"博士及以上"受访者全球观的塑造能力。

接下来分析两家媒体对于"硕士研究生"民众全球观的塑造能力。经斯皮尔曼相关性分析，表 6-27、表 6-28 分别为《人民日报》和《环球时报》对于十个国家的报道量和"硕士研究生"学历受访者认为各国对于中国重要性的相关程度。

表 6-27　两家媒体对于"硕士研究生"受访者全球观的一级议程设置效果检验

	硕士研究生受访者排序	《人民日报》报道量	《环球时报》报道量
相关系数 r	1	0.936**	0.894**
显著性 p（双尾）	.	0.000	0.000
个案数	10	10	10

从表 6-27 所示,《人民日报》的 r 值比《环球时报》的 r 值更高,说明在一级议程设置上,《人民日报》对"硕士研究生"学历群体的全球观具有更强的塑造能力。关于二级议程设置的检验如表 6-28 所示。

表 6-28　两家媒体对于"硕士研究生"受访者全球观的二级议程设置效果检验

	硕士研究生受访者态度	《人民日报》态度	《环球时报》态度
相关系数 r	1	0.213	0.564
显著性 p(双尾)	.	0.555	0.090
个案数	10	10	10

从表 6-28 可知,两家媒体均没有通过相关性检测,因此无法判断在二级议程设置上两家媒体对"硕士研究生"受访者全球观的塑造能力。

总体来看,虽然学历越高的民众会越倾向阅读市场化媒体的报道而非党媒的报道,但市场化媒体对于他们的全球观并没有表现出更强的塑造能力。

七、中国主流媒体报道对不同职业的民众全球观的塑造

调查问卷将受访者的职业划分为九个类型。在收到的有效问卷中,共有 15 位受访者的职业为公务员,占比 2.65%;77 位受访者为事业单位人员,占比 13.6%;27 位受访者为公立学校教师或在科研机构从事相关工作,占比 4.77%;125 位受访者在民企工作,占比 22.08%;30 位受访者在外企工作,占比 5.3%;44 位受访者从事自由职业,占比 7.77%;151 位受访者为全日制学生,占比26.68%;43 位受访者为一般务工人员,占比 7.6%;另有 54 位受访者从事其他职业,占比 9.54%(见表 6-29)。

表 6-29　受访者的职业分布

选项	小计	比例
公务员	15	2.65%
事业单位人员	77	13.6%

（续表）

选项	小计	比例
公立学校教师或科学研究机构	27	4.77%
民企（包括教育机构教师）管理、生产、销售人员	125	22.08%
外企（包括教育机构教师）管理、生产、销售人	30	5.3%
自由职业	44	7.77%
全日制学生	151	26.68%
一般务工人员	43	7.6%
其他	54	9.54%
本题有效填写次数	566	100%

首先从一级议程设置效果上检验样本媒体对于不同职业民众全球观的塑造能力。经斯皮尔曼相关性分析得到的数据如表 6 - 30 所示。

表 6 - 30　媒体对于各个职业受访者的一级议程设置效果检验

	报道量	公务员排序	事业单位人员排序
相关系数 r	1	0.673*	0.794**
显著性 p（双尾）	.	0.033	0.006
个案数	10	10	10
公立学校教师或科研究机构人员排序	民企从业人员排序	外企从业人员排序	自由职业人员排序
0.842**	0.842**	0.927**	0.855**
0.002	0.002	0.000	0.002
10	10	10	10
全日制学生排序	一般务工人员排序	其他职业人员排序	* 在 0.05 级别（双尾），相关性显著。** 在 0.01 级别（双尾），相关性显著
0.891**	0.681*	0.745*	
0.001	0.030	0.013	
10	10	10	

九个职业分组均通过了相关性检测，其中，"外企（包括教育机构教师）管

理、生产、销售人员"组别的 r 值最高,达 0.927。"全日制学生""自由职业""民企(包括教育机构教师)管理、生产、销售人员""公立学校教师或科研机构"组别的 r 值均超过 0.8,"事业单位人员""其他"组别的 r 值介于 0.7~0.8。"公务员"和"一般务工人员"组别的 r 值较低,介于 0.6~0.7。由此可见,各个职业受到的媒体一级议程设置影响并没有呈现出明显的规律性。

在二级议程设置检验中,不同职业的受访者关于十个国家的态度与媒体报道的态度经斯皮尔曼相关性检验后得出的数据如表 6-31 所示。

表 6-31　媒体对于各个职业受访者的二级议程设置效果检验

	报道态度	公务员态度	事业单位人员态度
相关系数 r	1	0.364	0.624
显著性 p(双尾)	.	0.301	0.054
个案数	10	10	10
公立学校教师或科研机构人员态度	民企从业人员态度	外企从业人员态度	自由职业人员态度
0.766^{**}	0.733^*	0.503	0.701^*
0.010	0.016	0.138	0.024
10	10	10	10
全日制学生态度	一般务工人员态度	其他职业人员态度	*在 0.05 级别(双尾),相关性显著。**在 0.01 级别(双尾),相关性显著
0.503	0.675^*	0.697^*	
0.138	0.032	0.025	
10	10	10	

从表 6-31 中可见,只有"公立学校教师或科研机构""民企(包括教育机构教师)管理、生产、销售人员""自由职业""一般务工人员"和"其他"五个组别通过了相关性检测。其中,"公立学校教师或科研机构""民企(包括教育机构教师)管理、生产、销售人员""自由职业"三个组别的 r 值均超过了 0.7,但这些职业之间并不存在共同特点。所以得出结论,我国主流媒体不会对具有某些特点的职业产生特殊的议程设置效果。

无论是从一级还是二级议程设置影响的角度来看,我国主流媒体都没有对党性较强的职业群体的全球观产生更强的塑造能力,因此假设 5 不成立。

结论与讨论

中华人民共和国成立初期,由于"一边倒"的外交政策,我国民众全球观中的重点对象是苏联。改革开放后,我国开始积极学习西方先进的管理经验和科学技术,这个时期我国民众的全球观中的重点对象演变为西方发达国家。2013 年自我国提出"一带一路"倡议以来,我国融入世界的步伐加快,民众的全球观也变得更加自信和包容。当前,由于国际格局和秩序正在发生深刻变革,我国主流媒体更应该发挥好塑造我国民众全球观的角色。

随着我国对外开放程度和互联网发展水平的提高,我国民众不再依赖于传统主流媒体了解国际新闻,而更多地采用新媒体的方式。互联网的兴起也带动了自媒体的发展,使得主流媒体不再像过去一样拥有绝对的影响力。尽管如此,本章的研究结果显示:我国主流媒体对于他国的报道仍然很大程度上塑造了民众的全球观,具体表现为:对他国的报道量会影响到民众全球观中该国对中国的重要性,验证了媒体的一级议程设置效果;对他国的报道态度会影响到民众对于该国的态度,验证了媒体的二级议程设置效果。在对我国民众全球观的塑造上,我国主流媒体的一级议程设置效果比二级议程设置效果更好。

对此可以作出以下两点解释:

第一,虽然调查问卷显示,分别有 28.62% 和 51.94% 的受访者几乎不通过任何媒介形式关注《人民日报》和《环球时报》,但各主流媒体对于世界上其他国家的报道量和报道态度是近似的。以《人民日报》和《环球时报》为例,根据本书第三章的结论,尽管这是两家不同的媒体,但两家媒体报道量排名前十的国家中有8 个国家是重合的。在主流媒体对于国际新闻报道的态度方面,由于主流媒体在国际新闻报道中代表国家意志和国家利益,所以主流媒体对其他国家的态度是类似的,例如在《人民日报》和《环球时报》对报道量排名前十的国家的报道中,关于美国、日本、英国、德国、法国、印度的负面报道均多于正面报道;两家媒体关于俄罗斯的正面报道则是负面报道的两倍以上。因此即使部分民众不关注这两家样本媒体,但民众所关注的其他主流媒体在对于他国的报道态度方面也会与此呈现出较高的一致性。

第二,虽然在自媒体时代,中国民众有了更多获取国际新闻的方式,不再依赖于传统主流媒体,而是更多地转向互联网;但从本质上来说,中国网络媒介的主流意识形态和现实社会中的中国主流意识形态具有内在统一性。① 由于主流意识形态是维护社会稳定和统治阶级利益的重要价值观念,因此,当网络成为社会主要的信息传播平台时,统治阶级会对其进行干预,以使网络平台成为传播主流意识的舆论阵地。② 目前,我国已高度重视他国势力通过网络传播对我国主流意识形态进行侵害的问题,并已经采取了应对措施。例如,我国注意到美国试图通过博客、视频网络或培植代言人等方式干扰我国网络平台上的主流意识形态传播。③ 针对此类问题,习近平总书记曾发出警示,"很多人特别是年轻人基本不看主流媒体,大部分信息都从网上获取。必须正视这个事实,加大力量投入,尽快掌握这个舆论战场上的主动权,不能被边缘化了"。④ 为了更好地通过网络形式引导公众舆论,我国主流媒体已经不再局限于纸质版媒体,而是发展出了多种新媒体形式,除了微信公众号、微博、手机客户端等形式的媒介平台,也开设了海外社交媒体账号,如 Twitter、Facebook 和 YouTube 等。因此,尽管我国民众正在通过更多的媒体渠道认知世界,但民众所利用的网络环境一定程度上也会受到我国主流媒体的影响。

对于《人民日报》和《环球时报》,大多数民众更加关注并信赖中共中央机关报《人民日报》,在议程设置效果检验中,《人民日报》也比《环球时报》对民众的全球观表现出更强的塑造能力。虽然高学历群体对《环球时报》表现出较高的关注度和信赖程度,但《环球时报》并没有因此对其全球观具有更强的塑造能力。这进一步说明了我国党报比市场化报纸对于民众全球观的塑造能力更强,验证了党报的权威性与公信力。

在以人口因素划分的各个性别、年龄段、学历和职业群体中,我国主流媒体

---

① 王爱玲.中国网络媒介的主流意识形态建设研究[D].大连:大连理工大学,2012.

② 王爱玲.中国网络媒介的主流意识形态建设研究[D].大连:大连理工大学,2012.

③ 刘建华.美国对华网络意识形态输出的新变化及我们的应对[J].马克思主义研究,2019(01):140-149.

④ 习近平在全国宣传思想工作会议上的讲话[EB/OL].http://www.cac.gov.cn/2014-08/09/c_1115324460.htm.

对女性民众全球观的塑造能力更强。但对不同年龄、不同学历、不同职业民众全球观的塑造能力并无规律可循。这说明我国主流媒体对各群体民众全球观的塑造能力大体相同,而民众的全球观可能因个人的实际情况而略有不同,例如,学习过其他语言的民众可能会更偏爱使用这门语言的国家,去国外出差或旅游的民众也会产生特定的喜好等。

但本章也具有一定局限性。在对两家媒体国际新闻报道样本的处理上,由于两家媒体中与中国相关的国际新闻报道量过多,处理起来需要大量的人力资源,且难以确定国际新闻的界限;为了提高效率及保证编码的准确度,选取了仅涉及他国的国际新闻作为媒体样本进行分析,即排除了与中国相关的国际新闻报道。由于每个媒体内在的"把关"原则和报道基调是一致的,因此选取的仅报道他国而不涉及中国的国际新闻样本是具有代表性的,但这种方式在一定程度上影响了结果的可靠性。在研究条件允许的情况下,将与中国相关的国际新闻报道放入样本中会取得更准确的研究结果。

另外,本章仅以媒体报道量最大的 10 个国家为基础分析了中国主流媒体对于民众全球观的塑造能力,认为由于媒体报道量最大的国家代表了媒体全球观中的重点对象,媒体可以通过对重点对象的强调来塑造我国民众的全球观,但这仅代表民众"全球观"中的一部分,今后的研究可以扩大"全球观"的研究范围,而不仅限于特定国家。

第七章 案例分析:中国媒体对中美贸易争端报道呈现方式及特点

中国媒体于 2018 年 1 月开始报道中美贸易争端,为了更好地研究中国媒体如何报道这场争端,本章以中国大陆媒体关于中美贸易争端的报道内容为对象,以 2018 年 1 月 1 日至 12 月 31 日为主要研究时间段,探讨中国媒体对中美贸易争端这一事件的呈现方式及特点,分析媒体与政府的立场以及新时代中国的新媒体格局。

第一节 中美贸易争端背景、发展及意义

一、中美博弈的缘起和背景

中美博弈是在中国和平崛起的背景下,美国单方面挑起的包括经贸摩擦、内政干涉、舆论打击、公司制裁等试图限制中国发展,把中国挤出全球价值链的一种由竞争逐渐转向对抗的国家间关系。[①]

有学者认为自 2009 年美国前总统奥巴马执政时期以来,中美关系已经开始朝不容乐观的方向发展[②],主张"美国优先"的现任总统特朗普上台后,其身边辅政者、联邦调查局(FBI)、中央情报局(CIA)等国家机关反华势头空前强劲,近年来以贸易争端、关税报复为明线,三番屡次针对中国科技、商业、军事、人权、政治

---

① 余永定.中美贸易战的深层根源及未来走向[J].财经问题研究,2019(08):10.
② 北京大学国家发展研究院.王辑思:新冠疫情下的中美关系[EB/OL]. http://nsd.pku.edu.cn/sylm/gd/501976.htm,2020-03-26.

等领域发展进行的非正当打击为暗线①,将中美关系引向两国建交四十多年来的最低点,同时两国内部舆论间的对抗也致使双方对于对方国家的民意朝负面方向发展②。

中美贸易争端作为 21 世纪以来两国关系最不确定的因素,或使其陷入"修昔底德陷阱"。以近三年贸易争端为标志,这一阶段的中美博弈显然非暂时性矛盾,因其受到经济和政治两个关键因素影响,且跨越时间长,覆盖领域广,再有感情色彩加持,今后走向皆为未知数。③ 一方面,作为世界第二大经济体,中国的崛起已势不可挡,中国的和平稳定繁荣对美国也有重要意义。过去几十年,美国从中国获得了巨大利益,美国大部分全球化大公司得以站在全球之巅,都是以中国的成功为垫脚石,美国永远谋求利益的最大化,因此不会罔顾将从中国获得的潜在的巨大利益而与中国脱钩,从这一点来看,两国未来或"仇必和而解",并沿着"处理和控制"的轨迹加以解决。④ 另一方面,难以调和的意识形态矛盾以及制度差异;新冠疫情期间已打响的、由美国带头的全球规模舆论战;疫情对美国大选和中美第二阶段经贸谈判的影响等,都为两国关系的未来发展注入了不确定性。⑤

二、中美贸易争端中两国态度的演变历程

中美博弈一直由美国主动挑起,中国本着和平发展和大国尊严不容侵犯的原则被动应对,是一场持久战和全方位的长期战略竞争。中美贸易争端始于2018 年初,并不断升级,再加上 2020 年的新冠疫情影响,已演变成为中美之间的主要博弈手段。

美国总统特朗普 2017 年开始执政,同年 8 月便开始对中国进行贸易调查,

---

① 陈继永,杨旭丹.中国的和平崛起与中美贸易战[J].华南师范大学学报(社会科学版),2019(02):71-78.

② 北京大学国家发展研究院.王辑思:新冠疫情下的中美关系[EB/OL]. http://nsd.pku.edu.cn/sylm/gd/501976.htm,2020-03-26.

③ 宋国友.中美贸易战:动因、形式及影响因素[J].太平洋学报,2019(06):69.

④ 秦朔微信公众号.中美关系,关关难过关关过[EB/OL]. https://mp.weixin.qq.com/s/5Hbpss2qW3BVMRRn2JSecQ,2020-04-19.

⑤ 北京大学国家发展研究院.王辑思:新冠疫情下的中美关系[EB/OL]. http://nsd.pku.edu.cn/sylm/gd/501976.htm,2020-03-26.

并令美国贸易代表办公室(USTR)发起301调查。2018年3月8日,美国开始对中国国家钢铝产品加征关税,同时对其他国家也开始加征。这两个时间节点标志着中美贸易争端的正式打响。详细列表见本书附录。

从美国301调查报告和各类政府声明中可以总结出美方对中方的三个主要不满:首先是中国对美国的大量贸易顺差;其次,中国不遵守世贸组织承诺;第三,美国一再强调中国在知识产权方面的"不当行为",坚持中国"窃取"技术的论调,把中国的发展行为过度简单化和恶意污名化。[①] 对此,本章援引哥伦比亚大学教授杰弗里·萨克斯(Jeffry Sachs)在2019年5月发表的文章"中国不是美国经济问题的根源,企业贪婪才是"所述,任何快速更迭的技术,都会带来知识产权方面的激烈斗争,今天的美国企业也概莫能外——这种竞争只是全球经济体系的一部分而已。[②] 技术领袖不应该依靠保护,而应通过持续创新来维持领先地位。相对落后的国家通过许多方法升级其技术,包括学习、模仿、购买、并购、外国投资以及广泛使用专利保护到期的知识,当然也包括所谓的"抄袭"。

2020年1月15日,中美在华盛顿签署第一阶段经贸协议,美方承诺将取消部分对华拟加征和已加征关税,但此前对中国加征的很多关税并未取消,中国也承诺将在接下来两年里购买价值2 000亿美元的美国商品,包括农产品、油气、制造业产品、金融服务等。协议中,美方还要求中方改善知识产权保护、停止强制技术转让以及放松汇率管控等。此后中美贸易摩擦看似暂时熄火,实际上问题远没有解决。[③]

原定2020年11月美国总统大选过后举行的第二阶段经贸谈判,本将针对中国国有企业补贴、市场准入、外商投资审查、网络安全等问题进行谈判,然而由于新冠疫情的打断,时间和结果皆充满不确定性。同时美国大选结果的不确定性也为中美关系未来发展蒙上一层纱。不论此次大选谁获胜对华态度皆不友

---

① 余永定.中美贸易战的深层根源及未来走向[J].财经问题研究,2019(08):4.

② 美国有线新闻网(CNN)Sachs, J., China is not the source of our problems—corporate greed is [EB/OL]. https://www.cnn.com/2019/05/26/opinions/china-is-the-enemy-sachs/index.html,2019-05-27.

③ 北京大学国家发展研究院.王辑思:新冠疫情下的中美关系[EB/OL]. http://nsd.pku.edu.cn/sylm/gd/501976.htm,2020-03-26.

好。因此这场中美博弈在疫情结束后很有可能会继续"燃烧"。①

中国一直秉持和平外交,合作共赢的原则,重视发展与美国之间的友好关系,在美国单方面的恶意使得中国消极应战的同时,仍试图通过和平谈判将争端控制在文明范围内,而愈演愈烈的贸易冲突、外交冲突、信息冲突和舆论冲突之下中国不得不亮剑。近年来,中国政府和民间对于美国反华言行的容忍度大大降低②,如2019年12月,美国NBA火箭队的总经理莫雷在社交媒体上发布不当言论后,中国以取消美国NBA诸多节目转播作为制裁。对于美国的"中国病毒论",外交部发言人赵立坚援引美国疾控中心负责人的话予以反击,并称美国欠中国一个解释。面对美方对中国政府及民间有影响力的组织、团体或个人的"挑事"行径,中方已形成一种容忍式积极应对的模式,同时在经济、技术、人文交流上正减少对美依赖,强调自主创新和自己制造,同时从疫情期间美国尽量减少从中国进口医护产品的趋势可以看出,美国也正试图减少对中国的依赖。有学者预测未来中美经济和技术逐步脱钩或已成无法逆转之势,且两国关系的下滑底线难以预料。③

三、中美贸易争端对两国乃至整个世界格局的影响及意义

1991年苏联解体后,发展迅速且国力渐强的中国则被美国视为"眼中钉"④。美国副总统麦克·彭斯于2019年10月24日在威尔逊中心发表长约4 300词的演讲中表示,中美关系将在很大程度上决定21世纪的走向,美国虽然不期与中国正面对峙,但在战略与经济上已把中国作为敌对一方。⑤ 皮尤中心2018年的

---

①　北京大学国家发展研究院.王辑思:新冠疫情下的中美关系[EB/OL]. http://nsd.pku.edu.cn/sylm/gd/501976.htm,2020 - 03 - 26.

②　北京大学国家发展研究院.王辑思:新冠疫情下的中美关系[EB/OL]. http://nsd.pku.edu.cn/sylm/gd/501976.htm,2020 - 03 - 26.

③　秦朔微信公众号.中美关系,关关难过关关过[EB/OL]. https://mp.weixin.qq.com/s/5Hbpss2qW3BVMRRn2JSecQ,2020 - 04 - 19.

④　STONE, G. C., XIAO, Z. W. Anointing a new enemy:The rise of anti-China coverage after the USSR's demise[J]. International Communication Gazette,2007,69(1):91 - 108.

⑤　Remarks by Vice President Pence at the Frederic V. Malek Memorial Lecture [EB/OL].白宫官网.https://www.whitehouse.gov/briefings-statements/remarks-vice-president-pence-frederic-v-malek-memorial-lecture/,2019 - 10 - 24.

报告显示,58%的美国人将中国的强大经济实力视作对美国的巨大威胁。[①] 有观察家甚至认为中美结构性矛盾将引爆新一轮冷战。[②]

作为全球最大的两个经济体,中美关系是世界大国关系和整体国际关系的重要组成部分,不仅影响两国,还会波及全球经济的稳定与发展。美国对中国和平发展的阻挠将对两国乃至全世界造成灾难性后果。

中美贸易争端是一场两败俱伤的博弈。[③] 美国对中国的贸易制裁在不同程度上转化为对本国企业的打击。因贸易争端引起成本上升,一些受影响的美国企业不得不减产或裁员,还有一些企业可能把生产线迁出美国。美国商会发出警告称,中美贸易争端会使 260 万个美国就业岗位面临风险。另外,中国对美国农产品加征关税后,美国农业遭受较大损失,美国政府不得不给农场主补贴。对原产于美国的汽车加征关税后,美国汽车对华出口受到影响,在中国市场的份额受到挤压。美国对中国的关税制裁、企业打压等措施也对中国经贸造成影响,对一些重要芯片等零部件的禁止出口在中国 5G 建设过程中也造成一定程度影响。

这一背景下,两国若是能打开新的建设性互动空间,避免陷入矛盾升级的泥沼,将显示出两国的远见,并对世界和平与稳定发展做出巨大贡献。相反,两国分歧若是从制度或意识形态上变得不可调和,矛盾完全无解,对抗和撕裂加剧,将标志着美国激进主义和民粹主义的胜利,世界经济发展、全球化基础的互信等各方面将承受无法估量的打击。[④]

① 皮尤研究中心(Pew Research Center).Wike, R., Devlin, K., As Trade Tension Rise, Fewer Americans See China Favorably [EB/OL]. https://www.pewresearch.org/global/2018/08/28/as-trade-tensions-rise-fewer-americans-see-china-favorably/,2018-08-28.

② Rudd, K., Clark, H., Bildt, Carl., Former World Leaders: The Trade War Threatens the World's Economy [EB/OL]. (*The New York Times*) https://www.nytimes.com/2019/10/11/opinion/china-trade.html,2019-10-11.

③ 余永定、绍传华、陈继永、宋国友、王缉思、秦朔等皆提出此观点,具体文章参见参考文献部分.

④ 秦朔微信公众号.中美关系,关关难过关关过 [EB/OL]. https://mp.weixin.qq.com/s/5Hbpss2qW3BVMRRn2JSecQ,2020-04-19.

第二节　中国主流媒体和社交媒体——国家整体话语的晴雨表①

　　关于中国主流新闻媒体对中美贸易争端报道框架的研究,研究对象包括中国中央电视台新闻播报视频文字稿、《人民日报》微信公众号、《环球时报》微信公众号和"澎湃新闻"移动端应用软件在 2018 年全年发布的有关中美贸易争端的新闻报道(不含社论或评论)。研究采用斯密特克(Samekto)和瓦尔肯堡(Valkenberg)关于国际新闻的五个常用框架②,并参考其关于每个框架的定义,具体为:①人情味(给报道事件加上与人有关的事例;或强调个人及组织受到了该事件的何种影响);②冲突(反应不同利益方、个人、组织、党派或国家之间的分歧,即一方问责于另一方);③道德(在道德层面谈论某个事件);④经济后果;⑤责任归因。对它们的贸易争端报道及媒介框架进行内容分析。

　　对中美贸易争端社交媒体发帖内容的研究,是以新浪微博的个人用户发帖为内容分析对象,据此分析中国民众以及国内舆论意见领袖们(关注量较高的网红用户)对中美贸易争端的看法,网红用户、普通用户与新闻媒体的观点是否有差别,以及微博帖子对新闻媒体内容的使用情况。本章选择了 2018 年 1 月 1 日至 12 月 31 日期间发生的与贸易争端相关的 15 个重大事件,以及每个事件发生的头两天发出的帖子,以捕捉公众对事件的即时响应,并进行分层随机抽样和手动定量内容分析。

　　研究表明中国的新闻媒体并不是同质的,无论是主流新闻媒体还是社交媒体,关于中美贸易争端的内容框架都呈现出多样性,由此打破了西方对中国媒体"单一性"特点的固化认知。

---

　　①　本章案例主体部分内容主要基于两篇关于中美贸易争端在中国主流新闻媒体和社交媒体的呈现方式及特点的英文论文总结归纳并编译而成。两项研究分别为陈沛芹、郭可的《中国媒体对中美贸易争端的呈现方式》(*How the Chinese News Media Present the U.S.-China Trade Dispute*),未出版文章,经作者本人同意作为本章案例参考(以下称"研究一");哈筱盈、陈沛芹、郭可、吕楠的《微博网红和普通用户对中美贸易争端的反馈》(*How Weibo Influencers and Ordinary Posters Responded to the Trade Dispute in China*),未出版文章,经作者本人同意作为本章案例参考(以下称"研究二")。

　　②　SAMEKTO, H. A., Valkenburg, P.M. Framing European politics: a content analysis of press and television news[J]. Journal of Communication, 2000, 50(2):93-109.

一、中国主流媒体格局

中国主流新闻媒体一个非常重要的作用是设置中国的政治话语议程。而由于媒体商业化和新技术的发展，中国媒体已经相当多样化[①]，各个媒体在新闻实践模式和新闻故事的展现上也有所不同。

有关中国媒体的研究发现，由于通信媒体的商业化和快速现代化，20世纪90年代以来新闻报道的数量及多样性急剧上升。[②][③] 过去十年，中国主流媒体不仅实现了商业化，还实现了数字化，涌现出新的媒体平台。到2019年，几乎所有媒体平台都将其重大新闻报道同时发布在微信公众号或应用软件上。[④]

目前，中国的社交媒体为个人和媒体组织提供了平台，以及时发布信息，吸引大量用户。与新兴的商业化新媒体相比，传统主流媒体具有独特的优势，因为它们继承了新闻制作的专业团队，最重要的是它们拥有政府许可，能够报道重大政治新闻和国际事务。

中国新闻媒体格局不仅表现出新媒体与传统媒体相融合的特征，而且还呈现出主流媒体介入社交媒体渠道的趋势。以手机作为新闻获取的主要渠道，国家主流新闻媒体（如《人民日报》和《环球时报》）吸引了大量用户。

除了跨平台的融合新闻传播外，新闻媒体行业也日益商业化，一些数字新闻品牌，例如上海的"澎湃新闻"、北京的"今日头条"以及深圳的腾讯新闻应用软件等在中国的新媒体环境中蓬勃发展。这些新闻应用程序的功能更像搜索引擎，人工智能用于自动将新闻报道或信息传递给各个用户。这些新闻应用在中国被称为本土数字新闻媒体，它们以市场为导向并为新媒体环境提供更多服务，从而为普通中国用户提供了更加多样化和更多选择余地的信息。

目前，微信和微博是中国最受欢迎的移动社交媒体平台，人们可以免费阅读新闻并与其他用户分享。微信也是中国最大的社交媒体平台，每月被十亿多用

---

① TANG，W.，Iyengar，S. The emerging media system in China：implications for regime change [J]. Political Communication，2011(28)：263 − 267.

② TANG，W.，Iyengar，S. The emerging media system in China：implications for regime change [J]. Political Communication，2011(28)：263 − 267.

③ ZENG W.，SPARKS C.，FLEW，T.，IOSIFIDIS，P. Popular nationalism：Global Times and the US-China Trade War[J]. International Communication Gazette，2020，82(01)：26 − 41.

④ 崔保国，徐立君，丁迈. 中国传媒产业发展报告(2019)[M].北京：社会科学文献出版社，2019.

户使用。①《人民日报》、新华社、中央电视台、人民网（People's Daily Online）和《环球时报》的微信公众号被两家领先的新媒体排名公司"新榜"②和"移动观象台"③评为 2018 年排名前五的微信公众号。

二、中美贸易争端在中国主流新闻媒体中的呈现

（一）四家主流媒体对中美贸易争端的报道特点与媒介框架分析

中央电视台新闻一直是全国收视领先的电视新闻平台，随着农村地区电视普及率的提高，其收视人数仍在增长。2017 年，央视新闻的收视率从 2016 年的 40.7% 上升至 44.5%，在中国电视新闻市场中独占鳌头。④ 中央 1 台的新闻节目《晚间新闻》一直是我国政策性的全国新闻节目。《人民日报》和《环球时报》作为中国的主流媒体，它们的微信公众号都是 2018 年排名前五的微信新闻类公众号。《人民日报》在 2018 年居微信公众号榜首，而《环球时报》排名第五。⑤

研究发现，我国主流媒体尽管框架多元，但与政府态度基本保持了一致性，媒体框架以非对抗性为主，有时也使用冲突框架，多数中国媒体还是以经济而非政治框架来呈现中美贸易冲突。以市场为导向的新闻平台"澎湃新闻"用最中立、最不偏袒党派的方式呈现中美贸易冲突。《人民日报》和《环球时报》则更具党性。与他们相比，作为收视率最高的电视媒体，中央电视台较为中立。这表明中国媒体向国内广大受众展示中美贸易争端的政治图景时持谨慎态度。

作为偏市场运作的媒体，"澎湃新闻"是上海联合媒体集团旗下的互联网新闻平台，成立于 2014 年 7 月 22 日，是致力于原创新闻分析和深度报道的上海本土数字新闻品牌，目前是中国最受欢迎且正在崛起的新媒体平台，受到了媒体从业者和研究人员的极大关注。⑥移动观象台的数据显示，2018 年 1 月 1 日至 12

① 世界经济论坛（World Economic Forum）.Gray，A.，Here's the secret to how WeChat attracts 1 billion monthly users［EB/OL］.https：//www.weforum.org/agenda/2018/03/wechat-now-has-over－1-billion-monthly-users/,2018－05－21.

② 新榜服务微信公众号.2018 年中国微信 500 强年榜［EB/OL］.https：//mp.weixin.qq.com/s/PQDOBVTwVo7ZPlG8-GKA7Q,2019－01－07.

③ 移动观象台.微信公众排名［EB/OL］.http：//mi.talkingdata.com/index.html.

④ 崔保国，杭敏，周逵副.中国传媒产业发展报告（2018）［M］.北京：社会科学文献出版社,2018.

⑤ 新榜服务微信公众号.2018 年中国微信 500 强年榜［EB/OL］.https：//mp.weixin.qq.com/s/PQDOBVTwVo7ZPlG8-GKA7Q,2019－01－07.

⑥ 鲍丹禾.传统媒体转战社交媒体的标杆［J］.现代教育报,2018(08)：40－43.

月 31 日之间,"澎湃新闻"在中国所有新闻聚合平台中平均排名第 24 位,它的主要用户是男性(占总用户的 62.7%);在年龄段分布上,主要用户是 26~35 岁的年轻人(占总用户的 47.8%)。[①]

研究发现,《环球时报》和《人民日报》这两家媒体把中美贸易冲突的责任归咎于美国,而中央电视台和"澎湃新闻"在报道中美贸易冲突时没有指责任何一方。"澎湃新闻"报道没有使用责任归属框架,仅《人民日报》较多使用了道德框架。此外,尽管四家媒体都使用了人情味框架,但《人民日报》有超过一半的新闻报道使用了该框架,而其他媒体只是偶尔使用。如表 7-1 所示。

对四家媒体的内容分析表明:中国媒体在关注经济后果框架和高度依赖权威信源方面有很多共同点,但这四个媒体机构之间也存在显著差异。《人民日报》和《环球时报》把责任归咎于美国,重点放在冲突上,而中央电视台和"澎湃新闻"未将责任归咎于美国。"澎湃新闻"是使用冲突框架比例最低的媒体,其新闻报道措辞的适度性方面比例则最高。

表 7-1 四家媒体的框架 单位:%

	中央电视台	《人民日报》	《环球时报》	"澎湃新闻"
人情味框架＊＊	19	66	4	31
冲突框架＊＊	63	97	75	10
道德框架＊＊	—	81	1	—
经济后果框架＊＊	59	78	55	78

注:($n=400$)＊＊差值显著:$p<0.01$。

数据显示,这些新闻媒体之间存在显著差异。中央电视台、《人民日报》和《环球时报》的绝大多数新闻报道都反对美国对中国征收关税的政策,而"澎湃新闻"在报道中反对美国关税的内容只占 34%,66% 的报道则对关税一事采取中立态度。

从相似性和共同利益的指标来看,我国媒体并未主要关注共同利益。如表 7-2所示,《人民日报》报道中达 43%,是关注两国共同利益的报道所占比例

---

① 移动观象台.微信公众排名[EB/OL]. http://mi.talkingdata.com/index.html.

最高的媒体。而"澎湃新闻"位居第二,占 36%,《环球时报》则为 21%。中央电视台只有 8% 的报道着眼于共同利益,是四家媒体中最低的。四家媒体中体现双赢导向的报道框架较少(中央电视台 14%,《人民日报》32%,《环球时报》16%,"澎湃新闻"9%)。

表 7 - 2　共同利益和非党派性质

	中央电视台 （n＝100）	《人民日报》 （n＝100）	《环球时报》 （n＝100）	"澎湃新闻" （n＝100）	总计 （n＝400）
探讨涉及的国家之间的相似性/共同利益＊＊	8	43	21	36	108
双赢导向＊＊	14	32	16	9	71
展现多样性(给冲突涉及的多方发声的机会)＊＊	12	38	30	7	87
非党派性质＊＊	57	41	41	98	237

＊＊差值显著:$p < 0.01$

（二）中国主流媒体与政府议程

中国媒体于 2018 年 1 月开始报道中美贸易冲突,当时特朗普总统对从中国进口的太阳能电池板征收 30% 的关税,对洗衣机征收 20% 的关税。此后,中美贸易冲突升级。2018 年 9 月 24 日,中国国务院新闻办公室(IOSC)发布了一份白皮书,阐明政府对中美贸易冲突的立场。白皮书阐述了中美经济贸易互惠互利的共赢格局以及中美贸易和经济合作有关数据,同时也批评了美国政府实行的贸易保护主义的不当行为,指出美国政府应对中美贸易摩擦负责,美国现任政府单方面挑起贸易冲突,对其他国家进行毫无根据的指责,把经贸问题政治化,对世界范围内的中美贸易关系造成损害,导致国际金融和商业市场的剧烈动荡,成为全球经济不确定性和风险的最大来源。[①]

数据显示,四家媒体中,《人民日报》和《环球时报》更具有民族主义色彩,《环

①　中华人民共和国国务院办公室.《关于中美经贸摩擦的事实与中方立场》白皮书[EB/OL].
http://www.scio.gov.cn/zfbps/ndhf/37884/Document/1638295/1638295.htm,2018 - 09 - 24.

球时报》更倾向把中美贸易争端作为零和博弈来呈现。中央电视台和"澎湃新闻"的报道框架没有体现零和博弈，《环球时报》的报道中有 72% 使用零和博弈框架，《人民日报》使用零和博弈框架的百分比仅为 11%。因此，与其他媒体相比，《环球时报》是最敢于公开表达政府议程的媒体。

中国媒体已呈现多样化发展之势，互联网、手机和卫星改变着中国媒体的格局，掀起了信息渠道的革命。在竞争激烈的市场中，大多数中国人使用新媒体看新闻，所有媒体都必须找到适合自己的独特定位，以满足观众的不同需求。有研究根据对《人民日报》《中国青年报》《成都经济日报》《新民晚报》和《南方都市报》等五家报纸的国际新闻进行内容分析，证实了中国大陆的媒体采用不同的新闻实践模式，并且在新闻故事的展示上也很不一样。[①]

在西方刻板印象中，容易把中国的新闻媒体简单看作党的喉舌，只是为落实政府政策。但事实上，通过对中国主流新闻媒体关于中美贸易争端报道的研究，发现中国新闻主流媒体的报道内容及框架已经日趋多样化。

第三节　中国自媒体平台关于中美贸易争端事件内容的特点
——以新浪微博为例

一、新浪微博已成为我国的自媒体平台和民间舆论场

中国国内舆论场与政府治理之间呈一种动态互动的关系，影响着主流新闻媒体对新闻事件的塑造和舆论构建。互联网和微型博客被引入中国之后，新浪微博已迅速成长为民间舆论场，成为国内外人士跟踪中国公众舆论的主要来源。[②] 新浪微博是中国最大的微博社交媒体论坛，2019 年每月活跃用户为 4.69

① WANG，H.Y.，SPARKS，C.，LU，N.，HUANG，Y. Differences within the mainland Chinese press：a quantitative analysis[J]. Asian Journal of Communication，2017,27(2):154-171.

② HA，L. Emerging media and challenges in Chinese communities[J]. Chinese Journal of Communication，2010,3(4):377-383.

亿①②,是监测国内民间舆论的有效窗口,也是中国民众的舆论平台和获取新闻的另一途径。

新浪微博于 2009 年 8 月正式推出,它的中文名称字面意思就是微博(microblog)。普通民众可以建立微博账户,阅读他人对公共问题的看法,传播信息并发表自己对这些问题的看法。截至 2019 年 3 月,每天有 2.03 亿活跃用户,其中 40% 的微博用户年龄在 23~30 岁。③

在一定程度上,可以说微博在中国当前政治体系中已构成独特的生态环境。无论从用户身份还是发帖内容看,微博都是一个极具多样性的民间舆论场,如它可以是对社会不公现象的集体抵制,微博自推出以来每年都被用来揭露政府官员的腐败行为,将聚光灯打在腐败官员身上。

除了作为公共舆论媒体平台,微博已成为大多数中国人获取新闻的主要来源。研究显示,获取新闻是人们使用微博的最重要原因。④ 阅读主流新闻媒体发布的微博账号几乎是一站式新闻门户。许多其他组织或个人在微博上发帖,都可以作为用户的新闻来源。除新闻外,微博已成为用户销售服务甚至产品的社区商业营销平台。他们可以创立组织账户,以促进其面向关注者做的内容营销和共享信息的业务。2019 年,微博上有超过 150 万个组织账户。⑤ 一些组织账户充当该组织的门面和客户服务,而其他许多组织账户仅仅是公司的营销网站。

目前,微博个人用户大概可分为两种类型,一类可以被认为是拥有大量关注者(粉丝)的网红,另一类是发帖和读帖但没有大量关注者的普通用户。前者可被视为社交媒体上的意见领袖。按照中国的标准,拥有十万个或更多的关注者

① CIW TEAM. Weibo monthly active users grew to 462 million in Dec 2018,93% on mobile [EB/OL]. https://www.chinainternetwatch.com/28566/weibo-fiscal-2018/,2019-05-06.

② DRAGON SOCIAL,WAN,V. The Ultimate Guide to Sina Weibo:The Largest Micro-Blogging Platform in China [EB/OL]. https://www.dragonsocial.net/blog/chinese-social-media-weibo-and-twitter-comparison/,2019-04-09.

③ HUTCHINSON,A. 10 Statistics you Need to Know About Weibo for Influencer Marketing [EB/OL]. https://www.socialmediatoday.com/news/10-statistics-you-need-to-know-about-weibo-for-influencer-marketing-infogr/553120/,2019-04-23.

④ CIW TEAM. Weibo Usage Study 2016[EB/OL]. https://www.chinainternetwatch.com/18051/weibo-usage-study-2016/,2016-06-28.

⑤ DRAGON SOCIAL,WAN,V. The Ultimate Guide to Sina Weibo:The Largest Micro-Blogging Platform in China [EB/OL]. https://www.dragonsocial.net/blog/chinese-social-media-weibo-and-twitter-comparison/,2019-04-09.

的用户被视为"具有影响力的关键用户"（KOL）。[①] 微博对这些网红已使用橙色"V"标记验证，以确保真实性并避免其他人使用其账户名，他们微博世界被昵称为"大 V"。这些网红中有许多是线下名人，例如电影和电视明星，著名的记者和作家[②]，他们都会影响网络信息的传播，因此研究贸易争端中网红们如何塑造或领导公众舆论，研究微博网红们如何讨论贸易争端这件事至关重要。他们的意见会影响那些没有大量关注者的"普通"发帖人，以及没有发表任何文章而只是阅读别人帖子的"沉默"用户们。

记者和评论员是另一类拥有大量关注者的网红。但他们在微博上的个人帖子不一定反映新闻机构的观点，一些知名的调查记者在微博平台上作为社会活动家开展为社会福祉服务的运动。[③] 由于网红的关注者数量众多，他们通常是新闻信息和新闻观点的发布者、议程设置者和传播者。[④] 在引导有关贸易争端等国际问题的讨论中，像网红和新闻工作者这样的精英用户可能比普通用户更具影响力。

网红们固然起着意见领袖作用，但"普通"发帖用户也可能是活跃用户，只是他们没有大量粉丝，传播能力有限，但不应低估他们对关注者的潜在影响。实际上，一项关于互联网俚语在微博上传播的研究表明，应该更多地关注普通用户的角色，因为与网红们相比，普通用户的早期参与会导致某一话题的广泛传播。[⑤]

---

① MARKETING INTERACTIVE，TAN，J. Nearly 80% of the influencers in Asia are micro influencers［EB/OL］. https://www.marketing-interactive.com/nearly - 80-of-the-influencers-in-asia-are-micro-influencers，2019 - 05 - 06.

② BOSTER，F. J.，KOTOWSKI，M. R.，ANDREWS，K. R.，& Serota，K. Identifying influence：Development and validation of the connectivity，persuasiveness，and maven scales［J］. Journal of Communication，2011（61）：178 - 196.

③ BEI，J. how Chinese journalists use weibo microblogging for investigative reporting［EB/OL］. https://reutersinstitute.politics.ox.ac.uk/sites/default/files/research/files/How_Chinese_journalists_use_Weibo_microblogging_for_investigative_reporting%25281%2529.pdf.

④ NIP，J. Y.，FU，K. W. Challenging official propaganda? public opinion leaders on Sina Weibo［J］. The China Quarterly，2016（225）：122 - 144.

⑤ ZHANG，LEIHAN，ZHAO，JICHANG，XU，KE. Who creates trends in online social media：the crowd or opinion leaders?［J］. Journal of Computer-Mediated Communication，2016，21（01）：1 - 16.

二、关于中美贸易争端事件微博用户发帖内容框架与主流媒体框架的比较及对媒体间议程设置的研究

本章随机抽取了600个微博个人用户的帖子,将发帖用户的身份编码成五种:①与媒体无关的经过验证的账户;②普通百姓;③评论员或新闻工作者;④学者;⑤政府官员。研究还选取了三家主流媒体:中央电视台、《人民日报》和《环球时报》代表主流媒体及政府框架,与微博帖子内容开展比较分析。分析框架包括如下:

(1)微博内容来源/帖子原创性。帖子通常被编码为完全原创(没有转发,也没有链接到任何消息源);部分原创(原创帖子加转发新闻媒体帖子,原创帖子加转发非新闻媒体帖子,原创帖子加转发新闻媒体以及非新闻媒体帖子,原创帖子加评论和转发其他人的帖子);和完全非原创(只转发不评论)。

(2)对政府政策的支持。微博帖子和党媒均经过编码,以反映他们对中国政府针对美国关税的政策的立场,包括支持、反对、没有发表意见、部分支持及部分反对。

(3)贸易争端的框架。在主流媒体和微博帖子中使用了七个框架来对贸易争端中的帖子进行编码,以衡量诠释贸易争端时的媒体间议程设置效果。这些框架的选择参考在中国新闻媒体中发现的最常见的贸易争端框架:①美国嫉妒中国;②贸易争端对中国不公平;③美国的贸易保护主义是有道理的;④自由贸易对中国有利;⑤贸易争端只是限制中国的一种手段;⑥习近平主席正朝着不屈服于美国要求的正确方向前进;⑦贸易争端正在伤害美国。

(4)关于贸易争端的看法。七个框架用于衡量微博发帖用户在贸易争端中的特定观点和情绪的存在:①中国是贸易争端的受害者;②中国需要反抗美国施加的压力;③中国比美国更成功;④中国是对美国在世界上的力量的威胁;⑤中国支持自由贸易和全球化;⑥美国从中国的出口中受益;⑦美国希望压制中国的增长。

关于中国网红们对中美贸易争端看法,研究发现网红们的看法与主流媒体尽管有细微差异,但总体上他们对中美贸易争端的看法与主流媒体非常相似,都认为自由贸易对中国有利,贸易争端正在伤害美国。这也是中国政府用来反击美国的理由。这一结果与之前的其他重大事件类似,例如南海主权争端,当时网

红们都认为中国受到西方世界的威胁。^① 民族主义在抵御外国侵略方面团结了
官方和民间的舆论力量。当然,尽管网红与主流媒体呈现类似框架,但他们并未
表现出对官方政策的明确支持。那么网红、普通用户与主流媒体的媒体框架是
否有差别呢?

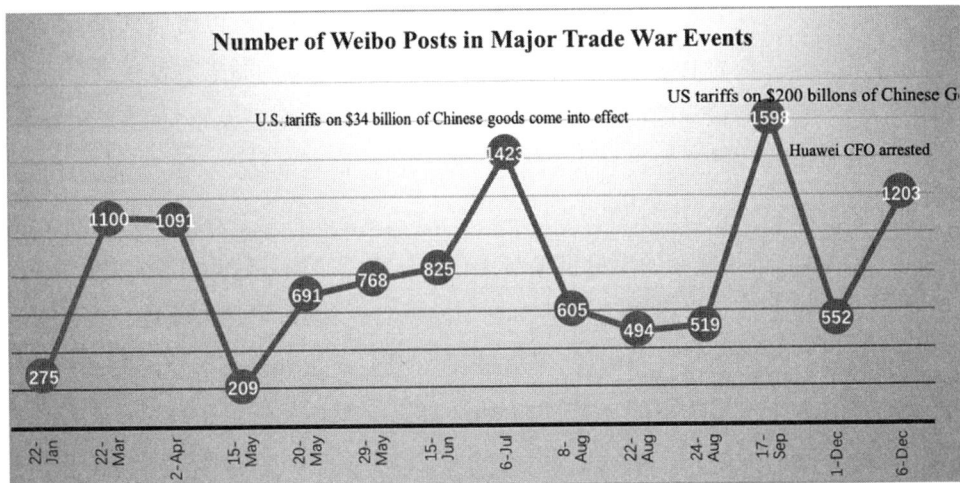

图 7-1　2018 年每次贸易争端事件对应的微博发帖数

资料来源: How Weibo Influencers and Ordinary Posters Responded to the Trade War
in China

表 7-3　微博有关贸易争端发帖用户的信息　　　　　　　　　　单位:%

	比例
网红	43.0
普通发帖用户	39.8
评论员或记者	12.3
学者	2.1
其他	2.8

---

　　①　ZHAO, S. Foreign policy implications of Chinese nationalism revisited: the strident turn[J].
Journal of Contemporary China,2013,22(82):535-553.

　　值得注意的是,尽管微博的网红和普通用户在贸易争端上有相似的看法,但至少在帖子中都没有表达他们的看法。这些网红和普通用户在新闻事件上的早期帖子具有同质性,这意味着它们都追随当时的热门话题,例如中美贸易争端。

　　持中立立场的帖子数量很多(超过 80% 的帖子没有表示出对中国官方政策的支持或反对),这意味着发帖用户仅向其关注者和微博用户传播信息,而不是试图影响其他人对贸易争端的看法。总之,带有个人观点的帖子数量较少,一种解释是发帖用户对该问题的立场还没有形成。他们宁愿通过发布有关该话题的方式来扮演传播者和议程设置者的角色,而不是在贸易争端期间成为活跃的鼓吹者或批评家。

　　可以看到,微博显示的舆论世界与主流媒体有所不同,微博舆论场没有明确的立场和定位。研究中发现了大量不含个人观点的帖子,可见微博确实已成为中国民众获取新闻的另一种来源。但是新闻来源的多元化并不意味着帖子观点与主流媒体框架有很大不同,中国主流媒体和社交媒体关于贸易争端议程存在媒体间议程设置效果。

　　同时,网红和普通用户之间关于贸易争端的发帖规律不同。微博网红在该话题上发布的帖子比普通的微博用户发帖更多,且更有可能关注和撰写有关贸易争端的话题。这表明贸易争端是精英话题。网红通过转发其他人的内容而不是撰写完全原创的内容,在该主题上产生了比普通用户更多的帖子。这样的策略使网红可以通过定期发帖和参与重大问题来保持存在感,同时最大限度地减少创作原创内容的麻烦。

　　这一发现与其他相关研究结果[①]一致:在社会危机情况下,微博网红是传播者而不是议程设置者,而普通用户可能更多通过把新闻发布给其他具有更多原创帖子的人而成为舆论的引领者。

　　研究还发现,绝大多数关于贸易争端的发帖者为男性,这强化了一个事实:微博平台上的帖子主要由男性主导[②],而且表明男性可能比女性对贸易争端一

　　①　NIP, J. Y., FU, K. W. Challenging official propaganda? Public opinion leaders on Sina Weibo [J]. The China Quarterly, 2016(225): 122 - 144.

　　②　NIP, J. Y., Fu, K. W. Challenging official propaganda? Public opinion leaders on Sina Weibo [J]. The China Quarterly, 2016(225): 122 - 144.

类的经济和政治话题的兴趣更大。可以肯定的是,男性微博用户更有兴趣分享他们对贸易争端或时事的看法和知识。

总　结

回顾中国社会在过去四十年的发展,我国媒体格局发生了翻天覆地的变化,但西方对中国媒体系统和媒体运营的讨论仍然以共产主义意识形态的普遍框架为主。由于一些不可逾越的因素,如政治和文化差异以及学习汉语本身的难度,他们对中国媒体系统和媒体运作的解释、表述乃至整体话语中仍会展示西方式的偏见和成见。这些偏见框架可能会给海外学者带来尴尬的局面,无法真正了解中国不断变化的媒体实践和发展模式。尤其当中国媒体报道了重大国际事件,如中美贸易争端时,这种西式偏见会表现得更加明显。

造成这种困境的原因之一,是因为西方不是从中国的视角来展开对中国媒体或社会系统的研究。从某种意义上说,中国在西方观念中一直被视为他者;但自从中国成为世界第二大经济体以来,中国越来越倾向于保留自己的文化身份,试图建立有别于西方的文化和政治身份,以抵制西方的影响。这就是常说的中国特色。

目前,西方对中国新闻哲学和媒体实践发展的解读还是无法从中国逻辑框架中展开,它们不愿承认中国共产党领导下的中国治理模式已经是一种独立的、有别于西方的社会发展模式,并能以开放和合作的态度来推动双方的对话和交流。

中国主流媒体对中美贸易争端报道的研究结果表明：中国媒体的新闻框架呈现有一定共同之处,如"经济后果框架"和"高度依赖权威信源"等,但整体报道框架仍存在显著差异。这表明中国主流新闻媒体对国际事件报道内容呈现出非同质性和多样性。

中美关系这一话题在微博上呈现出更多共识,这表明尽管新闻媒体和社交媒体的内容框架呈现出多样性,但主流媒体、网红和普通用户之间的观点依然趋向一致。

我国主流媒体和微博帖子使用的叙事框架高度相似,网红与普通用户之间的贸易争端观点也具有较高的一致性。这表明在国际压力增大的情况下，主流媒体与中国民众在微博平台的舆论场中趋向于达成高度一致的公众舆论共识。这在一定程度上反映了中国社会在面对外界挑战时趋于统一意见的特点。

这一特点也使得中国在面对重大国际事件或突发公共卫生事件时，能迅速形成强大的凝聚力以共同应对外部挑战。中国主流媒体和社会媒体呈现出的多元舆论场为中国民众提供了积极思辨和创新的平台，形成了一种良性的互动平衡。

第八章　结语：关于我国媒体国际新闻报道研究的思考

当今世界格局面临百年未有之变局。中国媒体国际新闻报道是我国民众了解世界变化的主要信息来源，因此有必要研究中国媒体是如何通过国际新闻报道来呈现这个多变的世界（尤其是从世界各国与我国关联度的角度来审视），同时我国媒体国际新闻报道又如何影响了我国民众对世界的认知（即全球观）。

自中华人民共和国成立开始的三个范式到 2018 年中美贸易争端，再到 2020 年的新冠疫情，我国国际新闻报道显然已不仅仅是一个国际新闻报道业务问题，而是一个与我国国家利益和外交政策密切相关的政治话题和国际话语权的组成部分。换言之，我国媒体国际新闻报道中的世界图像实际上也是一种国际话语权，同时还会影响我国民众的全球观，进而影响整个社会舆论环境。

一、本书的由来和对研究框架的说明

对本书的研究最早源于项目负责人郭可 2004 年在复旦大学新闻学院的博士论文，起初仅从国际新闻选择和国际新闻处理两个维度（六个指标）进行内容和文本分析。尽管这对理解我国国际新闻报道有帮助，但还缺乏有效理论凝练，论文的学术价值有限。鉴于该研究课题本身具有重要价值，应该需要进一步深入探讨，故在博士论文基础上对框架作了重大调整，于 2014 年申报国家社科基金一般课题并获批准。

由于国际新闻报道研究既具实用型又具理论性，本书同时还在思考并试图探索另一个问题：如何在项目完成过程中，融合基于文本数据分析的应用研究与以理论框架为基础的学理研究，于 2019 年 6 月最终确定目前的章节框架。

第一章梳理了国际新闻的概念，讨论了国际新闻报道在中国社会中的作用。

中国"国际新闻热"的出现,不仅反映了我国对外开放取得明显成效,也体现了中国国际影响力和国际话语权的增强。国际新闻报道不仅传递国际消息,也再现了中国媒体眼中的外部世界和各国总体形象。此外,本章还探讨了国际新闻报道的特点和影响力,梳理了国内外关于国际新闻报道的研究趋势,讨论了国际新闻报道与世界图像的联系。

第二章讨论了70年来我国国际新闻报道的发展轨迹,及其与中国社会不同阶段的互动关系。虽然每个历史阶段的国际新闻呈现不同报道形式,但都会受到当时国家领导人全球观的影响,也服务于时代需求、适应于特定时代发展背景。本章重点讨论了我国国际新闻报道的三个发展范式:革命型报道范式(1949—1976年)、发展型报道范式(1977—2013年)、文明型报道范式(2014—2020年),同时结合上述三个阶段领导人的全球观和时代发展脉络,阐述了三种范式的特征。

第三章通过研究中国媒体对国际新闻报道的对象、主题和稿源的把关,分析了中国媒体的整体世界图像、国际新闻价值观和国际新闻报道的原创性。研究结果显示,在报道对象上,中国媒体塑造的世界总体图像符合新闻价值中的接近性和重要性原则;在报道主题上,中国媒体最为重视政治外交类国际新闻,但受到国际新闻价值观影响,党媒和市场化媒体对于报道主题的侧重点略有不同;在新闻稿源上,中国媒体以自发稿为主,较少转载其他媒体报道,具有较强的原创性和专业性。

第四章通过新闻框架探讨了媒体对新闻事实进行选择性处理的规则,分析了国际新闻的报道体裁、报道消息源引用和报道中的倾向性处理三个维度框架。研究表明:虽然不同媒体的规则有所差异,但总体而言,我国媒体对国际新闻的报道体裁、报道消息源引用和报道中的倾向性处理,呈现出了"重事实轻解释"的风格框架、"混合型引用"的专业化框架以及中立态度框架等三大特征。这些框架不仅形成了我国媒体对新闻事件的意义建构,也反映了我国媒体在新闻处理过程中的世界图像。

第五章基于新闻流动理论,通过将国际新闻报道中被报道量排名前十的国家与其国家要素(包括人口、领土面积)、经济要素(包括国内生产总值、对华贸易额)和地理与文化要素(该国与中国地理位置关系、与中国文化相似度)等进行关联性分析,探讨了影响我国媒体国际新闻报道的因素。研究发现:被报道国的经济要素与其在我国国际新闻中的被报道量成正相关,而国家要素和地理与文化要素并没有显著关联,这与国外学者研究的国际新闻流动规律高度一致。

第六章应用议程设置理论讨论了中国主流媒体的国际新闻报道对民众全球观的塑造作用,认为媒体可以通过强调客体的某个属性从而影响受众对客体的理解。本章通过对比媒体和民众对世界各国的重要性排序和态度,验证了中国主流媒体国际新闻报道对中国民众全球观的塑造能力,并探讨了我国主流媒体对于不同年龄、不同学历、不同职业民众全球观的塑造能力是否存在规律。

第七章提供一个案例分析。本章以中国大陆媒体报道中美贸易争端的内容为对象,探讨了中国媒体对中美贸易争端这一事件的呈现方式及特点,也分析了媒体与政府的立场以及新时代中国的新媒体格局。

第八章简述了本书的研究由来,总结了研究框架,梳理了本书的主要观点和结论,并提出我国媒体国际新闻报道的两大趋势:第一,我国媒体的国际新闻报道及其世界图像与中国整体国家利益密切关联;第二,我国媒体在不断努力提升国际新闻报道的专业化程度。最后总结了本书研究存在的缺陷和尚需深入探讨的问题。

二、本书的主要观点和结论

(1)本书提出并分析了70年来我国媒体国际新闻报道的三种范式(革命型范式、发展型范式和文明型范式)。这对理解我国媒体国际新闻报道理论脉络提供了一个新的视角。虽然每个阶段我国国际新闻呈现出不同报道范式,但是每个时期的国际新闻报道都围绕当时的社会背景和社会主旋律展开,尤其受到当时国家领导人(尤其是国家核心领导人)全球观的影响。

①新中国成立初期,中国首先要解决"挨打"的问题,了解各国对于新中国的看法,所以报道范式呈现了原汁原味的新闻翻译稿,毛泽东主席的"种牛痘"理论成为这一时期国际新闻报道的全球观框架,于是出现了"种牛痘"和"见世面"的革命型范式。

②改革开放后,中国要解决"挨饿"的问题,以邓小平为核心的第二代领导人把工作重心转向经济发展和人民生活水平提升,所以国际新闻报道呈现出了"以

经济建设为中心"的发展型范式,紧紧围绕经济发展展开。

③十八大以来,中国要解决"挨骂"问题,不仅要了解外国对于中国的看法,更要积极传播中国的声音,让世界更全面了解中国。故该时期不仅重视对国际新闻的报道,而且呈现出积极发表国际评论的文明型范式。在习近平总书记"人类命运共同体"的全球观框架下,中国国际新闻报道呈现出了全方位、多层次的特征。

(2)本书梳理了中国媒体的世界图像特征。

①从"把关人"理论视角,我国媒体塑造的世界总体图像突出了对邻国和西方发达地区("西欧"和"北美")的报道。具体而言,美国占据了重要地位,其次是日本、英国、韩国和俄罗斯等国家。这一趋势与新闻价值中的接近性和重要性相吻合;报道的主题呈现出了重政治外交类国际新闻的共性,既突出了党性原则,又展示了不同主题的偏好(趣味性);而国际新闻媒体新闻稿源多以自发稿为主,反映了我国国际新闻报道原创性的提升。

②从框架理论视角,我国媒体国际新闻报道风格框架突出"消息报道"这一体裁,重视时效性较强的国际新闻事实报道,解释性报道较少,呈现"重事实轻评述"的特点;从我国媒体突出间接消息源引用,可以看出我国媒体国际新闻报道的专业化框架,国际新闻报道已达到一定的专业水平,但仍有提升的空间;从中国媒体国际新闻报道的倾向性分布来看,我国媒体的世界观总体上趋向相对中立、平和的世界观,这与中国整体"以和为贵"共同体理念是一脉相承的。

(3)本书讨论了中国媒体国际新闻报道的影响要素。研究表明报道国家的经济要素(即 GDP、对华贸易额)与我国媒体国际新闻报道呈现显著的相关性,一个国家的 GDP 越高,我国媒体对其国际新闻报道量越大。从贸易额看,对华贸易额越高的国家,我国媒体对其国际新闻报道量越大。但从地理要素(即所报道国家与我国首都北京之间的距离)、国家要素(即报道国的人口、领土面积)以及文化要素(即与中国文化相似度)来看,我国媒体的国际新闻报道与上述三要素均无实质相关性。

(4)本书发现,尽管我国社会信息渠道多元化,但我国主流媒体对他国的报道仍在很大程度上塑造了我国民众的全球观。具体表现为:①对他国的报道量会影响到民众对该国重要性的认知,因此验证了媒体一级议程设置效果;②对他国报道的态度会影响到民众对于该国的态度,验证了媒体二级议程设置效果;③就我国民众全球观的整体塑造而言,我国主流媒体的一级议程设置效果比二级议程设置效果更好。可见,我国媒体的国际新闻报道对我国民众的整体全球观仍发挥着主渠道的作用和影响。

(5)通过分析重大事件对中国主流媒体和社交媒体国际新闻报道的作用和影响,发现在我国面对巨大国际压力时,我国主流媒体和民众会在国内形成高度一致的公众舆论共识。

①重大国际事件(如2018年的中美贸易争端)仍然是我国各类媒体(包括中央媒体、地方媒体、社交媒体等)国际新闻报道的焦点和重点,且中国主流新闻媒体国际新闻报道内容呈现非同质性和多样性,不同新闻媒体(国媒/偏商业化的媒体)的报道框架之间存在显著差异。这有力驳斥了西方世界对中国主流新闻媒体的固有成见,即中国媒体都是党的喉舌,其新闻报道框架具有高度一致性。此外,关于中美贸易争端这样的重大事件报道,我国主流媒体国际新闻报道和社交媒体微博使用的框架高度相似,网红用户与普通用户之间的贸易争端观点也具有高度一致性。这表明我国媒体和民众的全球观,在面临国际压力情况下,会在国内形成高度一致的公众舆论共识。

②我国媒体已经能对重大国际事件第一时间进行报道,专业化程度有了极大提高。尽管报道手法和表现方式各不相同,但都能展示出一定的专业化水准,适应了我国民众对国际新闻信息的需求。

三、关于我国媒体国际新闻报道的趋势研判

由于我国从事国际新闻报道的媒体都处于中国的社会(包括政治、经济和文化)环境中,我国媒体的国际新闻报道呈现两大趋势:

(一)我国媒体的国际新闻报道和其对世界图像的重视与中国整体国家
　　利益密切关联

总体而言,我国媒体国际新闻报道重视与中国总体国家利益密切相关的国家图像塑造。中国媒体在世界图像中之所以突出西方国家,是因为西方国家目前在国际政治、经济和文化等领域都处于较明显的强势。作为一个发展中大国,中国要能够实现自我发展和和平崛起,离不开与西方国家接触和合作。尽管中

国和西方国家在政治体制和意识形态方面存在着较大差异,但这并不妨碍中国与西方国家在其他领域(如经济和贸易等)的合作。中国媒体对周边国家(主要是亚洲国家)的关注也符合中国外交政策和国家利益。中国地处亚洲,陆地边界和海上与近20个国家毗邻,还有漫长国境线和海岸线。中国一心一意搞经济,建设和谐社会,迫切需要一个和平稳定的周边环境,因此中国的外交政策一直致力于改善与周边国家的关系,尤其是像日本、俄罗斯、印度这样的国家。

如果说中国媒体世界图像对西方国家和周边国家的关注更多是出于国家利益和地缘政治等现实因素的话,那么中国媒体世界图像对发展中国家的关注则可能与中国的政治主张有密切关联,即出于对国际道义的考虑。目前,西方国家凭借其强有力的资本、技术和文化优势在国际传播过程和国际舆论中占据着得天独厚的优势。作为发展中国家,中国一直坚持独立自主的和平外交政策,因此中国媒体国际新闻报道对发展中国家的关注从报道内容上讲是一种信息量的平衡和对发展中国家的重视,但实际上则是中国作为一个大国的政治主张和国际道义的一种体现,展现了中国媒体世界观的一个方面。

(二)我国媒体不断追求提升国际新闻报道的专业化程度

我国媒体对国际新闻报道专业化的追求首先表现为较强的国际新闻敏感性,能及时对世界各地发生的国际新闻事实进行及时报道,尤其在报道一些重大国际新闻事件时更是如此。这与我国整个社会发展需求和政策环境有关。我国媒体在不断扩大其国际新闻报道量的同时,十分注重提高"自发稿"的比例。我国媒体的驻外记者越来越多,过去以报道事实为主,近年来愈发注重对国际事件和动向的评论,开始表明中国媒体的观点和态度,尤其中美贸易争端以后,这一趋势越来越明显。这是国际格局变化使然,也是我国国际新闻报道面临国内外市场化竞争,尤其是来自社交媒体竞争的结果。

换言之,国内外的市场化环境也正在不断促进我国媒体对国际新闻报道专业化的追求。

四、对中国媒体的世界图像及民众全球观的反思

通过对我国媒体塑造的世界图像和现实世界中各个要素分析,可以从以下

四组互动关系来进一步展开：①世界图像与国际社会(外部世界)；②世界图像和中国社会(内部世界)；③世界图像和媒体市场；④世界图像和网络媒体。可以把这四个层面的互动关系概括为"4＋1"模式(见图8－1)。

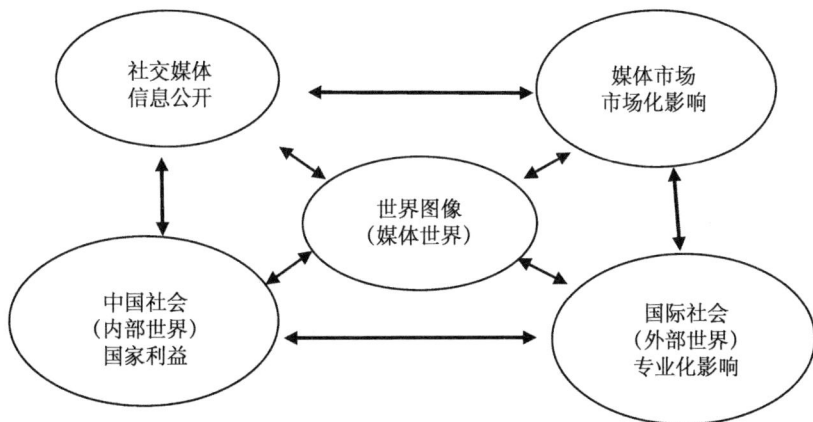

图8－1　我国媒体的世界图像

(一)世界图像与国际社会(外部世界)：专业化影响

我国媒体中的世界图像与其国际社会(即外部世界)之间的关系是第一层面、最直接的互动关系。这里的国际社会就是我国媒体国际新闻报道的客体，即发生在国际社会中的国际新闻事实(现实世界)。我国媒体中的世界图像只是对国际社会这一客体的媒体反映，因此从理论上讲国际社会(外部世界)这一客体决定着我国媒体的国际新闻报道和其总体世界图像。

在这个互动关系中，国际社会所发生的国际新闻事实是客观的，不以我国媒体的主观意志为转移。但是我国媒体不可能报道世界上发生的每一个新闻事实，而必须对国际新闻事实进行有效选择。本书把我国媒体世界图像与国际社会之间这种影响关系称为专业化影响，这种专业化影响在任何一个国家的国际新闻报道中都存在。

(二)世界图像与中国社会(内部世界)：国家利益影响

世界图像与中国社会(内部世界)之间的互动关系主要是指我国媒体国际新闻报道可能会受到我国的国家利益、国内发展和社会环境等方面的影响。

与其他国家一样,我国媒体国际新闻报道也是国内报道的有机延伸,具有较强的政治性,与我国不同历史阶段的国家利益、社会发展和治理体系密切相关,且一直对我国媒体国际新闻报道和世界图像产生较大的影响。这种影响力的表现方式可以分为两种:一种是显性的,即我国的国家利益对某些国际新闻事实的报道态度有着明确的导向;另一种是隐性的,表现为我国媒体在国际新闻报道实践中呈现出的高度自律,或者与国家利益的整体一致性,会主动从国家利益角度出发进行新闻选择和新闻处理,维护中国理念,发出中国声音。

(三)世界图像与媒体市场:市场化影响

随着我国改革开放不断深入,我国媒体的经营和管理也不断呈现市场化趋势。这必然会影响我国媒体的新闻报道,包括国际新闻报道。换言之,除了受到来自专业化影响和国家利益影响之外,我国媒体的国际新闻报道和世界图像的塑造目前也正越来越多地受到我国媒体市场的影响。本书把这种影响称为市场化影响,《环球时报》即为典型。

(四)世界图像与网络媒体:国内外信息公开化

我国媒体国际新闻报道和世界图像的塑造还受到了国内和国外社交媒体的影响。社交媒体使得国际信息传播公开化和透明化,这对我国传统主流媒体的国际新闻报道明显是有压力的:过去在一个相对封闭社会环境里,我国主流媒体对国际新闻事实可以选择报,也可以选择不报,因为我国民众没有其他渠道来获取国际信息。社交媒体的出现在技术上改变了这一局面:我国主流媒体在国际新闻报道中面临的问题不再是要不要报道的问题,而是如何报道国际新闻事实的问题,以及如何实行平衡报道的问题。换言之,社交媒体的广泛应用为我国媒体国际新闻报道提出了新的挑战。但这也是新的机会,因为我国国际新闻报道必须体现一定深度和思想,才能吸引数字时代的受众。

五、本书的探索以及存在缺陷

(1)本书尝试把中外不同研究方法和研究路径进行融合创新。既有符合我国传统的思辨型、基于学术文献和阐述分析的应用型研究,又有能运用内容分析法、文本分析法和对重大国际事件的案例分析法等开展符合学术规范的学理性研究，努力使整个课题研究成为一个有机整体。

（2）本书利用现有新闻传播学的理论框架，对数字化时代我国主流媒体和社交媒体国际新闻报道的历史发展轨迹、国际新闻报道的实务（新闻选择和新闻处理）以及我国主流媒体和民众全球观的互动关系进行了实证分析和相关指标的关联性研究，希望以我国主流媒体和社交媒体国际新闻报道真正的研究问题为导向，尝试探索适合我国当下学术环境的研究路径和模式。

（3）本书存在的缺陷以及仍需深入研究的问题。

①本书未能开展我国媒体的国际新闻报道"把关人"个别访谈，无法详细了解我国媒体国际报道的新闻选择和新闻处理背后的逻辑和原因。客观原因是此次疫情期间无法外出开展面对面的交流。

②部分实证数据的研究维度目前还相对单一，影响了后续的解释力。

③在研究对我国国际新闻报道的国际影响要素外，还应该继续研究对我国媒体国际报道的国内影响要素和社会环境的变化要素，开展更为细化和可持续的研究。

附录一　国际新闻报道新闻文本编码表

1.编码人员［单选题］＊

○吴旭童○林萍　○孔繁雪○于嫚婷

○丁文　○柴兰洁○李新瑞○陈倚群

○万倩倩○陈洁　○叶婷婷○邢颖

2.编码报纸［单选题］＊

○《人民日报》

○《环球时报》

3.文档编号［填空题］＊

以索引（Excel）中的文档编号为准。

_____

4.文档日期［填空题］＊

_____

5.报道题目［填空题］＊

_____

6.是否是头版内容［单选题］＊

○是

○否

7.文档主题［单选题］＊

（1）每篇文章只能选择一个主题。如果文章涉及两个及两个以上的主题，则按
　　照"标题→导语→前五段"的优先级顺序来判定。

（2）如果无法确定，请选择"其他"，然后在弹出的输入框内填写文章类型。
　　第 8 题与本题关联。如果没有显示，则不需要作答。

○政治外交

○经济贸易

○体育娱乐

○社会法律

○军事国防

○科技卫生

○事故灾难

○文化教育

○旅游风光

○其他

8.文档主题［填空题］＊
　　只有上题选择"其他"时，才需要回答本题。

_____

9.报道主旨［填空题］＊
　　第 8 题与前面的题有关联。如果没有显示，则不需要作答。
　　即用一个"关键词"或最简单的语句解释本条报道的内容。比如"贸易争端"
　　"美国航天计划""英国脱欧"。

_____

10.稿源［单选题］＊
　　稿源，即是本篇报道是原创还是转载。
　　如果本题选择了原创，则没有 11 题。

○原创,有作者

○原创,无作者

○转载文章

11. 稿源(报道转自哪里)［填空题］*

　　仅针对转载文章开放。

_____

12. 体裁［单选题］*

　　"消息报道"一般具有较强的时效性,是对一个国际新闻事实的实时报道。

　　"通讯特写"一般时效性不强,常常会较详细报道新闻事件的发生过程或人物的成长过程,也可包括新闻特写等。

　　"简讯"是指一句话或一段话的导语式新闻,有时不一定有标题。

　　"图片新闻"是指一幅国际新闻照片并附以一定文字说明。(需要从文本当中判定原报道是否有图片)

　　"时评社论"主要是指为一个国际新闻事件而配发的评论或社论。

○消息报道

○通讯特写

○简讯

○图片新闻

○时评社论

○其他

13. 什么体裁［填空题］*

_____

14. 评论维度［单选题］*

　　只有 12 题选择了"时评社论"时才有此题。

○单向维度

○双向维度

15. 报道倾向值［单选题］*

　　13、14 题与 12 题关联，如果没有显示，则说明不需要作答。

　　以标题→ 首段→前五段 的优先级顺序来判定。以是否有"强烈谴责""全面胜利"等感情强烈感情词或词组作为判定是否是"完全负面"/"完全正面"。

○完全正面

○比较正面

○中性

○比较负面

○完全负面

16. 报道框架类型［单选题］*

　　判定框架大类即可。

　　17 题与本题关联。如没有显示，则不需要作答。

○积极/合作型框架

○中性/描述型框架

○消极/对抗型框架

○其他

17. 请填写框架类型［填空题］

_____

18. 请填写主要的报道国［表格文本题］*

　　17 题与 16 题关联。如没有显示，则不需要作答。

　　请填写报道的主要国家。每个空只写一个国家，如果有多个国家请点击添加按钮。倾向性，以对该国描述是否有强烈感情词或词组作为判定是否是"完全正面"/"完全负面"。

国家倾向性

1

2

3

4

5

6

7

8

9

10

19. 文章是否有引语［单选题］ *

　　20、21 题与本题关联。如果下面没有显示，则不需要作答

○有

○无

20. 引用方式及次数［矩阵文本题］［输入 0 到 15 的数字］ *

　　拖动右侧滑动条到相应位置或直接点击相应数字记录引用方式的次数。如

　　果没有该引用方式，请点击 0。

直接引用＿＿＿＿＿＿＿＿＿＿＿＿＿＿＿＿＿＿＿＿＿＿

间接引用＿＿＿＿＿＿＿＿＿＿＿＿＿＿＿＿＿＿＿＿＿＿

模糊引用＿＿＿＿＿＿＿＿＿＿＿＿＿＿＿＿＿＿＿＿＿＿

21. 是否引用了《人民日报》?［单选题］ *

○是

○否

22. 其他需要说明的内容。如无，请勿填写［填空题］

　　20、21 题与之前的题目关联，如果没有显示，说明不需要作答。

＿＿＿＿＿＿＿＿＿＿＿＿＿＿＿＿＿＿＿＿＿＿＿＿＿

附录二　中国主流媒体对民众全球观塑造调查问卷

1.您通常通过什么方式了解国际新闻(多选)?

○ 网站

○ 报纸

○ 电视

○ 广播

○ 关注新闻媒体的官方微信公众号

○ 关注非新闻媒体微信公众号

○ 微信好友在朋友圈的转发或"在看"

○ 关注新闻媒体的官方微博账号

○ 关注的大 V 等邮箱里的个人微博账号

○ 微博热搜、热门话题、网友转发的微博等

○ 新闻媒体手机 App 客户端

○ 其他

2.您通常更关注国际新闻报道的哪些议题?

○ 政治外交

○ 经济贸易

○ 体育娱乐

○ 社会法律

○ 军事国防

○ 科技卫生

○ 事故灾难

○ 文化教育

○ 旅游风光

○ 其他

3. 您认为当前的世界格局是怎样的？

○ 美国主导世界

○ 西方国家主导世界

○ 中美两国主导世界

○ 世界格局越来越多元化

○ 中国将逐步取代美国领导世界

○ 其他

4. 请您按照以下国家对中国的重要性,对这 10 个国家进行排序(1 为最重要,10 为最不重要)

英国,朝鲜,韩国,俄罗斯,法国,印度,美国,西班牙,日本,德国

5. 您对于以下国家的态度(非常积极/比较积极/中性/比较消极/非常消极)

英国,朝鲜,韩国,俄罗斯,法国,印度,美国,西班牙,日本,德国

6. 您阅读《人民日报》吗?(多选)

○ 几乎不看

○ 我订阅并阅读《人民日报》

○ 我关注了《人民日报》微信公众号并阅读推送内容

○ 我关注了《人民日报》官方微博并阅读推送内容

○ 我下载了《人民日报》App 并阅读推送内容

○ 我浏览人民网

○ 不主动订阅,但有机会可能偶尔看看(如单位订阅报纸)

○ 我偶尔在公共场所看《人民日报》电子阅读器

○ 其他(请注明)

7. 您阅读《环球时报》(包括英文版 *Global Times*)吗?(多选)

○ 几乎不看

○ 我订阅并阅读《环球时报》或 *Global Times*

○ 我关注了《环球时报》或 *Global Times* 官方微信公众号并阅读推送内容

○ 我关注了《环球时报》或 *Global Times* 官方微博并阅读推送内容

○ 我下载了《环球时报》或 *Global Times* App 并阅读推送内容

○ 我浏览环球网或 *Global Times* 网站

○ 我会在报亭购买《环球时报》或 *Global Times*

○ 不主动订阅,但有机会可能偶尔看看(如坐飞机等)

○ 其他(请注明)

8. 如果《人民日报》和《环球时报》同时报道了同一个事件,您更愿意阅读哪家报纸来了解它?

○《人民日报》

○《环球时报》

○ 无所谓,哪个都行

○ 都不看

9. 您的性别

○男

○女

10. 您的年龄

○ 19 岁及以下

○ 20～29 岁

○ 30～39 岁

○ 40～49 岁

○ 50~59 岁

○ 60 岁及以上

11. 您的学历

○ 博士及以上

○ 硕士

○ 大学本科及专科

○ 高中及职业高中

○ 初中及以下

12. 您目前的职业

○ 公务员

○ 事业单位人员

○ 公立学校教师或科学研究机构

○ 民企(包括教育机构教师)管理、生产、销售人员

○ 外企(包括鉴于机构教师)管理、生产、销售人员

○ 自由职业

○ 全日制学生

○ 一般务工人员

○ 其他

13. 您目前的常住地区是?(34 个省级行政区或境外)

附录三　中美贸易争端时间线

2017 年		
8 月	美国	特朗普总统令美国贸易代表办公室(USTR)对中国发起 301 调查
2018 年		
3 月 8 日	美国	对中国进口钢铁征收 25%、进口铝征收 10% 关税
3 月 22 日	美国	特朗普宣布计划对中国 600 亿美元商品征收关税
3 月 23 日	美国	美国在世贸组织争端解决机制下向中国提出磋商请求
	中国	中国商务部宣布将对进口自美国的 30 亿美元商品征收关税
4 月 1 日	中国	中国宣布对自美进口的 128 项产品加征 15% 或 25% 关税
4 月 3 日	美国	美国提出要求对中国 500 亿美元商品征收关税
4 月 4 日	中国	中国提出要求对美国进口价值 500 亿美元的 106 项商品征收关税
4 月 5 日	美国	特朗普宣布考虑对中国额外的 1 000 亿美元商品征收关税
	中国	中国在世贸组织争端解决机制下向美国提出磋商请求
4 月 16 日		美国宣布禁止向中国中兴通讯销售软件及零部件,开始对中兴实施制裁,中国允许美国派员入驻中兴
5 月 3 日— 4 日		中美贸易争端第一轮磋商在北京落下帷幕,双方就部分问题达成共识
5 月 15 日— 17 日	美国	USTR 举行针对中国 301 关税清单公众听证会
5 月 17 日— 18 日	中国	国务院副总理刘鹤赴华盛顿讨论关税事宜
5 月 19 日	中国	中美在华盛顿就双边经贸磋商发表联合声明,称将在高科技产品等领域加强贸易合作
5 月 29 日	美国	美国重提要对中国 500 亿美元商品征收 25% 的关税

（续表）

6月2日—4日	美国	美国商务部长罗斯率团访华进行贸易磋商
6月15日	美国	美国公布500亿美元商品关税清单
6月16日	中国	中国国务院关税税则委员会决定对美国约500亿美元进口商品加征25%的关税
6月30日	美国	美国公布将对来自中国的投资进一步限制
7月6日	美国	美国对第一批清单上价值340亿美元的818个类别的中国商品加征25%的进口关税
	中国	中国对同等数额美国部分进口商品加征关税
7月10日	美国	美国公布了对2 000亿美元中国进口商品征收10%关税的计划
7月12日	美国	美国参议院投票通过限制特朗普关税权力
7月26日	美国	美国参议院同意降低进口商品关税
8月1日	美国	特朗普命令USTR将对2 000亿美元中国进口商品的关税从原先提议的10%提高到25%
8月3日	中国	国务院关税税则委员会决定对原产于美国约160亿美元进口商品加征关税
8月7日	美国	USTR决定实施对中国160亿美元产品加征25%关税
8月22日—23日		中美就经贸问题举行副部级磋商
8月23日		中美双方于8月7日公布的清单上出现的商品关税正式生效
9月7日	美国	特朗普威胁要对至少2 670亿美元中国商品征收关税
9月12日	中国	中国向世贸组织申请授权对美实施每年约70亿美元的贸易报复
9月18日	美国	美国正式对2 000亿美元的中国进口商品征收10%的关税。美国政府表示这一比例将在2019年1月1日上调至25%
	中国	中国决定对600亿美元美国商品征收关税

（续表）

12月1日	美国	中美双方一致同意停止互相加征新的关税,并"休战"90天。在双方会谈中,特朗普同意把原定于2019年1月1日对2000亿美元中国商品关税上调至25%的决定推迟到3月1日
	中国	中国同意"大量进口"美国产品
	华为首席财务官孟晚舟在温哥华被捕	
12月5日	第十一轮中美工商领袖和前高官举行对话	
2019年		
1月7日—8日	中美举行经贸问题副部级磋商	
1月30日—31日	中美在华盛顿举行中美经贸高级别磋商	
2月14日—15日	中美在北京进行新一轮经贸高级别磋商	
2月24日	美国	特朗普再度推迟上调中国商品关税的日期
3月27日—29日	中美在北京进行第八轮中美经贸高级别磋商	
4月30日—5月1日	中美进行完第十轮经贸高级别磋商后,中国商务部发言人表示"双方就协议文本和双方关注的诸多问题深入交换意见,双方同意继续保持密切的沟通"	
5月5日	美国	特朗普推特发文表示计划在5月10日将2000亿美元中国商品的税率提高到25%
5月8日	美国	USTR宣布对华2 000亿美元产品征税税率从10%提高到25%
	中国	中国迅速作出回应:如果美方关税措施付诸实践,中方将不得不采取必要反制措施
5月10日	美国	美国对2 000亿美元中国输美商品加征的关税正式从10%上调至25%
5月13日	美国	USTR公布对中国约3 000亿美元商品拟加征25%关税清单
	中国	中国对美国5 140项进口商品提高加征关税税率
5月17日	华为被列入美国所谓的"实体清单"	
6月29日	习近平主席与特朗普总统在二十国集团大阪峰会举行双边会谈,双方同意重启经贸磋商,美方不再对中国产品加征新的关税	

（续表）

7月30—31日		中美官员在上海举行第十二轮中美贸易高级别磋商。会后通稿指，中美双方工作团队将在8月继续进行经贸高级别磋商，从而为9月第十三轮中美贸易高级别磋商作准备
8月1日	美国	特朗普推特发文表示，"贸易谈判仍在继续，在谈判的同时，美国将从9月1日开始，对剩下的3 000亿美元中国进口到美国的商品加征10%的小笔额外关税。这不包括已经被加征25%关税的2500亿美元中国进口商品"
8月5日	美国	美国财政部长姆努钦在一份声明中表示，美国政府已将中国列为汇率操纵国
8月13日	美国	USTR宣布对原计划3 000亿美元中国进口产品加征关税措施中的60%产品（1 800亿美元）将推迟至12月15日实施，对剩余1 200亿美元中国进口商品按原计划于9月1日开始加征10%关税
8月14日	美国	美国商务部工业与安全局发布公告，将中广核集团及其关联公司共4家实体列入实体清单
8月17日	美国	USTR宣布，免除将对部分家具、婴儿用品、互联网调制解调器和路由器、部分化工原料、宗教书籍等44种中国商品加征的10%关税，涉及中国商品价值约78亿美元
8月19日	美国	美国商务部决定将另外46家华为的子公司列入实体清单中
8月23日	中国	中国国务院关税税则委员会发布公告，决定对原产于美国的5 078个税目、约750亿美元进口商品加征关税
	美国	特朗普推特发文表示，美国将在10月1日将2 500亿美元中国商品的现有加征关税从25%提高至30%；定于9月1日生效的另外3 000亿美元中国商品的关税将从原计划的10%升至15%
9月2日		在美国对华3 000亿美元输美产品中第一批加征15%关税措施正式实施后，中国商务部就此向世贸组织提起诉讼
9月5日后局势逐渐缓和		
2020年		
1月15日		中美在华盛顿签署第一阶段经贸协议

参 考 文 献

一、书籍

[1] 白润生.中国新闻通史纲要[M].北京:新华出版社,2003.

[2] 蔡帼芬,刘笑盈.事实与建构:国际新闻的理论与实践[M].北京:中国传媒大学出版社,2008.

[3] 蔡帼芬.国际新闻与跨文化传播[M].北京:北京广播学院出版社,2003.

[4] 崔保国,杭敏,周逵副.中国传媒产业发展报告(2018)[M].北京:社会科学文献出版社,2018.

[5] 崔保国,徐立君,丁迈.中国传媒产业发展报告(2019)[M].北京:社会科学文献出版社,2019.

[6] 单亿春.下一个出口纸媒的革命之路[M].北京:新华出版社,2015.

[7] 邓小平.邓小平文选:第三卷[M].北京:人民出版社,1993.

[8] 方汉奇.中国新闻事业编年史.[M].第一版.福州:福建人民出版社,2000.

[9] 方汉奇.中国新闻传播史.[M].第三版.北京:中国人民大学出版社,2014.

[10] 盖伊·塔奇曼.做新闻[M].麻争旗,刘笑盈,徐杨,译.北京:华夏出版社,2008.

[11] 甘险峰.中国对外新闻传播史[M].福州:福建人民出版社,2004.

[12] GOFFMAN,ERVING. Frame analysis:an essay on the organization of experience[M]. New England:Northeastern University Press,1986.

[13] 胡百精.危机传播管理[M].北京:中国传媒大学出版社,2005.

[14] 李良荣.当代西方新闻媒体[M].上海:复旦大学出版社,2003.

[15] 李良荣.新闻学概论[M].第五版.上海:复旦大学出版社,2013.

[16] 李普曼.舆论学[M].林珊,译.北京:华夏出版社,1989.

[17] 李慎明,吴恩远.中国民众的国际观(第4辑)[M].北京:社会科学文献出版社,2014.

[18] 刘利群,张毓强.国际传播概论[M].北京:中国传媒大学出版社,2011.

[19] 刘笑盈.国际新闻学:本体、方法和功能[M].北京:中国广播电视出版社,2011.

[20] 马胜荣,薛群.描述世界——国际新闻采访与写作[M].北京:新华出版社,2004.

[21] 马胜荣.走向世界的新华社国际新闻报道70年(1931—2001)[M].北京:新华出版社,2001.

[22] 彭树智.中东史[M].北京:人民出版社,2010.

[23] 童之侠.中国国际新闻传播史[M].北京:中国传媒大学出版社,2006.

[24] 托伊恩·迪克.作为话语的新闻[M].曾庆香,译.北京:华夏出版社,2003.

[25] 王纬.国际新闻采编初探[M].北京:新华出版社,1985.

[26] 习近平.决胜全面建成小康社会　夺取新时代中国特色社会主义伟大胜利——在中国共产党第十九次全国代表大会上的报告[M].北京:人民出版社,2017.

[27] 余家宏,宁树藩,等.新闻学简明词典[Z].杭州:浙江人民出版社,1984.

[28] 喻国明.影响力经济[M].广州:南方日报出版社,2003:7-12.

[29] 翟石磊.当代中国世界观话语建构研究[D].上海:上海外国语大学,2014.

[30] 藏国仁,钟蔚文,黄懿慧.新闻媒体与公共关系(消息来源)的互动:新闻框架理论的再省[M]//陈韬文,朱立,潘忠党.大众传播与市场经济.香港:炉峰学会,1997:141-142.

[31] 中央宣传部办公厅.党的宣传工作会议概况和文献(1951—1992)[M].北京:中央党校出版社,1994.

[32] 周东元,元文公.中国外文局五十年史料选编(一)[M].北京:新星出版社,1999.

二、报刊、学位论文

[1] 敖阳利.关于提升我国媒体国际话语权的思考[J].新闻世界,2016(03):94-96.

[2] 包燕玲.对当代大学生国际时事关注度的社会性别分析——以河南省高校为例[J].商,2016(28):77.

[3] 鲍丹禾.传统媒体转战社交媒体的标杆[J].现代教育报,2018(08):40-43.

[4] 毕振山.变局之下如何做好国际新闻报道[J].新闻传播,2019(18):37-40.

[5] 蔡名照.加强国际传播能力建设　讲好中国故事　传递中国声音——学习贯彻习近平总书记关于做好对外宣传工作的重要论述[J].理论导报,2015(12):34-37.

[6] 蔡文举,范明水.新时代:从历史的新起点到新的历史起点[J].海南大学学报(人文社会科学版),2018,36(03):50-56.

[7] 国家统计局:2017年我国GDP总量首超80万亿元　同比增长6.9%[N].参考消息,2018-1-18.

[8] 曹征海.论中国特色社会主义新闻传播理论的建构[J].学术界,2015(09):5-41.

[9] 常江,王晓培,杨奇光.新闻编译的专业化与政治化:《参考消息》1966—1976年间主题报道策略研究[J].新闻界,2015(17):22-28.

[10] 常江,杨奇光.国家叙事中的世界图景[J].新闻记者,2015(3):48-54.

[11] 陈继永,杨旭丹.中国的和平崛起与中美贸易战[J].华南师范大学学报(社会科学版),2019(02):71-78.

[12] 陈卫华.国际新闻报道的机遇与挑战[J].对外传播,2018(11):17-19.

[13] 陈阳.框架分析:一个亟待澄清的理论概念[J].国际新闻界,2007(4):21-22.

[14] 程曼丽,刘江.将中国的声音传向世界——新华社国际新闻报道的历史沿革探析[J].中国记者,2011(03):88-89.

[15] 迟昕,丁磊.浅析环球时报社评的特点[J].新闻研究导刊,2016-7(13):313.

[16] 但昭彬.话语权与教育宗旨之共变[D].武汉:华中师范大学,2015.

[17] 丁智擘.擦亮中国的眼睛——央视新闻频道国际新闻节目现状研究[J].声屏世界,2004(12):22-24.

[18] 杜红燕.新中国成立初期毛泽东思想发展的条件及特点[J].党史文苑,2015(12):55-57.

[19] 冯红丽.20 世纪 50 年代初期毛泽东"一边倒"外交政策的原因及评价[J].世纪桥,2018(08):6 - 7.

[20] 高飞.大变局与中国外交的选择[J].国际问题研究,2019(06):25 - 40＋127 - 128.

[21] 高翔.从"天下"到"世界"——中国认知世界的观念变迁[J].人民论坛,2009(20):13 - 15.

[22] 葛玮.中国特色传媒体制:历史沿革与发展完善[J].中国行政管理,2011(06):11 - 19.

[23] 龚婉祺,李喜根.做有国际影响的国际舆论研究[J].对外传播,2018(04):29 - 32.

[24] 顾晓燕.试论海量新闻背景下的"守门人"[J].新闻记者,2003(01):38 - 39.

[25] 郭戈.新闻价值与新闻价值观[J].中国广播电视学刊,2017(01):116 - 117.

[26] 郭可.国际新闻教育谈[J].新闻大学,1994(02):62 - 63.

[27] 郭镇之.关于大众传播的议程设置功能[J].国际新闻界,1997(03):18 - 25.

[28] 胡锡进.环球时报社评是怎么写出来的[J].新闻与写作,2011(05):5 - 8.

[29] 社评:一百万人感染,美国不该这样领跑[N].环球时报,2020 - 4 - 29.

[30] 社评:中美贸易争端,中国为何决不能退让[N].环球时报,2018 - 4 - 20.

[31] 黄旦."把关人"研究及其演变[J].国际新闻界,1996(04):27 - 31.

[32] 黄钊.马克思主义理论光辉的伟大胜利——纪念中华人民共和国成立 70 周年[J].学校党建与思想教育,2019(19):4 - 9.

[33] 季思.以中国智慧破解全球化三大困局[J].当代世界,2020(05):1.

[34] 江宇.习近平新时代中国特色社会主义思想的大历史逻辑[J].东岳论丛,2018,39(02):13 - 18.

[35] 姜龙范.中国在朝鲜半岛无核化进程中的角色与作用[J].当代韩国,2018(02):16 - 19.

[36] 焦翔.主动发声,防止国际新闻被误导[J].青年记者,2016(24):11 - 13.

[37] 金灿荣.百年未有之大变局与中国担当[N].解放军报,2019 - 12 - 11(004).

[38] 金灿荣.今天我们需要确立什么样的国际观[N].北京日报,2012 - 03 - 20.

[39] 冷爽.微博平台国际新闻编译的现状分析——以"微天下""参考消息""中

新网国际"的官微为例[J].东南传播,2015(10):4-8.

[40] 李猛.大众传媒视野下国内新闻传媒产业发展现状及策略探究[J].新闻传播,2014(06):118+120.

[41] 李浅屿.新华网国际新闻报道研究[J].传播力研究,2019-3(18):31.

[42] 李锐.新闻期刊与精英文化国际观的建构:以《中国新闻周刊》为例[J].青年记者,2007(10):57.

[43] 李希光.谁在为中国媒体国际新闻报道设置框架[J].中国记者,2002(09):14-16.

[44] 李宇.浅析中央广播电视总台国际传播的融合发展模式与创新升级路径[J].视听界,2020(1):25-29.

[45] 刘加文.增强网络媒体国际报道的竞争力和影响力[J].新闻站线,2011(05):14-16.

[46] 刘建华.美国对华网络意识形态输出的新变化及我们的应对[J].马克思主义研究,2019(01):140-149.

[47] 刘鹏,陈红梅.上海大学生的信息需求与日报选择——上海大学生与大众传媒调查(一)[J].新闻记者,2003(02):12-14.

[48] 刘笑盈.中国对外传播:从报道中国到报道世界[J].对外传播,2018(11):4-7.

[49] 刘子靖.新媒体时代国际新闻报道的受众特点初探——基于百度指数数据的案例分析[J].中国出版,2015,6(11):56-57.

[50] 罗嗣亮.从"站起来、富起来到强起来"的历史视角看中国共产党的文化自信战略[J].马克思主义与现实,2018(02):7-12.

[51] 罗昕.结构性缺失:网络时代把关理论的重新考察[J].新闻与传播研究,2011,18(03):68-76.

[52] 吕怡然,周岩.国际新闻的贴近性[J].中国记者,2003(11):52-53.

[53] 马加荣.新闻价值观念与新闻价值创造分析[J].电视指南,2018(01):205.

[54] 马思远,王铟.近三年大陆新闻传播领域框架理论研究综述[J].东南传播,2015(06):21.

[55] 麦克斯韦尔-麦考姆斯,郭镇之,邓理峰.议程设置理论概览:过去,现在与未

　　　来[J].新闻大学,2007(03):55 - 67.

[56] 梅婷,袁谦.当前美国媒体国际新闻报道的特征探究[J].传媒,2014(21):
　　　60 - 61.

[57] 孟元元.社交网络时代主流媒体舆论引导策略研究[J].记者摇篮,2020
　　　(04):37 - 38.

[58] 邱婕.流动的"失衡"——基于新闻流动理论视野下的上海、贵州新闻比较
　　　研究[J].东南传播,2014(06):50.

[59] 强月新,徐迪.我国主流媒体的公信力现状考察——基于 2015 年问卷调查
　　　的实证研究[J].新闻记者,2016(08):50 - 58.

[60] 坚持以人民为中心的发展思想——让我们的制度更加成熟更加定型[N].
　　　人民日报,2019 - 11 - 20.

[61] 邵梓捷,戴遥遥,徐湘林.国际政治传播中的议程设置——基于 2003—2015
　　　年《新闻联播》国际新闻文本分析[J].国家行政学院学报,2016(04):
　　　29 - 34.

[62] 施鲁佳.把好国际新闻报道的导向——在《钱江晚报》国际新闻报道研讨会
　　　上的发言(摘要)[J].新闻实践,2001(04):34.

[63] 石建勋,刘宇.新中国 70 年发展观的三次飞跃[J].财经问题研究,2020
　　　(02):12 - 20.

[64] 史安斌,薛瑾.习近平治国理政思想和实践:我国对外传播的新重点[J].对
　　　外传播,2017(10):4 - 7.

[65] 史安斌,王沛楠.国际报道中的策略性叙事:以《纽约时报》的南海报道为例
　　　[J].西安交通大学学报(社会科学版),2018,38(1):96 - 104.

[66] 宋国友.中美贸易争战:动因、形式及影响因素[J].太平洋学报,2019(06):
　　　64 - 72.

[67] 宋婧.中国主流媒体在国际舆论场中的话语权构建研究[J].传媒,2016
　　　(16):82 - 84.

[68] 苏林森.感知的议程设置效果:媒介对美国人涉华认知的影响研究[J].中国
　　　新闻传播研究,2018(01):43 - 59.

[69] 孙伶俐.中国国际广播电台驻外记者事业发展与思考[J].青年记者,2015

(13):52 - 54.

[70] 索格飞,郭可.新中国成立 70 年来对外传播的变迁与发展[J].对外传播, 2019(06):14 - 16.

[71] 唐宋.财经新闻报道的"国际化"和"本土化"[J].国际新闻界,2003(06): 24 - 27.

[72] 王爱玲.中国网络媒介的主流意识形态建设研究[D].大连:大连理工大学,2012.

[73] 王炳林.共和国成长之道——为什么能够实现从站起来、富起来到强起来的伟大飞跃[J].当代世界与社会主义,2019(03):33 - 39.

[74] 王佳琪,余杨.浅谈新媒体环境下"把关人"角色面临的挑战[J].传播力研究,2019 - 3(36):66.

[75] 王文."一带一路"重构中国人的世界观[J].中央社会主义学院学报,2017 (04):33 - 38.

[76] 王晓莉.《参考消息》的风雨历程[J].档案天地,2009(04):32 - 35.

[77] 王雪梅.打造国际报道精准传播范式——以新华社金砖国家领导人厦门会晤报道为例[J].对外传播,2017(10):22 - 23.

[78] 卫广益.《参考消息》创办的前前后后[J].纵横,2000(4):46 - 49.

[79] 卫广益.毛泽东与大小"参考"[J].党的文献,1994(02):81 - 84.

[80] 文建说.从新闻集团拆分看国际新闻的中国视角[J].中国记者,2012(11): 114 - 115.

[81] 吴灏鑫,牛伟.重新认识主流媒体在新媒体平台的"把关"角色[J].新闻与写作,2018(06):100 - 103.

[82] 吴杰,吴乐珺.国际新闻报纸仍有发展空间——《环球时报》副总编辑吴杰访谈录[J].新闻记者,2007(02):18 - 20.

[83] 吴奇志.国际新闻报道:塑造公众对世界的认知——专访《人民日报》高级记者、原国际部副主任温宪[J].对外传播,2018(11):20 - 23.

[84] 武志军.讲好中国故事,传播好中国声音——习近平关于做好对外宣传工作的新思想新论断[J].党的文献,2017(05):28 - 33.

[85] 夏学銮.中国世界观与世界中国观[J].人民论坛,2009(20):16 - 17.

[86] 夏忠敏,刘建新.中国公众的媒介接触对美国认知研究——基于《中美两国民众的世界观念》调查资料的分析[J].湖北民族学院学报(哲学社会科学版),2018,36(03):132 - 135.

[87] 谢戎彬."在现场"和"说真话"——《环球时报》国际热点报道要诀[J].中国记者,2012(06):33 - 35.

[88] 徐蓉.国际新闻评论应加大力度[J].青年记者,1999(01):24.

[89] 徐生忠,邓绍根.独一无二"种牛痘"博采信息阔视野 党中央三代领导人对《参考消息》的重视和关怀[J].新闻与写作,2011(03):72 - 75.

[90] 徐婉钰,韩鸿.《印度时报》和《中国日报》网站框架建构异同——以"洞朗事件"发生时期的报道为例[J].南亚东南亚研究,2019(04):106 - 119,154 - 155.

[91] 许峰.如何科学界定当代中国的国际地位[J].新视野,2015(06):101 - 105.

[92] 许方亮.新闻信息流动理论视野中的《环球时报》与《环球邮报》国际新闻比较研究[D].苏州:苏州大学,2012.

[93] 闫岩.我国特大事故的官媒形象——《人民日报》特大事故报道图景(2000—2015)[J].中国地质大学学报(社会科学版),2016 - 16(05):80 - 94.

[94] 严宇桥,郭坤玉.主流媒体"重大事件"新闻报道在网络传播中的把关人角色分析——以2018年11月-12月"中美贸易战"为例[J].新闻传播,2019(12):121 - 124.

[95] 颜匀,吕剑魁.大国崛起背景下的中国国际新闻报道与传播[J].新闻研究导刊,2019,10(09):1 - 2+17.

[96] 杨靖."国内化"的国际新闻——从上海电视台的国际新闻制作看新闻传播的国际化[J].国际新闻界,2000(5):29 - 33.

[97] 余永定.中美贸易战的深层根源及未来走向[J].财经问题研究,2019(08):3 - 12.

[98] 张富丽.中国国际时评的兴起及其实践经验——以《国际锐评》为例[J].国际传播,2009(04):68 - 75.

[99] 张昆,张明新,等.中国公众的世界观念调查报告(2017—2018)[J].人民论

坛·学术前沿,2019(09):8-25.

[100] 张学军.中国方案的世界意义[J].河南农业,2019(36):56-59.

[101] 赵德群.优秀新闻作品应当注重原创性[J].传媒观察,2011(03):20-21.

[102] 赵瑞琦.地方媒体国际新闻评论解析——基于全球本土化的视角[J].中国出版,2014(09):38-41.

[103] 赵瑞琦.国际新闻评论:为何、如何与何为[J].对外传播,2015(05):33-35.

[104] 赵彦华.社会影响力与市场影响力的关系[N].中华新闻报,2003-09-08(1).

[105] 郑敏.时事报道工作存在的问题探析[J].新闻传播,2001(3):9.

[106] 郑若麟.从"世界观念"的形成看国际新闻报道[J].对外传播,2015(12):21-22.

[107] 周庆安.中国国际新闻报道的趋势与转型[J].新闻与写作,2011(03):21-24.

[108] 朱丽.《环球时报》国际新闻报道特色及其未来发展[D].太原:山西大学,2010.

三、英文文献

[1] BATESON, GREGORY. A theory of play and fantasy[J]. Psychiatric Research Reports,1955(2):39-51.

[2] BOSTER, F. J., KOTOWSKI, M. R., ANDREWS, K. R., & SEROTA, K. Identifying influence: development and validation of the connectivity, persuasiveness, and maven scales [J]. Journal of Communication,2011(61):178-196.

[3] BREWER, PAUL R. National interest frames and public opinion about world affairs[J]. Harvard International Journal of Press/Politics,2006,11(4):89-102.

[4] BRUCE KOGUT, HARBIR SINGH. The effect of national culture on thechoice of entry mode[J]. Journal of International Business Studies,1988,19(3):422.

[5] ELAD SEGEV. The group-sphere model of international news flow: A cross-national comparison of news sites [J]. the International Communication Gazette,2016, 78(3): 217.

[6] ELAD SEGEV. Visible and invisible countries: news flow theory revised [J]. Journalism,2014(3): 1-18.

[7] HA, L. Emerging media and challenges in Chinese communities[J]. Chinese Journal of Communication, 2010,3(4):377-383.

[8] HANVEY, ROBERT G. An attainable global perspective[J]. Theory into Practice: Global Education, 1982,21(3):162-167.

[9] H. DENIS WU. A brave new world for international news? Exploring the determinants of the coverage of foreign nations on us websites [J]. International Communication Gazette,2007(69): 539-551.

[10] H. DENIS WU. Systemic determinants of international news coverage: A comparison of 38 countries [J]. Journal of Communication, 2000, 50 (2): 110-130.

[11] H. DENIS WU. Homogeneity around the world: comparing the systemic determinants of international news flow between developed and developing countries[J]. International Communication Gazettee 2003, 65:9-23.

[12] JIE QIN. Hero on twitter, traitor on news, how social media and legacy news frame Snowden[J]. The International Journal of Press/Politics, 2015, 20(2):166-184.

[13] JOHN T. MCNELLY, FAUSTO IZCARAY. International news exposure and images of nations[J]. Journalism Q-uarterly, 1986(63): 546-553.

[14] KIM, HUN SHIK. Gatekeeping international news: an attitudinal profile of U.S. television journalists [J]. Journal of Broadcasting & Electronic Media, 2002,46(3):431-452.

[15] KYUNGMO KIM. The determinants of international news flow: a

network analysis[J]. Communication Research，1996，23(3)：323.

[16] LEE，SEOW TING，MASLOG，CRISPIN C. War or peace journalism? Asian newspaper coverage of conflicts[J]. Journal of Communication，2005，55(2)：311 – 329.

[17] NIP，J. Y.，FU，K. W. Challenging official propaganda? Public opinion leaders on Sina Weibo[J]. The China Quarterly，2016 (225)：122 – 144.

[18] PERRY D K. The image gap：how international news affects perceptions of nations[J]. Journalism & Mass Communication Quarterly，1987，64(2 – 3)：N/A.

[19] PETROF，SORIN. SHANI ORGAD. Media representation and the global Imagination [J]. Journal for Communication Studies，2013，6 (1)：297.

[20] SAMEKTO，H. A，VALKENBURG，P.M. Framing European politics：a content analysis of press and television news [J]. Journal of Communication，2000，50(2)：93 – 109.

[21] STONE，G. C.，XIAO，Z. W. Anointing a new enemy：the rise of anti-China coverage after the USSR's demise [J]. International Communication Gazette，2007，69(1)：91 – 108.

[22] TANG，W.，IYENGAR，S. The emerging media system in China：implications for regime change[J]. Political Communication，2011(28)：263 – 267.

[23] WANG，H.Y.，SPARKS，C.，LU，N.，HUANG，Y. Differences within the mainland Chinese press：a quantitative analysis[J]. Asian Journal of Communication，2017，27(2)：154 – 171.

[24] WANTA W，GOLAN G，LEE C. Agenda setting and international news：media influence on public perceptions of foreign nations[J]. Journalism & Mass Communication Quarterly，2004，81(2)：364 – 377.

[25] ZENG W.，SPARKS C.，FLEW，T.，IOSIFIDIS，P. Popular nationalism：Global Times and the US-China trade war [J]. International

Communication Gazette,2020，82(01):26-41.

[26] ZHANG，LEIHAN，ZHAO，JICHANG，XU，KE. Who creates trends in online social media:the crowd or opinion leaders? [J]. Journal of Computer-Mediated Communication,2016,21(01):1-16.

[27] ZHAO，S. Foreign policy implications of Chinese nationalism revisited:The strident turn[J]. Journal of Contemporary China,2013，22(82):535-553.

四、网络资源

[1] 百度百科.国际先驱导报[EB/OL]. https://baike.baidu.com/item/国际先驱导报/2092137? fr=aladdin.

[2] 百度百科.霍夫斯泰德文化维度理论[EB/OL]. https://baike.baidu.com/item/霍夫斯泰德文化维度理论/16697781? fr=aladdin.

[3] 百度百科.环球时报[EB/OL]. https://baike.baidu.com/item/环球时报/349768? fr=aladdin.

[4] 百度百科.世界新闻报[EB/OL]. https://baike.baidu.com/item/世界新闻报/13866? fr=aladdin.

[5] 北京大学国家发展研究院.王辑思:新冠疫情下的中美关系[EB/OL]. http://nsd.pku.edu.cn/sylm/gd/501976.htm，2020-03-26.

[6] 参考消息 80 周年纪录片(1931—1957)文字解说[EB/OL]. http://80.cankaoxiaoxi.com/2011/0830/1558.shtml.

[7] 大辞海[DB/OL].http://www.dacihai.com.cn/search_index.html? _st=1&keyWord=%E4%B8%96%E7%95%8C%E8%A7%82.

[8] 邓小平思想年谱[EB/OL].http://cpc.people.com.cn/GB/33839/34943/34980/2632747.html.

[9] 1952 年国内生产总值[EB/OL]. 国家统计局网,http://data.stats.gov.cn/search.htm.

[10]《环球时报》简介[EB/OL]. http://hd.globaltimes.cn/html/abouthq/.

[11] 环球网.《环球时报》简介:中国发行量最大的报纸[EB/OL]. http://auto.huanqiu.com/paper/2010-09/1072121.html? agt=15438,2010-09-03.

[12] 联合国官网.世界各国 GDP 数据[EB/OL]. http://data.un.org.

[13] 美报告称中国科技实力迅速提升[EB/OL]. http://world.people.com.cn/ n1/2018/0124/c1002－29784998.html,2018.

[14] Pew Research Center. Wike，R.，Devlin，K.，As Trade Tension Rise，Fewer Americans See China Favorably ［EB/OL］. https://www. pewresearch.org/global/2018/08/28/as-trade-tensions-rise-fewer-americans- see-china-favorably/,2018－08－28.

[15] 澎湃新闻官网简介［EB/OL］. https：//www. thepaper. cn/about _ paper.jsp.

[16] 秦朔微信公众号.中美关系 关关难过关关过[EB/OL].https：//mp.weixin. qq.com/s/5Hbpss2qW3BVMRRn2JSecQ，2020－4－19.

[17] 人民日报社简介［EB/OL］. http://www. people. com. cn/GB/50142/ 104580/index.html.

[18] 2016 媒体公信力调查：网络媒体人民网公信力排名第一[EB/OL].人民 网,http://politics.people.com.cn/n1/2016/0802/c1001－28605575.html.

[19] 何崇元谈环球时报市场化之路[EB/OL]. 人民网,http://www.people. com.cn/GB/14677/35928/36352/2756298.html,2004－09－01.

[20]《环球时报》简介[EB/OL]. 人民网,http://media.people.com.cn/GB/ 22114/50007/50011/3505604.html,2005.

[21] 吕岩松:人民日报国际部和环球时报是"兄弟"[EB/OL]. 人民网,http:// politics.people.com.cn/GB/1026/9626323.html,2009－07－09.

[22] 2016 媒体公信力调查:网络媒体人民网公信力排名第一[EB/OL]. 人民 网，http://politics. people. com. cn/n1/2016/0802/c1001 － 28605575. html，2016－08－02.

[23] 实现"两个循环"彼此促进(开放谈)[EB/OL].人民网,https://baijiahao. baidu.com/s? id＝1669627025685396801&wfr＝spider&for＝pc,2020－ 6－16.

[24] 推动构建人类命运共同体的大国担当[EB/OL]. 人民网,http://theory. people.com.cn/n1/2020/0408/c40531－31664999.html,2020－04－08.

[25] 世界银行网.各国收入数据[EB/OL]. https://data.worldbank.org.cn/country.

[26] 王毅:中国坚持朝鲜半岛无核化立场绝不动摇[EB/OL]. http://www.china.com.cn/lianghui/news/2016-03/08/content_37966134.htm,2016.

[27] 新榜服务微信公众号.2018年中国微信500强年榜[EB/OL]. https://mp.weixin.qq.com/s/PQDOBVTwVo7ZPlG8-GKA7Q,2019-01-07.

[28] 新华社简介[EB/OL]. http://203.192.6.89/xhs/static/e11272/11272.htm.

[29] 新华网.我国科技创新水平加速迈向国际第一方阵[EB/OL]. http://www.most.gov.cn/ztzl/lhzt/lhzt2018/mtbdlhzt2018/201803/t20180306_138429.htm,2018.

[30] 新华网.特稿:变局中寻路——2019年国际形势回眸[EB/OL].http://www.xinhuanet.com/world/2019-12/19/c_1125366230.htm,2019-12-19.

[31] 新华网.特稿:在世界大变局中奋进新时代[EB/OL].http://www.xinhuanet.com/2019-08/28/c_1124931634.htm,2019-08-28.

[32] 移动观象台.微信公众排名.http://mi.talkingdata.com/index.html.

[33] "走出去"公共服务平台.对外投资合作国别(地区)指南(2019年版)[EB/OL]. http://fec.mofcom.gov.cn/.

[34] 中国共产党新闻网.习近平在全国宣传思想工作会议上的讲话[EB/OL]. http://www.cac.gov.cn/2014-08/09/c_1115324460.htm,2014-08-09.

[35] 中国国际广播电台研究报告[EB/OL]. http://www.doc88.com/p-9873582777887.html,2017.

[36] 中国互联网络信息中心,第45次《中国互联网络发展状况统计报告》[EB/OL]. http://www.cac.gov.cn/2020-04/27/c_1589535470378587.htm,2020.

[37] 中华人民共和国国务院办公室.《关于中美经贸摩擦的事实与中方立场》白皮书[EB/OL].http://www.scio.gov.cn/zfbps/ndhf/37884/Document/1638295/1638295.htm,2018-09-24.

[38] 中华人民共和国外交部.中华人民共和国与各国建立外交关系日期简表

〔EB/OL〕. https：//www. fmprc. gov. cn/web/ziliao _ 674904/2193 _ 674977/，2019 - 12 - 30.

〔39〕 周树春：中国媒体的世界观〔EB/OL〕. http://chinese.mediachina.net/ index_news_view.jsp? id＝63580，2003 - 08 - 05.

〔40〕 甄翔.2018 年美国共发生 94 起校园枪击事件破纪录〔EB/OL〕. http:// news.sina.com.cn/sf/news/hqfx/2019 - 02 - 01/doc-ihqfskcp2308194. shtml，2017.

〔41〕 CIW TEAM. Weibo monthly active users grew to 462 million in Dec 2018，93% on mobile 〔EB/OL〕. https://www.chinainternetwatch.com/ 28566/weibo-fiscal - 2018/，2019 - 05 - 06.

〔42〕 CNN. China is not the source of our economic problems -- corporate greed is 〔EB/OL〕. https://www.cnn.com/2019/05/26/opinions/china- is-not-the-enemy-sachs/index.html，2019 - 05 - 27.

〔43〕 CIW TEAM. Weibo Usage Study 2016〔EB/OL〕. https：//www.china internetwatch.com/18051/weibo-usage-study - 2016/，2016 - 06 - 28.

〔44〕 WAN，V. The Ultimate Guide to Sina Weibo：The Largest Micro-Blogging Platform in China 〔EB/OL〕. https://www.dragonsocial. net/blog/chinese- social-media-weibo-and-twitter-comparison/，2019 - 04 - 09.

〔45〕 GRAY，A. Here's the secret to how WeChat attracts 1 billion monthly users 〔EB/OL〕. https://www. weforum. org/agenda/2018/03/wechat- now-has-over - 1-billion-monthly-users/，2018 - 05 - 21.

〔46〕 HUTCHINSON，A.10 Statistics you Need to Know About Weibo for Influencer Marketing. https://www. socialmediatoday. com/news/10- statistics-you-need-to-know-about-weibo-for-influencer-marketing-infogr/ 553120/，2019 - 04 - 23.

〔47〕 TAN，J. Nearly 80% of the influencers in Asia are micro influencers 〔EB/OL〕. https://www.marketing-interactive.com/nearly - 80-of-the- influencers-in-asia-are-micro-influencers，2019 - 05 - 06.

〔48〕 BEI，J. How Chinese journalists use Weibo Microblogging for investigative reporting，Reuters Institute Fellowship Paper，University of Oxford［EB/ OL］. https：//reutersinstitute. politics. ox. ac. uk/sites/default/files/research/ files/How_Chinese_journalists_use_Weibo_microblogging_for_investigative_ reporting%25281%2529.pdf.

［49］ RUDD，K.，CLARK，H.，BILDT，CARL. Former World Leaders：The Trade War Threatens the World's Economy［EB/OL］. https：//www. nytimes.com/2019/10/11/opinion/china-trade.html，2019 - 10 - 11.

［50］ WHITEHOUSE. Remarks by Vice President Pence at the FREDERIC V. Malek Memorial Lecture［EB/OL］. https：//www. whitehouse. gov/ briefings-statements/remarks-vice-president-pence-frederic-v-malek-memorial- lecture/，2019 - 10 - 24.

索　引